KB114968

처음 시작하는
북유럽 신화

ISSATSU DE MARUGOTO WAKARU HOKUOU SHINWA

Copyright © Atsuhiko Yoshida 2015

All rights reserved.

First original Japanese edition published by DAIWA SHOBO PUBLISHING CO., LTD. Japan.

Korean translation rights arranged with DAIWA SHOBO PUBLISHING CO., LTD. Japan.

through CREEK&RIVER Co., Ltd. and Eric Yang Agency, Inc.

처음 시작하는 인문 · 교양 시리즈 2

처음 시작하는
북유럽 신화

요시다 아쓰히코 지음 | 시수지 옮김

챕터

　이 책의 1장부터 6장에서 다루는 모든 북유럽 신화는 13세기 아이슬란드에서 집필된 서적에 바탕을 두고 있다. 북유럽 신화를 전하는 책은《에다》라는 동일한 제목으로 두 종류가 전해진다. 첫 번째《에다》는 먼저 완성된 이야기로서, 일반적으로 **《옛 에다》**라고 부른다. 주로 시를 담고 있어《운문 에다》라는 별칭이 붙기도 했다. 또 다른《에다》는 이른바 **《새 에다》**로, 인용문 이외의 부분을 평서문으로 서술해《산문 에다》라고 부르기도 한다.

　《옛 에다》의 사본은 1643년에 최초로 발견되었다. 아이슬란드 남서부에 위치한 스칼홀트(Skálholt)라는 마을의 교회 창고에서 29편의 시가 기록된 양피지 45장에 발견된 것이다. 이후 다른 사본에서 6편의 시가 추가로 발견되어, 현재는 총 35편의 시가《옛 에다》에 정리되어 있다. 뒤늦게 발견된 사본은 대략 13세기 후반에 제작되었으나, 사본에 기록된 시는 그보다 더 오래전인 850년 ~1150년 무렵 노르웨이 또는 아이슬란드에서 만들어졌다고 추정된다.

《새 에다》는 1120년경, 아이슬란드의 대시인이자 역사가이며 저명한 정치가였던 스노리 스툴루손(Snorri Sturluson, 1178~1141)이 썼다. 이 책은 본래 시인을 위한 교과서로 집필되었다. 이 책에서는 《새 에다》에 수록된 신화 중 일부를 추려 줄거리를 이해하기 쉽게 다듬었다.

일반적으로 잘 알려져 있지는 않지만, '게르만인'은 스칸디나비아인(스웨덴, 노르웨이, 덴마크)뿐 아니라 독일·영국·네덜란드인 등 유럽의 넓은 지역을 아우르는 민족이다. 4세기 말부터 6세기 중엽에 걸친 '민족 대이동기' 시대에 프랑스·이탈리아·스페인에서 북아프리카에 이르는 드넓은 지역을 지배했던 이들이 게르만인이다.

그렇다면 어떻게 이렇게 넓은 지역을 지배한 게르만인의 신화와 전설이 북대서양에 떠 있는 절해고도 아이슬란드에 남아 있었을까?

아이슬란드는 아일랜드에서 온 수도승이 790년에 발견한 섬이다. 무인도였던 그곳은 발견 이후로도 척박한 자연환경 탓에 이주하는 사람이 거의 없었다. 그러다 860년에 노르웨이인들이 이 섬을 다시 발견한 후, 874년~930년에 걸쳐 노르웨이인들의 대규모 이주가 이루어졌다. 가혹한 자연환경이었지만, 당시 노르웨이인들은 노르웨이를 통일하고 지배했던 '미발왕*' 하랄 1세(harald Fairhair)를 피해 아이슬란드로 이주해야만 했다.

　대부분의 노르웨이 이주민들은 대대로 지켜온 고유한 생활방식을 지키고자 했다. 비록 낯선 땅으로 이주했지만 선조들에게 물려받은 전통문화만은 잊지 않고 소중히 간직하려 노력했다. 이후 아이슬란드에 기독교가 전래되고 사람들이 개종한 후에도 게르만 문화와 신화, 전설에 대한 기억은 사라지지 않았다. 덕분에 우리는 게르만 신화의 원형을 지금도 어느 정도 가늠할 수 있다.

　이 책 7장과 8장에서는 영웅전설을 다루는데, 중세 독일의 유명 서사시 〈니벨룽겐의 노래〉에 나오는 지크프리트 전설이다.

　사실 이 전설과 전체 얼개가 유사하지만 더 오래된 이야기가 아이슬란드의 《옛 에다》에 남아 있다. 1260년경 쓰인 〈볼숭 일족의 사거(Vǫlsunga saga)〉다. 다만 이 이야기에서 주인공 이름은 지크프리트가 아닌 시구르드이며, 이야기 후반 시구르드와 결혼한 여자 주인공의 이름도 크림힐트가 아닌 구드룬이라는 이름이다.

　두 전설 모두에 절세 미녀이며 남자들 못지않게 용맹한 여성이 등장하는데 이 여성도 다소 차이가 있다. 〈볼숭 일족의 사거〉에서는 발퀴레의 여신인 브륀힐드로 나오지만 〈니벨룽겐의 노래〉에서는 본래 인간 여성으로, 아이슬란드를 다스리는 여왕 브륀힐트로

※ 美髮王 – 노르웨이 1대 국왕의 별명. 그는 사랑하는 여인에게 청혼했지만 영지가 너무 작다고 거절당하자, 노르웨이 통일을 이룰 때까지 머리를 자르지 않겠다고 선언한 후 노르웨이를 통일하고 사랑하는 여자와 결혼했다.

나온다.

또 《옛 에다》에서 시구르드는 구드룬과 결혼하기 전에 브륀힐드와 사랑을 맹세했던 사이라고 나오지만, 〈니벨룽겐의 노래〉에는 시구르드와 브륀힐트의 사랑 이야기는 나오지 않는다.

이와 같이 두 이야기에는 미묘한 차이가 있어 먼저 〈볼숭 일족의 사거〉에 나오는 아이슬란드 이야기를 소개하고, 나중에 〈니벨룽겐의 노래〉를 소개하려 한다. 순서대로 읽다 보면 두 전설의 전체상을 보다 확실하게 파악할 수 있을 것이다.

게르만인들 사이에서 구전되어온 신화와 영웅전설은 지금까지도 사람들의 마음에 호기심을 불러일으키고 상상력을 자극한다. 이 책을 읽는 여러분도 그들의 흥미진진한 모험담을 즐기기 바란다.

요시다 아쓰히코(吉田敦彦)

제7장 영웅전설 I – 〈볼숭 일족의 사가(saga)〉의 전설

■ 북유럽 신화 가계도

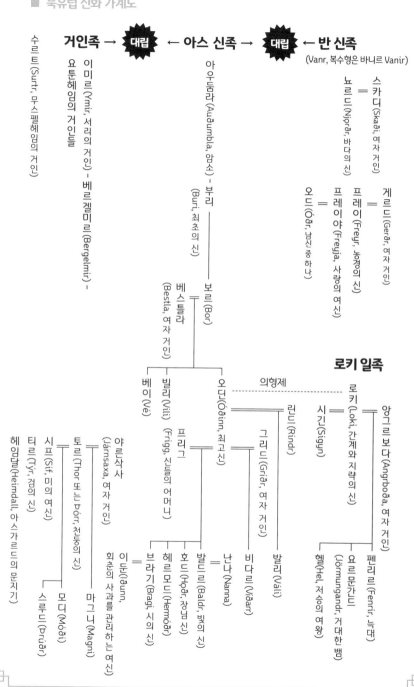

거인족 → **대립** ← 아스 신족 → **대립** ← 반 신족
(Vanr, 복수형은 바니르 Vanir)

수르트(Surtr, 무스펠헤임의 거인)

이미르(Ymir, 서리의 거인) - 베르겔미르(Bergelmir) -
요툰헤임의 거인들

아우둠라(Auðumbla, 암소) - 부리
(Buri, 최초의 신)

스카디(Skaði, 여자 거인)
=
뇨르드(Njorðr, 바다의 신)

게르드(Gerðr, 여자 거인)
=
프레이(Freyr, 농경의 신)
프레이야(Freyja, 사랑의 여신)
=
오드(Óðr, 남신 중 하나)

보르(Bor) —— 부리
베스틀라
(Bestla, 여자 거인)

로키 일족

의형제
오딘(Óðinn, 최고신) ----- 로키(Loki, 간계와 지략의 신)
빌리(Viti)
베이(Vé)

린드(Rind)
그리드(Gríðr, 여자 거인)
프리그
(Frigg, 신들의 어머니)

시긴(Stigun)
앙그르보다(Angrboða, 여자 거인)

펜리르(Fenrir, 늑대)
요르문간드(Jörmungandr, 거대한 뱀)
헬(Hel, 저승의 여왕)

야른삭사
(Jàrnsaxa, 여자 거인)
=
토르(Thor 또는 Þórr, 천둥의 신)
시프(Sif, 미의 여신)

발리(Vàli)
비다르(Víðarr)
발드르(Baldr, 빛의 신)
=
난나(Nanna)
호드(Höðr, 장님 신)
헤르모드(Hermóðr)
브라기(Bragi, 시의 신)
=
이둔(Iðunn,
회춘의 사과를 관리하는 여신)

마그니(Magni)
모디(Móði)
티르(Týr, 검의 신)
시프루드(Þrúðr)
헤임달(Heimdall, 아스가르드의 문지기)

제1장

세계의 성립과
최고신 오딘의 혜안

세계의 시작

태초에 긴눙가가프(Ginnungagap, 거대한 공백)라는 넓고 깊은, 끝을 알 수 없는 거대한 심연이 자리하고 있었다. 그 속에는 아직 하늘도, 땅도, 바다도 존재하지 않았고 당연히 풀 한 포기조차 자라지 않았다.

이윽고 그 허무한 연못 남쪽 가장자리에 **무스펠헤임**(Muspell-zheimr)이라는 세계가 탄생했다. 그곳은 눈이 아플 정도로 뜨거운 열기와 자욱한 연기가 끊임없이 피어올라, 원래 살던 이들이 아니고선 감히 범접할 엄두도 내지 못하는 세계였다. 게다가 무스펠헤임의 경계에는 세상에서 가장 무시무시하게 생긴 **수르트**(Surtr)라는 거인이 살았는데, 그는 불을 내뿜는 검을 휘두르며 무스펠헤임을 지켰다.

시간이 흘러, 긴눙가가프 북쪽에 어둠과 안개가 장막처럼 드리운 극한의 세계가 탄생했다. **니플헤임**(Niflheimr)이다. 이곳 한가운데에는 흐베르겔미르(Hvergelmir)라는 이름의 샘이 솟았다. 샘에서 흘러나온 물들은 몇 줄기의 강물을 이루었으나, 곧 극한의 추위에 순식간에 얼어붙어 두터운 얼음이 되어 니플헤임을 겹겹이 뒤덮었다. 이 얼어붙은 강물에서 떨어져 나온 몇 조각의 얼음들은 긴눙가가프의 끝까지 굴러갔다. 세계의 끝에 도달한 얼음은 우레와 같은 소리를 내며 연못 속으로 데굴데굴 굴러떨어졌다.

그 얼음 위로 수르트가 휘두른 불꽃 검의 불똥이 휘날려 떨어지자, 엄청난 소리와 함께 수증기가 피어올랐다. 수증기는 니플헤임을 뒤덮은 차가운 공기를 만나 눈 깜짝할 사이에 얼어붙어 거대한 빙산이 되었지만, 무스펠헤임에서 불어오는 뜨거운 바람에 또다시 녹아 금세 물로 변했다. 그리고 이 물속에 생명이 깃들어 **이미르**(Ymir, 아우겔미르라고도 함)라는, 인간의 형상을 한 괴이한 거대 마물이 탄생했다.

이미르는 먹을 것을 찾아 어둠 속을 헤매다 거대한 암소를 발견했다. 암소의 이름은 아우둠라(Auðumbla)로, 이미르처럼 물에서 태어났다. 이미르는 아우둠라의 가슴에서 흘러나온 눈처럼 새하얀 젖을 마시며 가까스로 목숨을 부지했다.

하지만 제아무리 아우둠라라고 해도 아무것도 먹지 않고는 살수 없는 노릇이었다. 굶주린 아우둠라는 니플헤임을 뒤덮고 있던 얼음을 핥아 허기를 달랬다. 배고픔에 지친 아우둠라는 밤낮으로 얼음을 핥았고, 아우둠라가 핥은 얼음에서 **부리**(Buri)라는 이름의 아름다운 '최초의 신'이 탄생했다.

한편 이미르에게도 불가사의한 일이 일어났다. 꾸벅꾸벅 졸던 이미르의 겨드랑이 아래에서 남자아이와 여자아이가 태어났고, 다리 사이에서 머리가 여섯 개 달린 괴물 같은 아이가 태어났다. 그들은 훗날 신들의 적이 되는 거인(서리 거인)들의 시조가 되었다.

부리는 보르(Bor)라는 신을 낳았고, 보르는 베스틀라(Bestla)라는 여신과 결혼해 세 명의 멋진 신을 낳았다. 그 자식들은 신들의 왕이자 세계를 지배하는 **오딘**(Óðinn)과 그의 동생들인 **빌리**(Vili), **베이**(Vé)이다. 삼 형제는 힘을 합쳐 이미르를 무찔렀는데, 이때 삼형제가 이미르에게 입힌 상처에서 흘러내린 대량의 피가 홍수를 일으켰다. 신들과 대적하던 대부분의 거인이 이 피의 홍수에 빠져 죽었다.

하지만 베르겔미르(Bergelmir)라는 거인과 그의 아내만 운 좋게 살아남아 거인 종족은 대가 끊어지지 않고 명맥을 유지할 수 있었다. 이후 신들과 거인 종족은 끝없는 싸움을 계속했다.

하늘과 땅, 해와 달 그리고 인간의 기원

이미르를 무찌른 후, 오딘은 베이와 함께 이미르의 주검을 긴눙가가프의 심연까지 가져간다. 그곳에서 이미르의 살로 대지를, 뼈로 산을, 턱과 치아 및 나머지 자잘한 뼛조각을 모아 크고 작은 바위를 만들었다. 거대한 몸에 남아 있던 피로는 바다를 만들고, 대지 주위를 대양이 둘러싸게 배치했다. 이어서 이미르의 두개골로 하늘을 만들어 땅 위에 둔 뒤, 이것이 떨어지지 않도록 아우스트리(Austri, 동쪽)와 베스트리(Vestri, 서쪽), 수드리(Suðri, 남쪽), 노르드리(Norðri, 북쪽)라는 난쟁이들에게 네 귀퉁이를 떠받치게 했다.

이렇게 만들어진 대지의 한가운데에 미드가르드(Midgard)라 부르는 인간들의 세계가 자리잡았다. 신들은 미드가르드 주위에 이미르의 속눈썹을 심어 굳건한 장벽을 세우고, 이미르의 뇌는 하늘에 던져 구름을 만들었다. 미드가르드 바깥에는 우트가르드 (Útgarðr)라는 황무지가 펼쳐졌는데, 그곳에서는 거인들이 활개를 치고 다녔다. 특히 거인들은 황무지 동쪽 끝에 있는 **요툰헤임** (Jotunnheim)이라는 곳을 좋아해서 그곳을 보금자리로 삼았다.

오딘과 신들이 해야 할 일은 아직 끝나지 않았다. 신들은 무스펠헤임에서 날아드는 수많은 불씨를 하늘에 흩뿌렸고, 각각의 불꽃에 자리와 진로를 정해주어 별을 만들었다. 불꽃 중에서 특히 큰 불꽃은 해와 달의 수레로 삼아 각 수레에 말을 메어주었다. 태양의 수레를 끄는 말은 아르바크르(Arwakr)와 알스비드르(Alswidr)로, 두 말의 어깨엔 찬바람을 뿜어 열기를 식혀주는 풀무가 매달려 있었다. 또 수레 앞에는 스발린(Svalin)이라는 방패를 세워 태양의 열기가 말에 직접 닿지 않도록 안배했다.

그런 와중에, 문딜파리(Mundilfari)라는 거인에게 일이 생긴다. 그에게는 **마니**(Máni, 달)와 **솔**(Sól, 해)이라는 매우 아름다운 아들과 딸이 있었는데, 팔불출 아비였던 문딜파리는 틈만 나면 주위에 자식 자랑을 늘어놓았다. 오딘과 다른 신들은 문딜파리의 지나친 자식 자랑을 귀에 딱지가 앉도록 듣다 보니 점점 심기가 불편해졌다. 결국 참다못한 신들은 문딜파리에게 벌을 주기로 했다. 마니는 달, 솔은 태양의 수레를 모는 마부가 되라는 분부를 내린 것이다.

마니와 솔은 해와 달을 집어삼키려는 괴물 늑대들에게서 매일매일 필사적으로 도망쳐야 했다. 스콜(Skǫll)이라는 늑대는 태양의 꽁무니를 바짝 뒤쫓았고, 하티(Hati)는 달의 뒤를 맹렬하게 추격했다. 태양과 달은 때때로 따라잡혀 늑대의 아가리에 삼켜지기도 했는데, 늑대가 남매를 집어삼켰을 때 일어나는 현상을 우리는 일식과 월식이라 부른다. 느닷없이 깜깜한 어둠이 온 세상을 덮치면 사람들은 혼비백산해 악을 쓰고 마구 비명을 질러댔다. 그 아우성에 깜짝 놀란 늑대들은 꿀꺽 삼켰던 해와 달을 다시 토해냈다. 그러면 세상에는 다시금 햇빛과 달빛이 비치기 시작했다. 오딘이 창조한 현 세계가 멸망하는 때는 솔과 마니의 힘이 다해 태양은 스콜에게, 달은 하티에게 완전히 잡아먹힌 순간이 된다.

한편, 나르비(Narvi)라는 거인에게는 칠흑처럼 새까맣고 탐스러

운 머리칼을 가진 **노트**(Nótt, 밤)라는 딸이 있었다. 노트는 델링그르(Dellingr)라는 신과 결혼했고, 아버지를 닮아 수려한 용모의 아들 **다그**(Dagr, 낮)를 낳았다. 오딘은 노트와 다그 모자에게 각각 수레를 끌 말을 하사하고, 반나절씩 하늘을 가로지르게 했다. 노트가 모는 밤의 수레는 흐림팍시(Hrímfaxi)라는 말이 끌었다. 흐림팍시는 새벽이 되면 입에서 거품을 뿜었고, 그 거품이 아침이슬이 되어 땅에 내렸다. 다그의 수레는 갈기에서 눈부신 빛을 내뿜는 스킨팍시(Skinfaxi)라는 말이 끌었다. 그 말의 갈기에서 나온 빛이 천지를 환하게 비추면 세상에 찬란한 낮이 돌아왔다.

그 후 오딘은 바닷가를 산책하다 발견한 물푸레나무(아스크)와 느릅나무(엠블라)로 최초의 인간을 창조하기로 한다. 그렇게 아스크로는 남자를, 엠블라로는 여자를 만들었고 이들에게 미드가르드에 살며 자손을 번성시키라고 명했다.

두 신족의 전쟁과 평화

게르만 신화에서는 이 세계에 신과 거인 그리고 갖가지 괴물 외에도, 초자연적 존재인 드베르그(Dvergr)라는 난쟁이와 알브(Alf, Álfr)라는 요정이 살고 있다고 전한다.

검은 요정(다크 알브)이라는 별명이 있는 드베르그는 오딘과 신들에게 죽임을 당한 이미르의 썩어 문드러진 시신에서 구더기가 슬듯 우르르 쏟아져 나왔다. 처음 그들의 모습은 새까만 구더기 형상을 하고 있었다. 신들은 까만 구더기들에게 인간과 닮은 외형과 지혜를 주었다. 그 꼴이 긴 코가 입술 위까지 늘어져 있어 보는 이의 눈살을 찌푸리게 할 정도로 추하였으나, 어쨌든 그럭저럭 인간의 모습과 비슷해 보였다. 신들은 이 못생긴 난쟁이들을 위해 땅속의 암흑세계인 스바르트알파헤임(Svartálfaheimr)에 거처를 마련해주었다. 드베르그들은 햇빛을 보면 돌로 변하는 약점이 있어 자유롭게 지상을 오가지 못했다. 그 바람에 지하에서 금·은·철 등의 금속과 보석을 캐어 불가사의한 물건들을 만들어내는 솜씨 좋은 대장장이가 되었다.

반면 빛의 요정(료스 알브)이라 불린 알브는 다크 알브와는 달리 아름다운 모습을 하고 있었다. 이들은 하늘에 있는 알프헤임(Ālfheimr)이라는 곳에 터를 잡고, 환한 태양 아래에서 눈부신 빛을 내뿜으며 살아갔다. 또 자유롭게 지상으로 내려와 나무와 풀에 꽃을 피우거나 나비와 작은 새들과 교감할 수 있게 허락받았다.

이미르가 죽은 후 오딘을 왕으로 모시고 세계를 지배한 이들은 **아스족**이라 불린 신들이었다. 아스족에는 오딘 외에도 무시무시한 괴력을 지닌 천둥의 신 **토르**와 본래 재판과 정의를 관장하는 신으로 여겨졌던 검의 신 **티르** 등 종교와 법률, 전투 등의 분야에서 활약하는 신들이 다양하게 포진하고 있었다.

이 세계에는 아스족 이외에도 **반족**이라는, 종족이 다른 신들이 있었다. 반족은 아스족과 대립하며, 대지에서 작물과 부를 생산하고 생식력을 증진하여 인간과 가축을 번식시키는 일을 했다.

이 두 신족 사이에 전쟁이 벌어졌다. 반족은 굴베이그(Gullveig)라는 마녀를 보내 아스족을 악랄하게 괴롭혔다. 굴베이그에게 시달리던 아스족은 성가신 마녀를 창으로 꿰뚫어 세 번이나 불에 태워 죽였다. 하지만 마녀는 번번이 되살아나 세이즈라는 마법을 부려 아스족 여신들을 현혹했다. 마녀의 활약으로 아스족은 열세에 놓였지만, 오딘이 강력한 마법을 건 창을 반족에게 날린 덕분에 가까스로 궁지에서 벗어날 수 있었다. 이후로도 결정적인 승부가 나지 않아 일진일퇴하는 상황이 이어졌다. 결구 싸움에 질린 두 신족은 인질을 교환하고 화해 협정을 맺기로 했다.

반족이 보낸 인질은 바다를 다스리는 신 **뇨르드**(Njörðr)와 그의 아들이자 소문난 미남 **프레이**(Freyr), 그리고 프레이의 쌍둥이 여동생이자 요염한 미녀 **프레이야**(Freyja)였다. 참고로 프레이와 프레이야는 뇨르드와 그의 여동생 사이에서 태어난 아이들이었다. 반족 사이에서는 근친상간이 허물이 되지 않았다.

아스족의 인질이 된 프레이야는 세이즈라는 마법의 비밀을 오딘에게 가르쳐주었다. 덕분에 오딘은 아스족 중 최고의 마법사가될 수 있었다. 그런데 세이즈는 본디 여신이 사용하는 마법으로, 문란한 성적 행위와 떼려야 뗄 수 없는 관계에 있었다. 이 일로 세이즈를 습득한 오딘은 훗날 악신 **로키**(Loki)에게 '사내답지 못한 짓을 했다'며 조롱당하게 된다. 어쨌든 세이즈의 비밀을 오딘에게 전수하고 인질이 되었던 세 명의 신은 아스족의 믿음직한 동료로 인정받았다. 이에 프레이는 알프헤임을 영지로 하사받았고, 알프헤임에 먼저 터를 잡고 살던 요정들은 그를 주군으로 섬기게 되었다.

신들의 왕 오딘과
세계수 위그드라실의 혜안

게르만 신화의 세계관에 따르면, 세계는 **위그드라실**(Yggdrasill)
이라는 거대한 물푸레나무가 떠받치고 있다고 한다. 이 거목의 우
듬지는 하늘을 향해 드높이 치솟았고, 가지는 세계의 하늘로 펴
져 있다. 그리고 세 갈래의 뿌리는 각각 다른 방향으로 깊이 뻗어
나 있다. 그중 한 뿌리는 극한의 암흑세계인 니플헤임 한복판에
서 솟아나는 샘 흐베르겔미르까지 뻗어 있다. 이 샘에는 니드호그
(Niðhǫggr)라는 사악한 용이 둥지를 틀고 살았는데, 용은 틈만 나면
물푸레나무를 갉아대며 세계수를 시들게 하러 갖은 수작을 부렸
다. 용은 수없이 많은 뱀들과 함께 밤낮으로 뿌리를 갉아댔다.

두 번째 뿌리는 거인들이 사는 요툰헤임의 샘까지 뻗어 있다. 샘
물에는 온갖 지식과 지혜가 담겨 있는데, 샘의 파수꾼 거인 **미미르**

(Mimir)는 매일 아침 걀라르호른(Gjallarhorn)이라는 뿔잔으로 샘물을 떠 마셨다. 하루도 거르지 않고 샘물을 마시자 그는 엄청난 지혜를 지닌 현자가 되었다.

어느 날, 오딘이 이 샘에 들렀다.

"나도 샘물을 한 모금 얻어 마실 수 있겠느냐."

오딘이 미미르에게 청했다. 사실 오딘은 샘물을 마시지 않아도 무척이나 지혜로운 신이었다. 그러나 세계의 지배자가 되려면 최고의 현자가 되어야 했기에, 몸소 지혜의 정수인 샘물을 마시러 먼 길을 마다하지 않고 행차했던 것이다.

"좋소. 다만 샘물을 내어드리는 대신, 당신의 한쪽 눈을 놓고 가시오."

미미르는 가혹한 대가를 요구했지만, 오딘은 한 치도 망설이지

궁니르

이리 오너라,
오딘이 왔다고
전해라~

않고 자신의 눈을 도려내어 샘 속에 던져 넣었다. 눈을 주고 샘물을 얻은 오딘은 최고의 지혜를 얻었다. 이후 오딘은 항상 챙이 넓은 모자를 깊숙이 눌러쓴 모습으로 등장하는데, 지혜를 얻은 대가로 잃어버린 한쪽 눈을 감추기 위해서라고 한다.

지혜의 샘물 이야기 이외에도 위그드라실은 오딘의 지혜와 밀접한 관계가 있다. 게르만 사람들은 옛날에 사용했던 **룬**이라는 문자에 신비한 힘이 숨어 있다고 여기는데, 이 문자를 고안한 이가 오딘이라고 믿었다. 오딘은 룬문자를 창제하기 위해 교수형을 당하는 사람처럼 위그드라실 나무에 거꾸로 매달렸다. 그리고 먹지도, 마시지도 않고 아흐레 낮 아흐레 밤을 물구나무를 선 자세로 버티며 창끝으로 자신의 몸을 찔러댔다. 그렇게 생각한 끝에, 열흘째 되는 날 룬문자를 생각해냈다고 전해진다.

위그드라실의 세 뿌리 중 마지막 뿌리는 신들이 사는 세계로 뻗어 있다. 신들의 세계에도 역시 샘이 있었다. 우르다르브룬느(Urðarbrunnr)라는 이름의 티끌 하나 없이 맑고 투명한 샘이다. 이 샘 근처에는 아름다운 저택이 세워져 있고 그곳에 우르드(Urðr), 베르단디(Verðandi), 스쿨드(Skuld)라는 세 명의 노른(norn, 운명의 여신)이 살았다. 운명의 여신들에게는 실을 뽑아 세계와 인간의 운명을 정하는 중요한 임무가 있었다. 또 위그드라실을 보살피는 일도 여신들에게 주어진 중요한 사명이었다. 여신들은 샘물을 길어 뿌리에 주고, 샘에서 새하얀 진흙을 퍼 뿌리에 발라가며 위그드라실을 정성껏 보살폈다. 세 여신의 헌신적 보살핌 덕분에 위그드라실은 니드

호그와 뱀들이 수시로 뿌리를 갉아대도 시들지 않고 꿋꿋이 버틸 수 있었다.

하늘 위로 치솟은 위그드라실의 우듬지 꼭대기에는 거대한 **독수리**가 날개를 쉬고 있었다. 이 독수리는 높은 곳에서 세계의 모습을 쉴 새 없이 살핀 덕분에 세상 돌아가는 이치를 손바닥 들여다보듯 훤히 파악하고 있었다. 독수리의 양 눈 사이에는 베르드폴니르(Veðrfölnir)라는 매가 둥지를 틀고 살았다. 이 매도 날카로운 눈으로 세상에서 일어나는 일을 살폈다.

위그드라실에는 라타토스크(Ratatoskr)라는 영리한 청설모와 다인(Dáinn), 드발린(Dvalinn), 두네위르(Duneyrr), 두라스로르(Duraþrór)라는 수사슴 네 마리도 살고 있었다. 라타토스크는 쉴 새 없이 나무를 오르내렸다. 위로 올라갔을 때는 독수리에게 뿌리를 갉아대는 사악한 용 니드호그의 험담을 조잘조잘 고하고, 아래로 내려갔을 때는 니드호그에게 독수리의 험담을 고시랑고시랑 늘어놓으며 양쪽을 이간질했다. 수사슴들은 위그드라실의 소중한 이파리를 먹어치웠지만, 세 여신이 지극정성으로 보살핀 덕분에 위그드라실은 세계의 버팀목으로서 세상의 종말이 올 때까지 시들지 않고 굳건히 버틸 수 있었다고 한다.

세계수 위그드라실의 모습

크바시르의 피로 만들어진
술과 시의 기원

아스족이 반족의 인질 뇨르드와 맞바꾸어 보낸 인질은 헤니르 (Hœnir)와 미미르라는 두 명의 신이다. 반족은 헤니르의 늠름한 모습에 한눈에 반해 그를 자신들의 두목으로 삼았다. 처음에는 두목답게 처신하던 헤니르는 점차 미미르가 곁에 없을 때마다 완전히 무능한 모습을 보였다. 무엇을 물어도 멀뚱멀뚱 눈만 굴리며 뚱한 반응을 했다.

"내 알 바 아니야. 너희끼리 알아서 정해."

반족이 뭘 물어도 헤니르는 시큰둥하게 대꾸했다. 사실 헤니르는 위풍당당한 태도와 분위기 하나는 출중했지만, 지혜 면에서는 변변치 않았다. 현명한 미미르의 조력을 얻지 않으면 아무것도 판단하지 못하는 반편이 신이었던 것이다. 이윽고 반족은 인질 교환으로 손해를 봤다고 생각하기에 이르렀고, 결국 미미르의 목을 쳐 본보기로 아스족에게 보냈다. 오딘은 미미르의 머리에 마법을 걸어 되살려 냈다. 그리고 중요한 일이 있을 때마다 상담을 청해 비밀스러운 깨달음을 듣곤 했다.

지금까지의 이야기를 읽고 고개를 갸웃거리는 독자도 있을 것이다. 오딘에게 '지혜의 샘물을 주는 대신 한쪽 눈을 내놓으라'고 당돌하게 요구했던 거인의 이름도 미미르였기 때문이다. 북유럽 신화에서는 거인이든 신이든, 미미르라는 이름의 주인은 오딘에게 지혜와 깨달음을 전수하는 존재로 묘사된다.

이야기를 잠시 거슬러 올라가 보자. 아스족과 반족이 휴전 협정

을 맺고 틀어진 관계를 회복하려고 했을 때, 두 신족의 신들은 화해의 증표로 항아리 하나에 모든 신들이 침을 뱉었다. 그리고 그 침으로 **크바시르**(Kvasir)라는 남자를 창조했다. 크바시르는 아무리 어려운 질문도 주저하지 않고 척척 답하는 지혜로운 자로, 그 지혜를 인간들에게 전하기 위해 세계 곳곳을 누비고 다녔다.

어느 날, 피알라르(Fijalar)와 갈라르(Galar)라는 난쟁이들이 크바시르를 속여서 자신들의 거처로 꾀어내 죽여버렸다. 그리고 그의 피를 보덴(Boðn)과 손(Són)이라는 두 개의 단지와 오드레리르(Óðrerir)라는 솥에 넣고, 벌꿀을 섞어 술을 빚었다. 이 벌꿀주는 강력한 영력이 깃들어 있어, 누구나 한 모금만 마셔도 듣는 이를 황홀하게 만드는 시를 읊는 뛰어난 시인이 되었다고 한다.

신들은 크바시르가 느닷없이 모습을 감추자 수상하게 여기고 난쟁이들에게 그의 행방을 물었다. 신들이 크바시르의 행방을 물을 때마다 두 난쟁이들은 시치미를 뚝 뗐다.

"크바시르는 정말 많은 지혜를 품고 있었지만, 그 지혜를 토해낼 만한 질문을 하는 이가 없었습니다. 그래서 온몸이 지혜로 빵빵하게 부풀어올랐고, 몸이 그걸 견디지 못해 그만 터져 죽었습니다."

그 후로도 두 난쟁이의 악행은 멈추지 않았다. 길링(Gilling)이라는 거인이 탄 배를 전복시켜 그를 익사시키고, 남편의 부고를 전해 듣고 울부짖는 그의 아내까지 살해했다. 그런데 이 거인 부부에게는 **스퉁**(Suttungr)이라는 아들이 있었다. 스퉁은 난쟁이들이 양친을 살해한 원수임을 알고 그들을 붙잡았다. 그리고 아버지가 당한 그 대로 물에 빠뜨려 죽여 복수하려 했다. 그때 난쟁이들이 크바시르 의 피로 빚은 신령스러운 술을 바치며 목숨만은 살려달라고 애걸 복걸했다.

스퉁은 난쟁이들을 용서해주기로 한다. 대신 그들에게 세 개의 그릇에 받은 신성한 술을 들려준 뒤 흐닛뵤르그(Hnitbjorg)라는 바위산의 동굴에 숨겼다. 그리고 자신의 딸 군로드(Gunnlöð)에게 그 동굴을 지키라고 명했다.

이 이야기의 전말을 들은 오딘은 영험한 힘이 깃든 벌꿀주를 무 슨 수를 써서라도 신들의 거주지 아스가르드로 가지고 돌아와, 시 를 짓는 힘을 신들의 전유물로 만들어야겠다고 생각했다. 오딘은 스퉁의 형제인 **바우기**(Baugi)라는 거인을 만나러 갔다.

신비한 술을 손에 넣은 오딘

오딘이 변장하고 바우기의 거처로 찾아가자, 바우기의 부하 아홉 명이 날이 무딘 낫으로 잡초를 베며 비지땀을 흘리고 있는 게 보였다. 오딘은 가지고 간 숫돌로 날을 갈아주었다. 낫은 금세 시퍼렇게 날이 섰고, 부하들은 모두 날붙이를 살려내는 신통한 돌을 탐냈다.

"던져서 받는 사람에게 이 신비한 돌을 주겠다."

오딘이 숫돌을 훌쩍 공중에 내던졌다. 부하들은 떨어지는 숫돌을 서로 잡으려고 낫을 들고 아귀다툼을 벌였다. 결국 잘 갈린 낫은 서로를 베어 아홉 명의 부하가 전부 죽고 말았다.

바우기의 부하들을 처치한 오딘은 이번에는 벨베르크(Bölverk)라는 가명으로 바우기를 찾았다. 바우기는 자신의 집을 찾은 길손에게 땅이 꺼지도록 한숨을 내쉬며 푸념했다.

"부하들이 아홉이나 있었지만, 서로 죽고 죽이는 살육전을 벌여 모두 죽고 말았다오. 머지않아 추수철인데, 일손이 부족해 큰일났소."

바우기의 푸념을 들은 오딘이 솔깃한 제안을 했다.

"내가 아홉 명 몫의 일을 해서 추수를 마칠 수 있게 거들 터이니, 품삯으로 당신 형이 가지고 있다는 성스러운 술을 한 모금만 마셔 목을 축이게 해주시오."

"형님은 술을 독차지하고 어지간해서는 남들에게는 내주지 않소만, 추수만 무사히 마칠 수 있게 해준다면 당신을 형님 댁에 데리고 가드리겠소. 형님도 내가 잘 구슬려보겠소."

바우기가 약속했다.

이윽고 오딘은 약속대로 추수를 마쳤다.

"자, 이제 약속대로 형님 댁으로 데려가주시오."

오딘의 요구에 바우기는 오딘과 함께 형이 사는 동굴을 찾아, 자초지종을 설명했다.

"형님, 이 사내에게 그 영험한 술을 딱 한 모금만 내주십시오."

바우기가 부탁했다. 그러나 스퉁은 아우의 부탁을 매정하게 거절하고, 둘을 동굴 밖으로 휘이휘이 내쫓았다. 그때 오딘이 품에 숨기고 간 송곳을 꺼내 들었다.

"이 송곳으로 술이 숨겨진 바위산에 구멍을 뚫으시오."

오딘은 바우기에게 명령했다. 얼마 후 구멍이 뚫리자 오딘은 뱀의 모습으로 변신해 스르르 구멍으로 들어갔다. 바우기는 그 모습을 보고서야 자신이 부렸던 일꾼이 평범한 인물이 아님을 알아차렸다. 뒤늦게 오딘의 정체를 눈치챈 바우기는 송곳을 구멍에 넣어 오딘을 찔러 죽이려 했지만, 오딘은 이미 구멍을 쏙 빠져나가 동굴 안으로 들어가 버린 뒤였다.

동굴 안에는 아버지에게 술을 지키라는 명령을 받은 군로드가 있었다. 오딘은 사흘 밤에 걸쳐 그녀를 품에 안고 농락한 뒤, 동굴에 있던 세 개의 그릇에서 각각 술을 한 모금씩 마셔도 좋다는 허락까지 받아냈다. 그런데 군로드가 생각한 한 모금과 오딘이 말한 한 모금은 차원이 달랐다. 오딘은 첫 한 모금에 바닥이 드러나도록 오드레리르를 텅텅 비우고, 두 모금째에 보덴의 술을 모조리 들이켰으며, 세 모금째에 손에 담긴 술까지 몽땅 비워버렸다.

이렇게 모든 술을 마셔버린 오딘은 매로 변신해 동굴에서 훨훨 날아가 버렸다. 그 모습을 본 스퉁은 아스가르드의 신이 귀중한 술을 훔쳐 마셨다는 사실을 알고, 자신도 매로 변신해 오딘의 뒤를 바짝 뒤쫓았다.

한편 아스가르드에서는 신들이 성벽 밖에 장작더미를 쌓아올리고, 뜰에는 항아리를 늘어놓은 채 목을 빼고 기다리고 있었다. 그러다 오딘이 매의 모습으로 성벽 안으로 날아 들어오자, 바로 장작더미에 불을 붙였다.

오딘은 몸속에 머금었던 술을 항아리 안에 토해냈다. 마침 오딘을 추격해온 스퉁은 기세 좋게 타오르기 시작한 불길에 휩싸이고 말았다. 오딘은 마시면 순식간에 시를 자유자재로 다룰 수 있게 되는 신비한 이 술을 신들의 전유물로 삼았다. 그리고 아들인 **브라기**(Bragi)를 시의 신으로 삼고, 시에 재능이 있는 일부 인간에게도 이 술을 맛보게 해 뛰어난 시인으로 만들어주었다.

아스가르드
성벽 건설 이야기

　오딘이 신통한 술을 얻었다는 이야기를 통해 신들의 세계 아스가르드가 탄탄한 성벽으로 보호받고 있다는 사실을 알 수 있다. 이 성벽은 이름이 전해지지 않은 한 거인과 그가 기르던 **스바딜파리**(Svadilfari)라는 수말의 힘으로 건설되었다. 말이 나온 김에, 아스가르드의 유명한 성벽 건설 이야기를 살펴보자.

　신들이 아스가르드에 발홀(Valhǫl) 궁 등 웅장한 궁전을 짓느라 한창 분주할 때, 마침 한 거인이 찾아왔다.

　"소인은 건물을 짓는 재주를 타고났습니다. 일 년 반만 주시면, 아스가르드 주위에 어떤 거인의 공격에도 끄떡없는 튼튼한 성벽을 쌓아드리겠습니다. 그 대신 보수로 절세 미녀인 프레이야를 아내로 삼게 해주십시오. 아, 덤으로 해와 달도 받고 싶습니다."

거인은 당돌하게 거래를 제안했다. 분명 신들에겐 매력적인 제안이었지만, 터무니없이 큰 대가를 요구하는 통에 선뜻 받아들일 수 없었다. 신들이 미간을 찌푸리고 고민하고 있자 교활하기로는 둘째가라면 서러운 **로키**가 나섰다.

"기한을 빠듯하게 주고 악조건에서 일하게 하면 그만입니다. 기한 내에 완성하지 못하면 보수를 주지 않겠다고 하죠."

신들은 지략가인 로키를 믿고 따르기로 했다.

"일 년 반은 너무 길다. 올 겨울 동안 누구의 도움도 받지 않고 혼자서 성벽 공사를 마치면, 프레이야와 해와 달을 모두 주겠다. 다만 겨울이 끝나고 여름의 첫날이 되었을 때, 어느 한 군데라도 허술한 구석이 있으면 약속한 보수를 줄 수 없다."

신들은 악독한 조건을 내걸었다.

"좋습니다. 대신 스바딜파리라는 수말의 도움을 받을 수 있게 해주십시오. 그러면 조건을 받아들이겠습니다."

거인의 말에 신들은 다시 한 번 로키의 의견을 듣기로 했다.

"그렇게 하도록 하지요."

로키는 거인에게 수말의 도움을 받아도 좋다고 허락했다.

거인은 겨울 첫날부터 일을 시작했다. 밤 동안에 스바딜파리에게 집채만 한 바윗돌을 산더미처럼 나르게 하고, 낮 동안에는 그 바윗돌들을 쌓아올리는 순서로 순조롭게 공사를 진행했다. 그리고 여름까지 고작 사흘이 남았을 때, 성벽은 높고 탄탄하게 우뚝 솟아올랐다. 완성되지 않은 부분은 성문밖에 남지 않았다. 이대로 가면 성문도 약속한 기한까지 마무리할 게 불 보듯 뻔한 일이었다.

"낭패야 낭패! 이대로 두면 프레이야뿐 아니라 해와 달까지 저 거인 녀석에게 내주게 생겼어!"

마음이 급해진 신들은 애가 바짝 탔다. 결국 확실한 계획이랍시고 엉성한 계략을 내놓은 로키를 붙잡아 이 사태를 수습할 대책을 내놓으라고 을러댔다.

"거인에게 보수를 주지 않을 방책을 내놓지 않으면 네 목숨으로 대가를 치러야 할 게야. 비참한 최후를 맞게 해주지."

천하의 로키조차 쟁쟁한 신들이 목숨을 내놓으라고 으름장을 놓자 벌벌 떨었다.

"어떠한 희생을 치르더라도 거인이 보수를 받지 못하게 하겠습니다."

로키는 신들 앞에서 맹세했다.

그날 밤, 거인은 평소대로 스바딜파리를 끌고 산으로 바윗돌을 가지러 갔다. 그런데 아름다운 암말 한 마리가 숲에서 홀연히 나타나 스바딜파리에게 추파를 던져 왔다. 암말의 교태 어린 울음을 들은 스바딜파리는 눈이 뒤집히더니 주인의 명령을 무시하고는 고삐 풀린 채 암말의 꽁무니를 신나게 뒤쫓기 시작했다. 작업에 방해를 받아 초조해진 거인은 어떻게든 스바딜파리를 진정시키려 어르고 달랬지만 말은 주인의 명령에 콧방귀를 뀔 뿐, 암말을 쫓아 밤새도록 온 숲속을 누비고 다녔다. 결국 그날 공사는 손도 대지 못하고 동이 텄다.

공사를 약속한 기한 안에 마치지 못하리라는 사실을 깨달은 거인은 머리끝까지 화가 나, 신들에게 본때를 보여주겠다며 길길이 날뛰었다. 이에 신들은 아스가르드에서 자리를 비웠던 천둥의 신 토르를 불렀다. 토르는 번개처럼 나타나 무적의 무기인 묠니르를 내던져 거인을 한 방에 물리쳤다.

눈치 빠른 독자라면 이미 짐작했겠지만, 스바딜파리를 유혹한 암말은 사실 변신한 로키였다. 자신의 목숨을 지키기 위한 묘수를 펼친 것이었는데, 안타깝게도 그날 밤 암말로 변신한 로키는 스바딜파리에게 붙잡혀 짝짓기를 당했다. 그 결과 로키는 임신했고 망아지 한 마리를 낳았다. 바로 다리가 8개나 달린 괴물 말 **슬레이프니르**(Sleipnir)로, 이후 오딘의 애마가 되었다.

슬레이프니르

발홀 궁의 손님,
전쟁 영웅들

아스가르드 한복판에는 오딘과 그의 아내가 사는 **글라드스헤임**(Glaðsheimr)이라는 멋진 궁전이 있다. 그 궁전에는 신들의 모임을 위해 만든 호화로운 연회장이 마련되어 있었다. 오딘의 아내는 **프리그**(Frigg)라는 여신이었는데, 그녀는 글라드스헤임 이외에도 펜살리르(Fensalir)라는 궁전을 따로 가지고 있었다. 프리그의 별궁에서도 역시 정기적으로 여신들의 모임이 열렸다.

또 아스가르드에는 **흘리드스캴프**(Hliðskjálf)라는 전망 좋은 방이 있었다. 그곳엔 오직 오딘만 앉을 수 있는 왕좌가 놓여 있었다. 이 왕좌에 앉아 하계를 내려다보면, 온 세상에서 일어나는 갖가지 사건과 인간이 하는 일을 전부 낱낱이 알 수 있었다. 뿐만 아니라 어떤 일에 숨겨진 의미까지도 속속들이 파악할 수 있었다.

하지만 아스가르드에서 가장 눈여겨보아야 할 장소는, 지금까지 소개하지 않았던 **발홀 궁**이다. 이 궁전의 주인은 **에인헤랴르**(einherjar)라는 오딘의 손님들로, 그들은 신이 아닌 인간이었다. 그것도 평범한 인간이 아니라 전쟁에서 목숨을 잃은 영웅들이었다.

지상에서 전쟁이 벌어지면 오딘은 **발퀴레**(Valkyrja, 발키리아라고도 함)라는 또는 **발키리아**라는 여신들을 보냈다. 그녀들은 무장을 갖추고 군마에 올라 하늘을 가로지르며 아름답고 용맹하게 싸우는 전쟁의 여신이다. 전장에 도착한 여신들은 장렬하게 전사한 왕족과 귀족, 용사들 중에서 특히 용맹한 이들을 추려내어 발홀 궁으로 데려갔다. 여신에게 간택당한 영웅들은 에인헤랴르가 되었고, 라그나뢰크라 부르는 세상의 종말이 올 때까지 발홀 궁에서 융숭한 대접을 받으며 지냈다.

전쟁의 여신들 발퀴레

날이 밝고 아침이 오면 에인헤랴르들은 무장하고 뜰로 나가 부상자가 나올 정도로 격렬하게 싸웠다. 그러다 끼니때가 되면 다친 이들의 상처가 감쪽같이 낫고, 죽은 자도 되살아났다. 싸움이 끝나면 다 같이 아무 일도 없었다는 듯 발홀 궁의 연회장에 모여 발퀴레 여신들의 시중을 받으며 식사를 즐겼다.

에인헤랴르에게 제공된 음식은 안드흐림니르(Andhrimnir)라는 요리사가 만든 맛있는 고기 요리 세흐림니르(Sæhrimnir)였다. 세흐림니르는 수퇘지를 큰 냄비에 넣고 푹 고아 만들었는데, 재료가 되는 수퇘지는 죽여도 다시 살아나 재료가 떨어져 배를 곯을 일이 없었다. 요리에 곁들여 즐기는 술도 발홀 궁의 지붕 위에 사는 헤이드룬(Heiðrún)이라는 암양의 마르지 않는 젖을 짜내 빚었기에, 잔이 빌 새 없이 흥청망청 술에 취할 수 있었다. 참고로 헤이드룬은 세계수의 나뭇가지에서 자라는 레라드(Léraðr)라는 이파리를 먹고 살아, 세계수에서 비롯된 성분을 담은 신비한 술을 몸속에 가득 품고 있었다.

발홀 궁에서 연회가 열리는 동안, 오딘의 발치에는 게리(Geri)와 프레키(Freki)라는 왕성한 식욕을 자랑하는 늑대들이 배를 깔고 엎드려 있었다. 오딘은 앞에 고기 요리가 놓이는 족족 늑대들에게 내주었고, 자신은 와인밖에 입에 대지 않았다. 와인 이외의 먹을거리는 필요하지 않기 때문이다.

또 오딘의 어깨에는 **후긴**(Huginn, 생각)**과 무닌**(Munnin, 기억)이라는 큰까마귀(common raven)가 앉아 있었다. 까마귀들은 전 세계를 날아다니며 보고 들은 일들을 오딘에게 전하는 임무를 맡았다. 오딘의 지식에 빈틈이 없도록 채워주는 일종의 정보원 역할을 했던 셈이다.

오딘이 에인헤랴르를 극진히 대접하며 무예를 갈고닦게 했던 데는 나름대로 합당한 이유가 있었다. 라그나뢰크가 찾아오면 신들은 거인, 마물과 맞붙어야 하는데 오딘은 그때 영웅들의 힘을 빌릴 속셈이었던 것이다. 현대인 입장에서는 영웅들이 오딘에게 이용당한다는 생각이 들지만, 당시 게르만 전사들의 꿈은 에인헤랴르의 동료가 되어 발홀 궁에 당당히 입성하는 것이었다. 그래서 질병이나 노쇠로 인한 자연사를 수치로 여기고, 다른 방법이 없으면 자신의 무기로 자해해 죽음에 이르러서라도 발홀 궁에 들어가기를 간절히 열망했다고 한다.

무지개다리 비프로스트의
문지기 신, 헤임달

앞서 세계수 위그드라실의 뿌리가 신들의 세계까지 뻗어 있고, 그곳에 우르다르브룬느라는 청정한 샘물이 솟아난다고 이야기했다. 이 샘가에 **노른**이라는 세 자매 여신이 사는 아름다운 저택이 있는데, 이 여신들은 세계와 인간의 운명을 결정하고 세계수가 시들지 않도록 보살핀다는 이야기도 소개했다.

신들은 매일 아침 이 샘 곁에 모여 중요한 안건을 회의했다. 어느 날, 신들은 회의를 통해 대지에서 아스가르드를 지나 우르다르브룬느 샘가까지 통하는 다리를 세우기로 결정했다. 이 다리는 **비프로스트**(Bifrost)라는 이름으로 불리며, 구석구석 신들의 손길이 닿아 정교하고 튼튼하게 만들어졌다. 지금 우리가 무지개라 부르는 현상은 이 다리로 말미암아 생겨났다 여겨진다. 비프로스트는 빨

강, 파랑, 초록의 세 가지 색으로 칠해졌다. 참고로 붉게 빛나 보이는 부분은 활활 타오르는 불꽃의 색이다.

비프로스트 다리가 아스가르드에 이르는 부근에는 히민뵤르그(Himinbjorg)라는 성전이 있었다. 그곳에 **헤임달**(Heimdallr)이라는 신이 살았다. 헤임달은 신들의 적이 감히 이 다리를 건너 아스가르드로 들어오지 못하도록 감시하는 임무를 수행했다. 그는 한밤중에도 100마일(약 161킬로미터) 너머의 작은 물체를 판별할 수 있는 가공할 시력과, 풀이 돋아나고 양털이 자라는 소리까지 구분할 수 있는 놀라운 청력을 지니고 있었다. 헤임달은 밤이 되어도 잠들지 않고 다리를 감시했다.

오딘은 그에게 **걀라르호른**(Gjallarhorn)이라는 뿔피리를 하사했다. 세상의 종말인 라그나뢰크가 찾아와 악마의 군대가 아스가르

드에 쳐들어오면, 그 뿔피리를 있는 힘껏 불어 경고하라는 의미였다. 헤임달이 뿔피리를 불면 뿔피리 소리는 세계 구석구석까지 울려 퍼져, 오딘과 신들 그리고 에인헤랴르들이 최후의 결전에 임할 때가 왔음을 알리도록 예정되어 있었다.

그런데 비프로스트 다리를 지키는 헤임달의 역할과 다소 맞지 않는 이야기도 함께 전해진다.

어느 날, 헤임달은 리그(Rigr)라는 이름으로 여행을 떠나 세 채의 집을 방문했다. 첫 번째로 아이(Ái, 증조할아버지)와 에다(Edda, 증조할머니)라는, 자식이 없는 노부부의 오두막을 찾았다. 노부부는 가난했기에 나그네에게 변변찮은 식사밖에 내놓지 못했지만, 그래도 정성껏 낯선 나그네를 대접했다. 리그는 노부부의 오두막에서 사흘을 묵었는데, 그동안 부부 사이에서 잠을 잤다. 아홉 달 후, 에다는 스렐(Þræll, 노예)이라는 이름의 사내아이를 낳았다. 스렐은 외모는 못났지만 타고난 일꾼으로, 어른이 되자 자신과 꼭 닮은 시르(Þír)라는 아가씨와 결혼했다. 그리고 이 부부에게서 태어난 수많은 자식들은 노예가 되었다.

리그는 노부부의 집을 떠나 역시 자식이 없는 부부인 아비(Afi, 할아버지)와 암마(Amma, 할머니)의 집에 머물렀다. 그곳에서도 리그는 극진한 대접을 받았고, 마찬가지로 사흘 동안 부부 사이에서 잠을 잤다. 아홉 달 후, 암마는 카를(Karl, 자유농민·평민)이라는 아들을 얻었다. 건강하게 무럭무럭 자라난 카를은 농업 기술을 익혔고, 자신과 닮은 스뇌르(Snor)라는 아내를 얻어 수많은 자식을 낳았다. 부부의 자식들은 자유로운 농민이 되었다.

리그는 마지막으로, 역시 자식 복이 없어 슬하에 자녀를 두지 못한 파디르(Faðir, 아버지)와 모디르(Móðir, 어머니) 부부가 사는 저택에 여장을 풀었다. 그곳에서 융숭한 대접을 받은 리그는 역시 사흘 동안 부부 사이에서 잠을 잤다. 아홉 달 후, 모디르는 야를(Jarl, 영주 귀족)이라는 금발의 남자아이를 낳았다. 야를이 성장하자 리그가 다시 찾아와 그에게 무술과 룬문자를 가르쳤다. 그 후 야를은 주변 여러 나라와 전쟁을 벌여 영토를 확장했고, 에르나(Erna)라는 아내를 얻어 수많은 자녀를 얻었다. 이 아이들은 왕이 될 자격을 가진 귀족이 되었다.

즉, 헤임달은 세 부류 인간의 선조가 되는 셈이다. 그런데 만약 이 이야기가 사실이라면, 그가 여행을 하는 동안 비프로스트 다리는 도대체 누가 지켰을까? 묘한 궁금증이 남는다. 그래서 파수꾼 역할과 맞지 않는 부분이 있는 이야기라고 운을 띄웠던 것이다.

제2장

위대한 천둥의 신,
토르

토르의 세 가지 보물과
시프의 금발

오딘은 매일 아침 열리는 신들의 집회에, 여덟 개의 다리를 가진 애마 슬레이프니르(Sleipnir)를 타고 참석했다. 다른 신들도 각자 아끼는 말에 올라타고 비프로스트 다리를 건넜다. 천둥의 신 토르만 말에 타지도, 다리 위를 건너지도 않고 두 다리로 저벅저벅 걸어서 강을 건넜다. 토르의 몸무게는 엄청나게 무거웠기 때문에, 비프로스트 다리가 아무리 튼튼하다고 해도 토르가 건너면 무너질 우려가 있었다. 토르는 말 대신 탕그노스트(Tanngnost)와 탕그리스니(Tanngrisni)라는 숫염소를 길렀는데, 이 염소들이 끄는 수레를 타고 이곳저곳을 누비고 다녔다. 게르만 사람들은 번개가 치기 전에 '우르릉' 하고 울리는 소리를 토르가 탄 수레바퀴가 지면을 울리는 소리라고 믿었다.

토르에게는 세 가지 보물이 있었다. 첫 번째 보물은 철퇴 **묠니르**(Mjọlnir)이고, 두 번째 보물은 강철 장갑 **야른그레이프르**(Járngreipr)이다. 철퇴 묠니르는 항상 시뻘겋게 달구어져 있어 강철 장갑을 끼지 않으면 토르조차도 잡을 수가 없었다. 마지막 보물은 **메긴 교르드**(Megin gjord)라는 허리띠로, 이 허리띠를 조이면 힘을 배로 발휘할 수 있었다.

토르는 보물들 중에서도 묠니르를 각별히 아꼈다. 묠니르는 아무리 거칠게 다루어도 망가지지 않고, 던지면 절대로 목표를 벗어나지 않으며, 부메랑처럼 다시 주인에게 돌아왔다. 게다가 안 쓸 땐 작아져 옷 속에 넣고 다닐 수 있어 편리함까지 겸비한 무적의 무기였다. 그런데 묠니르는 처음부터 토르의 소유는 아니었고, 우

여곡절 끝에 토르의 손에 들어왔다.

토르는 **시프**(Sif)라는 절세 미녀를 아내로 두었다. 시프는 어깨까지 오는 길이의 새하얗게 빛나는 숱 많은 금발이 자랑거리였다. 토르도 눈부시게 빛나는 아내의 머리카락을 바라보고 어루만지며 즐거워했다고 한다.

그러던 어느 날, 로키가 시프의 침실로 몰래 들어가 그녀가 잠자는 사이 금발을 싹둑 잘라 갔다. 로키는 잘 알려진 말썽꾼으로 누군가 우쭐거리는 모습을 보면 참지 못하고, 그 자랑거리를 망쳐놓아야 직성이 풀리는 성격의 소유자였다.

아침이 되자, 애지중지하던 머리카락이 잘려 나간 모습을 본 시프는 슬픔을 이기지 못하고 목 놓아 울며 남편 토르에게 달려갔다. 이렇게 못된 장난을 칠 신은 로키밖에 없었기에 토르는 바로 로키를 붙잡아 죽여버리겠다고 으름장을 놓았다. 토르의 분노가 상상 이상으로 심하자 로키는 손이 발이 되도록 싹싹 빌었다. 그래도 토르가 씩씩거리며 화를 풀지 않자 로키는 묘수를 내놓았다.

"난쟁이들에게 머리에 얹기만 해도 바로 뿌리를 내리고, 금세 아름다운 금발로 자라나는 머리카락을 만들라고 분부를 내릴 테니 부디 용서해주십시오."

로키는 열심히 사과한 덕분에 가까스로 목숨만은 부지할 수 있었다. 토르의 손에서 풀려난 로키는 이발디(Ivaldi)라는 난쟁이의 아들을 찾아가 시프의 금발을 만들게 했다. 그런데 그 난쟁이는 금발뿐 아니라 다른 두 가지 신기한 보물까지 덤으로 만들어주었다. 하나는 **궁니르**(Gungnir)라는 투창으로, 던지면 반드시 표적을 명중시키는 기묘한 물건이었다. 또 다른 하나는 **스키드블라드니르** (Skiðblaðnir)라는 배인데, 접으면 주머니에 쏙 들어갈 정도로 작아지지만 펼치면 엄청난 수의 병사를 태울 수 있을 만큼 커지는 마법의 배였다. 또한 이 배는 바다에 나가면 어느 방향으로 향해도 순풍을 만나 항해할 수 있었다.

결과물을 보고 흡족해진 로키는 보물들을 챙겨 토르에게 돌아가다가 **브로크**(Brokkr)라는 난쟁이와 마주쳤다. 브로크의 형은 솜씨 좋기로 유명한 대장장이 신드리였다. 로키는 금발과 궁니르, 스키드블라드니르를 보여주며 자랑했다.

"아무리 네 형이 솜씨가 좋다고 해도 이보다 더 훌륭한 물건은 만들지 못하겠지."

로키가 마구 으스댔다.

"겨우 그 정도라면 우리 형이 더 대단한 걸 만들고도 남지."

브로크가 자신만만하게 대꾸했다. 이에 두 사람은 신드리가 만든 보물과 로키가 가진 보물 중 어느 쪽이 더 뛰어난지 신들에게 심판을 받자며 내기를 걸었다. 내기의 보상은 이긴 쪽이 진 쪽의 머리를 갖는 것이었다.

난쟁이들이 만든
신들의 보물

브로크에게 자초지종을 들은 신드리는 곧바로 보물을 만드는 작업에 착수했다. 먼저 신드리는 용광로 안에 돼지 털가죽을 던져 넣었다.

"아우야, 내가 돌아올 때까지 풀무로 불에 바람을 불어 넣고 있어라. 절대 쉬어선 안 된다."

신드리는 브로크에게 풀무질을 부탁하고 작업장에서 자리를 비웠다. 이때 로키가 작업에 훼방을 놓으려고 커다란 등에로 변신해 신드리의 작업장으로 날아들었다. 그러고는 굵직한 침으로 브로크의 팔뚝을 냅다 찔렀다. 브로크는 순간 팔을 타고 오르는 찌르르한 통증을 느꼈지만, 이를 악물고 고통을 참으며 팔을 재빨리 놀려 풀무질을 했다. 얼마 후 신드리가 작업장으로 돌아와 용광로를 열자,

황금색 털로 뒤덮인 수퇘지가 나타났다. 이 돼지는 **굴린부르스티**(Gullinbursti)라고 하는데, 하늘이든 바다든 바람처럼 내달릴 수 있고, 황금색 털이 내뿜는 빛으로 깜깜한 어둠 속을 휘영청 밝게 비출 수 있었다.

신드리는 쉬지 않고 다음 작업에 착수했다. 용광로에 황금 주괴를 넣고, 다시 브로크에게 계속해서 풀무질을 하라는 당부를 남기고 작업장을 떠났다. 가만히 지켜보고 있던 로키는 다시 커다란 등에로 변신해 작업장으로 숨어들었고, 먼젓번보다 곱절은 강한 힘으로 브로크의 목덜미에 두툼한 침을 찔러 넣었다. 브로크는 아픔에 굴하지 않고 손을 분주하게 놀려 풀무질을 계속했다. 덕분에 신드리가 돌아왔을 때 용광로 안에는 아름다운 황금 반지가 완성되어 있었다. 이 반지는 **드라우프니르**(Draupnir)로, 아흐레 밤마다 자신을 쏙 빼닮은 반지를 여덟 개씩 만들어내는 불가사의한 능력을 지니고 있었다.

마지막으로 신드리는 철 주괴를 용광로 안에 집어넣었다.

"만약 도중에 풀무질을 멈추면 다 된 밥에 코 빠뜨리는 셈이니, 절대 손을 쉬지 말거라."

신드리는 신신당부하고 작업장을 나갔다. 곁에서 몰래 듣고 있던 로키는 이번에야말로 작업을 망쳐놓겠다 다짐하고, 다시 등에로 변신해 브로크의 눈꺼풀에 힘껏 침을 찔러 넣었다. 브로크는 입술을 깨물어가며 아픔을 참고 손을 놀렸지만, 등에가 찌른 상처에서 피가 흘러나와 시야를 가렸다. 하는 수 없이 브로크는 흐르는 피를 닦느라 딱 한 번 풀무에서 손을 떼었다. 그 순간 마침 신드리가 돌아왔다. 풀무는 아주 잠시 멈추었을 뿐이지만, 장인 기질을 타고난 신드리의 매서운 눈은 속일 수 없었다.

"휴, 간발의 차이였어. 풀무질을 조금만 더 멈췄더라면 완전히 헛수고를 할 뻔했구나."

신드리는 용광로 안을 들여다보며 중얼거리고는 안에서 철 망치를 끄집어냈다. 이 망치가 무적의 무기로 일컬어지는 **묠니르**였다. 묠니르는 무적의 무기였지만, 브로크가 아주 잠깐 풀무에서 손을 놓는 바람에 자루가 살짝 짧았다.

로키와 브로크는 각각 세 종류의 보물을 들고 아스가르드로 향했고, 누가 만든 보물이 더 나은지 오딘과 토르, 프레이에게 심판을 부탁했다. 먼저 로키가 금발을 토르에게, 투창 궁니르를 오딘에게, 자유자재로 크기를 조절할 수 있는 스키드블라드니르를 프레이에게 바쳤다. 이어서 브로크가 토르에게 철퇴 묠니르를, 오딘에게 황금 반지인 드라우프니르를, 프레이에게 황금으로 번쩍번쩍 빛나는 굴린부르스티를 진상했다.

보물들은 하나같이 불가사의하고 매력적이었다. 제아무리 현명한 신들도 어느 보물이 가장 뛰어난지를 판가름하기는 어려워, 머리를 싸매고 고민해야 했다.

신들의 결론과
내기의 승자

　오딘과 토르, 프레이는 머리를 맞대고 한참이나 고민했다. 그리고 마침내, 거인과 마물들의 공격에서 세계를 지킬 무기로 묠니르를 선택했다. 묠니르는 이후 신들에게 가장 귀중한 보물이 되었다. 즉, 누가 더 값진 보물을 만들어내느냐를 가린 이번 대결은 브로크의 승리로 돌아간 셈이다. 로키는 약속대로 머리를 내놓아야 하는 위기에 내몰렸다.

　설마 자신이 패배하리라고는 꿈에도 생각하지 못했던 로키는 다급해졌다.

　"시키는 일은 무엇이든 할 테니, 머리를 내놓으라는 말만은 거두어주시게!"

　"네 머리 외에는 관심이 없다. 잔말 말고 머리나 내놓아라."

브로크가 싸늘하게 대꾸했다. 브로크의 매몰찬 반응은 로키의 성질을 건드렸다.

"좋다. 그렇다면 어디 한번 나를 잡아다 목을 쳐서 가져가 보거라!"

로키는 브로크를 도발하고 줄행랑을 쳤다. 로키는 하늘에서나 바다에서나 자유롭게 내달릴 수 있는 마법의 신발을 신고 있어서, 요리조리 내빼며 브로크에게 잡히지 않을 수 있었다. 약이 바짝 오른 브로크는 토르에게 로키를 잡아와 목을 잘라달라고 부탁했다. 그 순간 로키는 꾀를 냈다.

"내기에서 지면 머리를 내놓겠다고 약속하긴 했지. 하지만 목을 내놓겠다는 말은 하지 않았다. 목을 자르지 않고 머리를 가져갈 재간이 있거들랑 어디 한번 가져가 보시게."

원통하지만 로키의 말이 옳았다. 목을 자르지 않고 머리를 가져갈 재주가 없었던 브로크는 단념하는 수밖에 없었다. 억울해진 브로크는 로키의 입술을 가죽끈으로 꿰매기로 했다. 두 번 다시 핑계를 대거나, 다른 사람을 속이지 못하도록 못된 입을 단단히 꿰매버릴 생각이었다.

그런데 로키의 입술은 말도 안 되게 질겼다. 날카로운 단도를 찔러 넣어도 가죽끈을 꿸 구멍조차 뚫을 수 없었다. 이대로 복수를 포기해야 하다니, 브로크는 애가 탔다.

"형이 쓰는 송곳만 있으면 어찌해볼 텐데…."

브로크는 혼잣말을 하듯 중얼거렸다. 그 순간, 브로크의 눈앞에 송곳이 떡하니 나타났다. 브로크는 절묘한 순간에 나타난 송곳을 잽싸게 잡아채어 로키의 입술에 구멍을 뚫었고, 얄미운 주둥아리를 더이상 함부로 놀리지 못하도록 야무지게 꿰매버렸다.

입술을 달싹거리지조차 못하게 된 로키는 덕분에 모두의 놀림감이 되었다. 물론 아주 잠깐의 굴욕에 지나지 않았다. 로키는 얼마 지나지 않아 스스로 가죽끈을 잘라버렸기 때문이다. 다시 자유를 얻은 로키는 예전처럼 뻔뻔하게 혀를 놀리고, 이것저것 핑계를 늘어놓으며 분주하게 다른 사람들을 속여넘겼다.

한편 오딘과 프레이가 얻은 보물은 그들에게 없어서는 안 되는, 한몸이나 다름없는 보물이 되었다. 던지기만 하면 반드시 표적에 명중하는 창 궁니르는 오딘이 승부에 심판을 내리는 '전쟁의 왕' 역할을 맡았음을 상징하는 무기가 되었다. 그리고 황금 반지 드라우프니르는 오딘이 세계의 지배자임을 보여주는 물건이 되었다.

인도유럽어족(Indo-European languages)으로 분류되는 언어를 사용하는 사람들은 **'세계는 아홉을 주기로 새로워진다'**는 사고방식을 공유하고 있다. 예를 들어, 독일어에서 '아홉(9)'은 '노인(neun)'이라고 하고, '새로운'이라는 의미의 형용사는 '노이(neu)'라고 한다. 또 프랑스에서 '아홉(9)'과 '새로운'은 모두 '누프(neuf)'라고 한다. 인도유럽어족 중 하나인 산스크리트어에서도 '아홉(9)'과 '새로운'은 모두 '나바(nava)'로 동일하다. 즉, 아흐레 밤마다 여덟 명의 자식을 떨구어내 총 아홉 개가 되는 과정을 반복하는 반지 드라우프니르를 소유하는 것은, 세계 창조를 관장하는 힘을 가지고 있다는 뜻을 담고 있는 것이다.

한편 세계 각지에 풍요로운 수확을 불러오고 부를 산출시키는 중요한 역할을 맡았던 프레이에게는 방방곡곡을 누비고 다닐 탈것이 필요했다. 그래서 어느 방향으로 향해도 순풍을 탈 수 있는 배 스키드블라드니르와 바람처럼 달릴 수 있는 굴린부르스티는 프레이에게 소중한 발이 되어주었다.

토르와 흐룽그니르의 결투
(1)

토르는 세 개의 날카로운 뿔이 있고 바위 심장을 지닌 **흐룽그니르**(Hrungnir)라는 거인을 무찌른 업적이 있다. 그에게 이 일은 특별한 의미를 지니는데, 이야기의 전말은 다음과 같다.

어느 날, 오딘이 애마 슬레이프니르를 타고 거인의 나라 요툰헤임 상공을 지나가고 있었다. 그러자 거인들 중에서 가장 강하다고 일컬어지던 흐룽그니르가 오딘의 기척을 느끼고 말을 걸었다.

"참으로 훌륭한 말을 타고 계시는구려."

거인은 오딘의 말을 칭찬했다. 우쭐해진 오딘은 허세를 부렸다.

"보는 눈이 높군. 슬레이프니르는 천하제일의 명마라오. 요툰헤임에도 이 녀석보다 발 빠른 말은 없을 거라는 데 내 머리를 걸겠소."

흐룽그니르는 자신의 말이 더 날래다고 믿었기에 오딘의 자랑이 기가 막혔다.

"대단한 자신감이오. 그렇다면 어디 한번 내 말과 겨루어보지 않겠소?"

거인은 곧바로 굴팍시(Gullfaxi)라는 이름의 말을 타고 오딘의 뒤를 쫓기 시작했다.

그런데 오딘은 슬레이프니르를 맹렬한 속도로 몰아 아스가르드로 돌아갔다. 뒤도 안 돌아보고 정신없이 오딘의 뒤를 쫓던 흐룽그니르는 어느새 아스가르드 영토 안으로 들어서고 말았다. 신들은 깜짝 방문한 거인을 환영하며 연회장으로 초대해 성대한 환영 잔치를 열어주었다. 마침 토르가 자리를 비웠기에, 토르가 사용하던 커다란 잔에 넘치도록 술을 따라 흐룽그니르에게 권했다. 거인은 신들이 권하는 술을 마다하지 않고 주는 족족 받아 마셨다. 그리고 결국 거나하게 취해 추태를 부리기 시작했다.

"발홀 궁을 요툰헤임으로 옮겨 가고, 아스가르드를 바다에 가라앉혀 버리겠소. 프레이야와 시프도 요툰헤임으로 데려가고, 쓸모없는 나머지 신들은 모조리 처치해버리지. 아, 아리따운 프레이야에게 술시중을 들게 할까? 신들이 가진 술도 몽땅 마셔버리겠어!"

술이 오를 대로 오른 흐룽그니르는 고래고래 악을 쓰며 무례하게 행패를 부렸다. 분위기는 순식간에 싸늘해졌다. 신들은 토르의 이름을 불렀고, 토르는 잔뜩 분노한 상태로 씨근덕거리며 연회장에 모습을 드러냈다. 그러고는 묠니르를 휘두르며 거인에게 덤벼

들려고 했다.

심상찮은 살기를 느낀 흐룽그니르는 순식간에 냉정을 되찾았다.

"내가 무장을 갖추고 왔더라면 네 녀석과 승부를 겨루었겠지만, 길 떠날 채비도 마치지 못하고 급히 요툰헤임에서 나왔다. 무기로 쓰는 숫돌과 방패도 집에 두고 왔지. 무기도 없는 나와 싸워서 이긴다손 치더라도, 그건 그대에게 명예로운 승리라고는 할 수 없지 않을까?"

거인은 침착하게 토르를 달랬다. 그리고 **그리요트나가르드** (Grjóttúnagarðar)라는 곳에서 결투를 하자고 제안했다. 토르가 적에게 결투 신청을 받은 건 이때가 처음이었다. 토르는 기꺼이 결투에 응했다.

결투 당일, 토르는 **샬비**(Þjálfi)라는 젊은 종을 약속 장소로 먼저 보냈다. 흐룽그니르는 일찌감치 와서 단단한 돌로 만든 커다란 방패를 자신의 앞에 버텨 놓고, 무기인 숫돌을 들고 토르가 오기를 기다리고 있었다. 샬비는 주인을 배신한 척하며 거인에게 슬쩍 말을 걸었다.

"방패를 세워봤자 무슨 쓸모가 있겠사옵니까. 토르는 지하로 와서, 바로 아래에서 공격할 것입니다. 방패는 땅 위에 내려놓고 그 위에 서서 기다리는 게 낫지 않겠습니까?"

흐룽그니르는 샬비의 말에 솔깃했다. 곧바로 방패를 땅에 내려놓고 그 위에 올라탔다. 그런데 거인이 방패 위에 오르자마자 하늘에서 번개가 번쩍이더니, 천지를 뒤흔드는 요란한 천둥소리가 울려 퍼지며 무시무시하게 분노한 토르가 하늘에서 모습을 나타냈다. 흐룽그니르가 방패를 붙잡을 새도 없이 토르가 묠니르를 내던졌다. 거인은 재빨리 묠니르를 향해 숫돌을 날렸고, 두 무기는 공중에서 격렬하게 충돌했다.

토르와 흐룽그니르의 결투
(2)

토르가 던진 묠니르가 흐룽그니르의 숫돌과 부딪치자 숫돌은 산산조각이 났고, 묠니르는 그대로 거인의 정수리에 명중했다. 흐룽그니르의 두개골은 단단한 바위로 만들어졌지만 묠니르의 위력 앞에선 속수무책이었다. 거인은 머리가 깨져 그대로 숨이 끊어졌다.

한편, 공중에서 잘게 쪼개진 숫돌 파편 중 하나가 토르의 머리에 박혔다. 목숨에는 지장이 없었지만, 혼자 힘으로는 아무리 용을 써도 숫돌 조각을 뽑아낼 수 없었다. 토르는 **그로아**(Gróa)라는 여자 마법사를 불렀다.

"무슨 수를 써서라도 이 파편을 빼주게."

토르의 부탁에 그로아가 정신을 집중해 주문을 외웠다. 그러자 숫돌 조각 주위의 살이 움찔거리며 느슨하게 풀리더니, 살에 단단히 박혀 있던 숫돌 조각이 금방이라도 빠질 것처럼 씰룩이기 시작했다. 애먹이던 파편을 어렵지 않게 빼낼 수 있게 되었다고 생각한 토르는 기쁨에 겨웠다. 그래서 그로아가 주문을 외우는 중인데도, 행방불명된 그로아의 남편 아우르반딜(Aurvandil)을 도와준 이야기를 주절주절 늘어놓기 시작했다.

토르는 요툰헤임에 붙잡혀 있던 아우르반딜을 구해 광주리에 넣어 짊어지고는 데리고 돌아온 적이 있었다. 그런데 세상 북쪽 끝에 흐르는 엘리바가르(Élivágar)라는 차디찬 얼음 강을 건널 때, 아우르반딜의 발가락 하나가 광주리 밖으로 튀어나와 심한 동상에 걸리고 말았다. 토르는 동상에 걸린 발가락을 잘라내어 하늘에 던

토르

흐룽그니르

져 '아우르반딜의 발가락'이라는 별을 만들었다. 이야기를 마치며 토르는 그로아에게 남편의 소식을 전했다.

"그러니까 조금만 더 기다리면 사랑하는 낭군님이 돌아오실 게야."

죽은 줄 알았던 남편이 살아 있다는 소식을 들은 그로아는 기쁨에 겨워 날뛰느라 그만 주문의 마지막 부분을 까맣게 잊고 말았다. 결국 주문은 중단되었고, 느슨하게 풀렸던 살은 전보다 더 팽팽하게 조여들었다. 숫돌 파편은 한층 깊이 살을 파고들어 더이상 빼낼 수 없을 정도로 단단히 박히고 말았다. 그렇게 세상이 끝나는 날까지 토르의 머리에는 숫돌 조각이 박힌 상태로 남게 되었다.

사실 이 사고는 우발적인 실수로 벌어진 게 아니라 특별한 의미를 지니고 있다. 본래 토르는 활활 불타오르는 불꽃처럼 시뻘건 얼굴에, 바늘처럼 단단하고 거친 머리털과 수염을 휘날리는 무시무시한 모습을 하고 있어 보는 이들의 간담을 서늘하게 했다. 게다가 이글이글 타오르는 번갯불처럼 날카로운 눈빛으로 노려보며, 자신에게 다가오는 이들을 벌벌 떨게 만들었다. 한술 더 떠 흐룽그니르와의 전투 때 머리에 박힌 숫돌 파편이 힘을 쓸 때마다 울룩불룩 튀어나온 탓에, 그의 살벌한 분위기와 무시무시한 외모는 위력이 더욱 심해졌다. 신들의 적수인 거인들 중에서 최강의 실력자로 평가받았던 흐룽그니르와 맞서 싸워 당당하게 승리한 토르는 용감무쌍한 전쟁의 신임을 온몸으로 증명했다. 즉, 토르가 무적의 전쟁의 신임을 누구나 한눈에 알 수 있는 '증표'로서 머리에 숫돌 파편이 박히는 사건이 일어났다고 짐작해볼 수 있다.

싸움에 관해서라면 감히 대적할 이가 없는 최고의 실력자였던 토르는 신들의 왕으로 세계를 통치하는 오딘과 부와 생식을 관장하는 프레이와 더불어 게르만 신을 대표하는 지위를 획득했다. 앞서 누가 더 값어치 있는 보물을 만들어내는지를 겨룬 내기에서 로키와 브로크는 각자 만들어낸 불가사의한 보물을 오딘, 토르, 프레이에게 진상했는데, 이 역시 이들이 신들의 정점에 군림하기 위한 포석이라고 볼 수 있다.

토르가 배앗아 온 거대한 솥
(1)

뇨르드는 바다를 지배하는 신이다. 그런데 게르만 신화에는 뇨르드 이외에도 바다의 신이 한 명 더 있다. 바로 **에기르**(Ægir)이다.

에기르는 뇨르드보다 계급이 낮은 신이지만 잔인하기로는 따를 자가 없었다. 그는 사람이 사는 뭍에서 멀리 떨어진 먼 바다를 지배하며, 아내 란(Rán)과 함께 깊은 바닷속에 자리한 널찍한 저택에 살았다.

부부는 닮는 법. 란 역시 지아비 못지않게 표독스러운 여신이었다. 배가 조난을 당해 익사한 자들은 그녀가 암초 사이에 쳐놓았던 마법의 그물에 걸려 저택으로 끌려갔다. 그래서 당시 항해를 나서는 사람들은 일반적으로 몸에 황금을 지니고 다녔다. 혹은 폭풍우에 휩쓸려 배가 난파되었을 때, 뱃사람들이 금을 가지고 있지 않으면 선장이 뱃사람들에게 미리 준비한 황금을 나누어주는 관습이 있었다. 탐욕스러운 란은 황금을 좋아해 황금을 지니고 온 익사자들은 융숭한 대접을 받는다는 믿음이 있었기 때문이다.

에기르와 란이 사는 저택에는 호화롭고 멋진 연회장이 있었는데, 신들은 그곳에 모여 잔치를 즐겼다. 그러나 처음 바닷속 저택에서 신들의 연회가 열렸을 때, 연회 준비를 부탁받은 에기르는 몹시 당황했다. 왜냐하면 그의 저택에는 신들이 진탕 마실 만큼 많은 맥주를 양조할 가마솥이 없었기 때문이다. 하는 수 없이 에기르는 토르에게 아쉬운 소리를 해야 했다.

"연회에서 마실 맥주를 만들 커다란 가마솥을 구해줄 수 있겠소?"

에기르가 쩔쩔매며 손을 내밀자 토르는 얼떨결에 그의 청을 받아들였다. 그러나 그 역시 그만큼 큰 가마솥을 어디서 구할지 막막했다. 그때 튀르(Týr)라는 신이 나서며 슬쩍 귀띔해주었다.

"이 세상의 동쪽 끝에 사는 **휘미르**(Hymir)라는 거인이 깊이가 몇 미터나 되는 거대한 가마솥을 가지고 있다네."

귀가 번쩍 뜨인 토르는 가마솥을 얻기 위해 휘미르의 거처로 곧장 찾아갔다.

토르가 휘미르의 집에 도착했을 때, 마침 집주인은 사냥을 나가 있었고 머리가 구백 개나 달린 기괴한 어머니와 아내만 오도카니 집을 지키고 있었다. 한참을 기다리자 휘미르가 돌아와 토르를 환영하며 황소 세 마리를 잡아 만찬을 차려주었다. 토르는 사양하지 않고 소고기를 집어삼켰다. 그리고 눈 깜짝할 사이에 소 두 마리를 게 눈 감추듯 먹어치워 휘미르를 놀라게 했다.

다음 날 아침, 휘미르가 바다로 고기잡이를 나간다는 이야기를 들은 토르가 나섰다.

"나도 함께 가겠소."

"내가 평소에 고기잡이를 하는 곳은 뭍에서 멀리 떨어진 곳이네. 나를 따라왔다가는 자네 몸이 차가운 갯바람에 꽁꽁 얼어붙어 버티지 못할 텐데…."

휘미르는 토르를 염려해 거절하려 했지만 토르는 고집을 부렸다.

"그래도 같이 가고 싶소이다."

"그러면 내일 낚시에서 쓸 미끼를 구해 오시게."

휘미르가 한 가지 조건을 내걸자 토르는 흔쾌히 수락했다. 토르는 휘미르가 키우던 소 중에서 가장 튼실하고 큰 황소를 골라 머리를 비틀어 죽인 다음, 배에 우격다짐으로 실어 넣었다. 그리고 휘미르가 배를 띄우자 선미에 앉아 노를 잡고 힘차게 젓기 시작했다. 배는 순식간에 휘미르가 평소 고기잡이를 하던 곳에 이르렀다.

"제발 그만! 노는 이제 그만 젓게!"

휘미르가 토르를 말렸지만 토르는 말을 듣지 않았다.

"더 멀리 나가야 하오."

토르는 계속 노를 저었고, 이윽고 바다의 끝에 도착했다. 바다 끝에는 **요르문간드**(Jǫrmungandr)라는 거대한 뱀이 바닷속에서 세계를 휘감고 자신의 꼬리를 문 채 똬리를 틀고 있었다. 휘미르가 닻을 내리고 낚싯대를 드리우기 무섭게 거대한 고래 두 마리가 잡혔다. 휘미르는 월척을 낚았다며 자신의 낚시 실력을 뽐냈지만 토르는 한술 더 떴다. 토르가 황소 머리를 튼튼한 줄에 꿰어 바다에 던져 넣자 요르문간드가 덥석 미끼를 물었고, 맹렬한 힘으로 낚싯대를 잡아당기기 시작했다.

토르가 빼앗아 온 거대한 솥
(2)

사실 토르는 처음부터 요르문간드를 낚을 속셈이었다. 그래서 눈 하나 깜짝하지 않고 발바닥에 힘을 준 채 온몸으로 버티며 괴물 뱀과 한바탕 힘겨루기를 했다. 요르문간드는 감히 자신을 낚은 괘씸한 낚시꾼을 바닷속으로 끌고 들어가려 낚싯대를 마구 잡아당겼다. 결국 배가 버티지 못하고 부서졌다. 토르는 아예 바다 밑바닥에 발을 붙이고 서서 본격적으로 버티기 한판에 돌입했다. 토르의 발바닥은 점점 더 깊숙이 진흙 속으로 파묻혔지만, 그는 요르문간드를 당기는 힘을 늦추지 않았다.

토르가 새빨간 눈을 부릅뜨고 요르문간드를 노려보자, 괴물 뱀은 끔찍한 독기를 내뿜으며 토르와 눈싸움을 벌였다. 영원히 결판이 나지 않을 듯 팽팽한 긴장감이 감돌던 그때, 토르가 무적의 무

기 묠니르를 꺼내 들었다. 그런데 묠니르를 휘둘러 요르문간드의
머리를 내리치려는 순간, 야속한 낚싯대가 버티지 못하고 부러지
고 말았다. 당황한 토르가 낚싯대 끝을 확인하자 낚싯대가 날붙이
로 잘린 흔적이 있었다. 서둘러 시선을 돌려보니 휘미르가 떨리는
손으로 단도를 들고 있었다. 토르와 뱀의 살벌한 사투를 바로 앞에
서 지켜보던 휘미르가 공포에 질려 그만 낚싯대를 잘라버린 것이
었다.

우여곡절 끝에 요르문간드는 다시 바다 밑으로 돌아갈 수 있었
다. 그리고 세계가 끝나는 그 순간까지 그곳에서 자신의 꼬리 끝을
물고 살게 되었다.

휘미르가 쓸데없는 참견을 한 탓에 요르문간드를 놓쳐버리게

된 토르의 화는 좀처럼 가라앉지 않았다. 결국 분을 이기지 못한 토르는 휘미르의 머리통을 냅다 갈겼다. 물론 토르는 분풀이 삼아 아주 살짝 치려는 생각이었지만, 휘미르는 뱃전을 넘어 바닷속으로 곤두박질쳤다. 토르의 매운 손맛을 직접 맛본 휘미르는 그러고도 정신을 못 차렸는지 토르의 괴력을 시험해보고 싶어 몸이 근질근질해졌다.

"낚시로 잡은 고래를 집까지 날라주든지 배를 부두에 대든지, 둘 중 하나를 거들어주지 않겠나?"

배가 바닷가에 도착하자 휘미르는 토르에게 부탁했다. 그러자 토르는 고래를 실은 채 배를 번쩍 들어올려 휘미르의 집까지 옮겨다 주었다.

아침상을 물리고 나자, 휘미르는 토르의 힘을 또다시 시험해보고 싶어졌다. 휘미르는 잔 하나를 가져와 운을 뗐다.

"아무리 노를 빨리 젓는다고 해도, 이 잔이 멀쩡하다면 힘 좀 쓴다고 할 수 없지."

승부욕이 발동한 토르는 발끈하고 나섰다.

"그까짓 잔을 부수는 것쯤이야 식은 죽 먹기지."

말이 끝나기 무섭게 토르는 가까이 있던 기둥에 잔을 내동댕이쳤다. 그런데 잔은 멀쩡했다. 흠집 하나 가지 않고 그저 뒤집히기만 했다. 사실 그 잔에는 절대 깨지지 않게 하는 마법이 걸려 있었다.

휘미르는 토르를 비웃었다. 남편의 그런 모습이 못마땅했던 그의 아내가 토르의 귓가에 속삭였다.

"저희 영감 머리에 갖다 박으면 부서질 거랍니다."

휘미르의 아내가 소곤소곤 들려준 이야기에 토르는 잔을 휘미르의 머리를 향해 힘껏 내던졌다. 그러자 잔은 형체도 없이 산산이 부서지고 말았다. 휘미르는 몹시 상심했다. 마법의 잔은 휘미르가 무척이나 아끼는 보물이었기 때문이다. 기가 죽은 휘미르를 본 토르는 드디어 때가 왔다며 속으로 쾌재를 불렀다. 토르는 휘미르의 집을 찾아온 진짜 목적을 밝히고 가마솥을 내어달라고 부탁했다.

"이 집에서 가지고 나갈 수 있으면 한번 가지고 가보시게나."

휘미르의 가마솥은 말도 안 되게 무거워, 이제껏 힘깨나 쓴다는 장사들이 젖 먹던 힘까지 짜내도 꼼짝도 하지 않았다. 아무리

날고 기는 토르라도 가마솥을 한 발짝도 옮기지 못할 거라는 휘미르의 꿍꿍이였다.

그러나 토르의 힘은 휘미르의 상상을 훌쩍 뛰어넘었다. 토르는 가마솥을 가뿐하게 들어올리더니, 뒤집어서 모자처럼 머리에 쓰고 유유히 휘미르의 집을 나섰다. 토르가 걸을 때마다 솥 가장자리에 달려 있던 장식 손잡이가 발뒤꿈치에 부딪쳐 '짤랑짤랑' 소리를 냈다.

토르가 잔망스럽게 짤랑짤랑 소리를 내며 걸어가니, 거인들이 떼를 지어 추격하기 시작했다. 휘미르의 명령을 받아 가마솥을 되찾아 가려는 무리였다. 토르는 가마솥을 내려놓고 묠니르를 휘둘러 쫓아오던 거인들을 순식간에 몰살해버렸다.

토르 덕분에 가마솥을 손에 넣은 에기르는 대량의 맥주를 빚을 수 있게 되었고, 신들을 위한 연회를 무사히 치를 수 있었다.

새색시로 변장한 토르
(1)

어느 날 아침, 토르가 눈을 뜨자 몸에서 한시도 떼어놓지 않았던 묠니르가 감쪽같이 사라졌다. 묠니르는 무엇보다 소중한 보물이었기에, 토르는 허둥지둥 온 집 안을 뒤집어놓으며 찾아다녔다. 그러나 그 어디에도 묠니르의 흔적은 찾아볼 수 없었다. 묠니르 도난 사건은 토르 혼자만의 문제가 아니었다. 아스가르드가 발칵 뒤집어졌다. 토르는 친하게 지내던 로키를 불러 묠니르를 도둑맞은 것 같다고 털어놓으며, 어떻게 해야 되찾을 수 있을지를 의논했다.

"제가 찾아보겠습니다."

로키가 나섰다. 로키는 묠니르를 찾으려면 빠르게 이동할 수 있는 수단이 필요하다 생각해, 프레이야에게 투구와 함께 매로 변신할 수 있는 마법의 날개옷을 빌리기로 했다.

로키가 프레이야를 찾아가 자초지종을 털어놓자, 프레이야 여신은 두말없이 마법의 날개옷을 내주었다. 로키는 바로 날개옷을 걸치고 투구로 모습을 감춘 채 요툰헤임으로 날아갔다. 로키에게는 나름대로 짚이는 구석이 있었다. 거인들 중 하나가 토르의 보물을 훔쳐갔을 거라는 확신이 있었던 것이다.

요툰헤임 상공을 선회하는 동안, 로키는 한 언덕 위에서 거인들의 왕인 **스림**(Þrymr)을 발견했다. 스림은 입이 귀에 걸리도록 웃으며 신이 나서는 자신이 기르는 개와 애마를 돌보고 있었다. 로키는 수상한 낌새를 느끼고 본래 모습으로 돌아가 스림 곁으로 가서 물었다.

"무슨 일로 이리도 신이 나셨을까? 토르의 망치를 훔쳐가서 들뜨셨나?"

그러자 스림이 실실 웃으며 비꼬았다.

"잘 아시는구먼. 이 몸이 묠니르를 슬쩍했소. 그리고 아무도 모르는 땅속 깊은 곳에 꽁꽁 숨겨놓았지."

스림은 이죽거리며 한마디도 지지 않고 되받아쳤다. 게다가 한 술 더 떠 뻔뻔한 제안까지 했다.

"묠니르를 돌려받고 싶거들랑 프레이야를 나한테 시집보내게. 새 신부를 내 앞에 대령하면 돌려주지. 안 그러면 묠니르는 두 번 다시 볼 수 없을 거야."

로키는 다시 매로 변신해 그가 돌아오기를 목을 빼고 기다리던 토르와 프레이야에게 서둘러 돌아갔다. 그리고 스림이 묠니르를 숨겨놓았다는 사실을 전하고, 주저주저하며 프레이야에게 스림의 조건을 들려주었다.

"묠니르를 되찾아 오려면, 새색시 차림을 하고 스림한테 가야 하네."

"거인의 왕한테 시집을 가라고? 죽어도 싫어."

프레이야는 치를 떨며 분노했다. 평소 목에 걸고 다니던 보물 목걸이 **브리싱가멘**(Brisingamen)이 미친 듯이 흔들릴 정도로 온몸을 흔들며 바락바락 악을 썼다. 프레이야의 앙탈에 로키는 설득하기를 포기했다.

그러나 아스가르드의 평화를 유지하려면 무슨 수를 쓰더라도 묠니르를 되찾아야 했다. 하는 수 없이 로키는 신들을 소집해 지혜를 모으기로 했다. 신들 중에서도 지혜롭기로 소문난 헤임달이 나섰다.

"토르가 새색시로 변장하고 스림에게 가면 되지 않겠나? 브리싱가멘을 걸고 프레이야인 척하면 될 것 같은데."

"나한테 계집애 차림을 하라고? 왜 대장부인 내가 그런 모욕을 겪어야 하지?"

이번에는 토르가 콧김을 씩씩거리며 거세게 반발했다. 로키는 볼멘소리를 늘어놓는 토르를 달래며 가까스로 설득했다.

"자, 자, 고정하시고 제 이야기를 끝까지 들어보십시오. 묠니르를 되찾아 오지 못하면 거인들한테 아스가르드를 빼앗길 지경이란 말입니다."

결국 신들이 힘을 합쳐 토르를 새색시로 단장시켰다. 브리싱가멘을 걸어주고, 길게 늘어뜨린 치맛자락으로 우람한 발목을 덮어 감추며 토르를 어여쁜 새 신부로 꾸며주었다.

"아차, 아씨를 모시고 갈 몸종이 있어야지. 제가 몸종 역할을 하지요."

로키는 새색시 시중을 드는 몸종으로 변장했다. 여장을 한 토르와 로키는 두 마리의 염소가 끄는 토르의 수레를 타고, 달그락달그락 소리를 내며 요툰헤임으로 향했다.

새색시로 변장한 토르
(2)

스림은 오랫동안 프레이야를 마음에 두고 있었다. 연모하던 여신이 자신에게 시집오기 위해 꽃단장을 하고 요툰헤임으로 오고 있다는 이야기를 듣자, 그는 엉덩이를 붙이고 앉아 있지 못할 정도로 기뻐 날뛰기 시작했다.

"내 영지에는 새까만 수소가 셀 수 없이 많고, 황금 뿔을 가진 진귀한 암소까지 있지. 보석만 해도 없는 게 없을 정도라고. 유일하게 내 것으로 만들지 못한 게 프레이야였지. 그 프레이야가 드디어 내 신부가 되는구나. 이 경사스러운 날을 축하하기 위해 성대한 잔치를 베풀겠다!"

스림은 부하들을 닦달하며 결혼식 준비에 열을 올렸다.

요툰헤임의 거인들이 결혼식 준비로 정신없이 분주한 와중에,

요란스러운 소리를 내며 토르의 수레가 도착했다. 토르와 로키는 베일을 쓰고 있었기에 누구에게도 정체를 들키지 않았다.

프레이야로 변장한 토르는 새 신부 자리로 안내받아 자리에 앉기 무섭게 왕성한 식욕을 발휘했다. 순식간에 암소 한 마리와 연어 여덟 마리를 뚝딱 해치웠다. 그러고는 달콤한 음식을 좋아하는 여자들을 위해 산더미처럼 쌓아놓은 과자까지 먹어치우더니, 벌꿀주 세 통을 벌컥벌컥 들이켜 말끔히 비워냈다.

"이렇게 먹성이 좋은 아가씨는 머리털 나고 처음 봤다. 나의 새 신부는 엄청난 대식가에 술고래다!"

새 신부의 엄청난 먹성을 보고 스림은 눈이 휘둥그레져 외쳤다. 스림이 엉겁결에 내지른 말을 들은 거인들은 수상함을 느꼈지만, 몸종으로 변장하고 토르 옆에서 시중을 들던 로키가 잽싸게 나서

이 신부 먹성이
장난이 아니야

와구와구

변장한
토르

스림

수습해 상황을 무마했다.

"프레이야 아씨는 여드레 동안 아무것도 드시지 못했습니다. 물 한 모금 넘기지 못하실 정도로 요툰헤임으로 시집가는 날을 손꼽아 기다리셨답니다."

로키가 둘러댄 말에 기분이 좋아진 스림은 새 신부에게 입을 맞추려고 베일을 들어 새 신부의 얼굴을 훔쳐보았다.

"으악!"

스림은 새 신부, 아니 토르와 눈이 마주치자마자 연회장이 떠나가도록 다급한 비명을 질러댔다.

"프레이야가 살벌한 눈으로 노려봤어…. 나를 눈빛으로 죽이려 했다니까. 마치 눈에서 불꽃을 내뿜어 태워 죽일 기세였다고!"

스림의 반응에 자리를 잡고 앉아 있던 거인들의 표정이 야릇해졌다. 로키는 다시 한 번 기지를 발휘했다.

"우리 프레이야 아씨가 요툰헤임에 갈 날을 오매불망 기다리시느라 여드레 동안 한숨도 못 주무시다 보니, 새빨간 토끼 눈이 되셨답니다."

스림이 고개를 갸웃거리다 로키의 설명에 겨우 고개를 끄덕이려던 찰나, 스림의 여자 형제가 나타나 새 신부에게 말했다.

"내 호의를 얻고 싶거들랑, 자네가 걸고 있는 그 붉은 목걸이를 시누이에게 주는 혼수 삼아 나에게 넘기게."

토르가 대답하기도 전에 스림은 부하들에게 명령했다.

"묠니르를 가져와서 새 신부의 무릎 위에 올려 두어라."

부하들이 지시에 따라 묠니르를 가져오자, 토르는 기다렸다는 듯 치렁치렁한 새색시 차림을 벗어던지고 묠니르를 집어 들었다. 그리고 제일 먼저 스림을 때려죽이고, 이어서 결혼식 하객들을 차례차례 처치했다. 감히 토르에게 혼수를 요구했던 예비 시누이도 탐내던 목걸이 대신 묠니르의 일격을 선사받고 한 방에 저세상으로 갔다.

도둑맞은 묠니르를 되찾은 토르는 그 후로도 적의 공격으로부터 신들의 세계를 지키는 임무를 계속 수행했다.

참고로 이 이야기에 나온 프레이야의 목걸이, 브리싱가멘은 어느 날 로키에게 도둑맞지만 헤임달이 되찾아준다는 이야기가 전해진다. 이야기에 따르면 어느 날 로키는 벼룩으로 변신해 프레이야의 저택에 살그머니 숨어 들어가, 그녀가 요란하게 뒤척이며 잠자는 사이 브리싱가멘을 훔쳐 줄행랑을 쳤다. 이를 안 헤임달은 로키가 보물 목걸이를 가지고 물개의 모습으로 바다에 있을 때, 마찬가지로 물개로 변신해 슬그머니 다가가 싸움을 걸었고 옥신각신한 끝에 브리싱가멘을 되찾아 프레이야에게 돌려주었다고 한다.

제3장

토르와 거인의 대결

거인국에서 있었던
토르의 힘겨루기 (1)

　　토르는 거인들 중에 자신과 대적할 자가 아무도 없음을 확인하고 싶었다. 어느 날, 그는 로키와 함께 염소가 끄는 수레를 타고 요툰헤임으로 향했다.

　　여행 중 날이 저물자 둘은 근처 농가의 오두막에서 하룻밤 묵고 가기로 했다. 오두막에는 토르가 흐룽그니르와 싸웠을 때 시중을 들었던 **샬비**라는 젊은이가, 부모님 슬하에서 여동생 **로스크바**(Roskva)와 살고 있었다.

　　토르는 저녁거리로 자신의 수레를 끌던 염소 두 마리를 잡아 가죽을 벗기고, 고기와 뼈를 커다란 냄비에 넣어 부글부글 끓였다. 요리가 완성되자 오두막에 사는 가족들을 불러모았다.

　　"사양하지 말고 양껏 들게나."

그러면서 토르는 염소 가죽 두 장을 화로 앞에 펼쳐두고, 고기는 먹되 뼈는 흠집이 생기지 않도록 조심히 골라내어 가죽 위에 가지런히 늘어놓으라고 신신당부했다. 하지만 뼈에 붙은 골수라면 사족을 못 쓰던 샬비가 토르 몰래 허벅다리 뼈를 한 짝 빼돌려 골수까지 쪽쪽 빨아 먹었다.

다음 날 아침, 토르는 염소 가죽과 뼈를 펼쳐놓고 그 위로 묠니르를 휘둘렀다. 그러자 염소들이 순식간에 되살아났다. 그런데 희한하게 한 마리가 한쪽 다리를 절뚝절뚝 절었다. 절름발이 염소를 본 토르는 머리끝까지 화가 났다.

"너희 중 누군가가 염소 뼈를 함부로 다루었구나!"

토르는 호통을 치더니, 무서운 얼굴로 하룻밤 잠자리를 내어준 샬비의 식구들을 노려보았다. 샬비의 부모님은 두려움에 벌벌 떨었다.

"저희가 가진 걸 다 내어드릴 테니, 부디 용서해주십시오…."

부부는 토르에게 용서를 빌었다. 간절하게 비는 두 부부의 딱한 모습에 토르는 화가 누그러졌다.

"좋다. 그렇다면 너희 아들과 딸을 하인으로 데려가겠다."

토르는 자식들을 데려가는 대신 부부를 용서해주었다. 이런 사연으로, 샬비는 여동생 로스크바와 함께 토르의 시중을 들게 되었다.

이 이야기에서 샬비는 본래 가난한 농민의 자식으로 나오지만, 아무래도 그는 평범한 인간이 아닌 듯하다. 샬비는 발이 놀라울 만큼 빨라 달리기를 하면 지는 법이 없었기 때문이다.

화를 가라앉힌 토르는 염소와 수레를 샬비 집에 맡기고, 로키와 새로 하인이 된 두 사람을 데리고 다시 여정에 올랐다. 일행은 바다를 건너 요툰헤임에 도착했다.

요툰헤임은 울창한 숲으로 둘러싸여 있었다. 숲길을 걷는 사이에 날이 저물어 일행은 하룻밤 묵을 곳을 찾아야 했다. 그때 커다란 거실이 딸린 건물이 문을 활짝 열고 있는 게 보였다. 토르 일행은 그 기묘한 건물에서 하룻밤을 나기로 하고 잠자리를 폈다.

그런데 한밤중, 갑자기 지진이 일어나더니 건물이 심하게 흔들리기 시작했다. 지진은 멈출 줄 몰랐고 땅은 미친 듯이 요동쳤다. 로키와 샬비, 로스크바는 지진에서 몸을 피할 안전한 장소를 찾아 허둥거렸다. 그러다 거실 오른쪽 구석에서 작은 방을 발견했다. 셋은 그 작은 방 안에 들어가 밤새도록 옹송그리고 벌벌 떨었다. 지진과 함께 꺼림칙한 신음 소리 같은 울림이 밤새 끊이지 않고 일어 귀를 괴롭혔다. 토르는 언제 어떤 괴물이 습격해 와도 단숨에 해치울 수 있도록 묠니르를 들고 작은 방 앞에서 불침번을 섰다.

밤이 가고 아침이 밝자 토르는 밖으로 나갔다. 그리고 건물에서 멀리 떨어진 곳에 지축이 울리도록 코를 골며 곯아떨어진 거구의 사내가 있는 걸 발견했다.

거인국에서 있었던 토르의 힘겨루기 (2)

요란하게 코를 골며 곯아떨어진 거인을 보고서야, 토르는 지난 밤 지진이라고 생각했던 땅울림이 사실은 저 사내의 코 고는 소리였음을 알아챘다. 천하의 토르가 고작 코골이에 놀라 벌벌 떨었다고 생각하니 새삼 부아가 치밀었다. 토르는 허리띠를 조여 힘을 갑절로 늘리고, 묠니르를 휘둘러 거인의 머리에 기세 좋게 선방을 날리려 했다. 그런데 그 순간, 거인이 눈을 번쩍 뜨고 일어났다. 담이 크기로 소문난 토르조차 소스라치게 놀라 소리를 냅다 질렀다.

"악! 깜짝이야. 간 떨어질 뻔했잖아! 도대체 뭐 하는 놈이냐?"

"이 몸의 이름은 **스크리미르**(Skrýmir)다. 네 녀석 이름은 알고 싶지 않다. 아스 신족의 토르라고 아주 이마에 써 붙이고 다니는구면."

거인은 제 할 말을 마치자 벗어두었던 장갑을 집어 들었다.

"내가 벗어두었던 장갑을 건드린 게 필시 네 녀석일 테지."

그 순간 토르는 자신들이 밤을 지낸 건물이 거인의 장갑 안이었고, 지진을 피해 도망친 작은 방이 장갑의 엄지손가락 부분이었음을 깨달았다. 토르는 깜짝 놀라 말문이 막혔다.

"나도 네 녀석의 길동무로 삼아주지 않겠나?"

거인의 물음에 토르는 떨떠름하게 승낙했다. 할 말을 다 한 스크리미르는 장갑에서 아침거리를 꺼내 먹기 시작했다. 토르 일행도 함께 허겁지겁 요기를 달랬다.

"어차피 같이 여행을 할 테니, 식량은 모아서 내가 지고 가지."

식사를 마친 거인이 제안했고 토르가 동의했다. 그러자 거인은 토르 일행의 식량을 한데 그러모아 자신의 자루에 쓸어 넣고 끈으로 단단히 입구를 조인 다음, 어깨에 걸머지고 뚜벅뚜벅 걷기 시작했다. 스크리미르가 커다란 보폭으로 성큼성큼 앞장서자 발이 빠른 샬비조차 따라잡기 벅차 숨을 헉헉댔다. 다른 일행들도 한참 뒤처지기는 했지만 필사적으로 거인의 뒤를 쫓았다.

날이 저물자 스크리미르가 겨우 발걸음을 멈추었다.

"오늘 밤은 여기서 노숙하기로 하지."

거인은 거대한 떡갈나무 아래에 털썩 주저앉아 자리를 폈다.

"나는 고단해서 바로 잘 테니, 너희는 자루에서 음식을 꺼내 저녁이라도 때워라."

거인은 말을 마치기 무섭게 드러누워 요란하게 코를 골며 곯아

떨어졌다. 하루 종일 물 한 모금 마시지 못하고 발바닥에 불이 나도록 거인을 쫓았던 토르 일행은 뱃가죽이 등에 달라붙을 정도로 배가 고팠다. 그래서 허겁지겁 자루의 끈을 풀고 식량을 꺼내려고 했다. 하지만 끈을 풀려고 애쓸수록 끈은 더 단단하게 묶여버려서 아무리 용을 써도 풀 수가 없었다. 배가 고파 짜증이 난 토르는 거인의 머리에 다짜고짜 묠니르를 휘둘렀다. 스크리미르는 잠에 취해 해롱거리는 목소리로 물었다.

"뭐야, 방금 내 이마에 나뭇잎 한 장이 떨어진 것 같은데…. 그건 그렇고, 다들 식사는 마치셨나?"

약이 오른 토르는 바득바득 이를 갈며 퉁명스럽게 대꾸했다.

"아, 방금 식사를 마치고 막 잠자리에 들까 하던 참이었다네."

그러고는 떡갈나무 아래에 드러누웠다. 하지만 배에서는 계속 꼬르륵 소리가 났다. 게다가 고작 끈 하나 풀지 못해 수모를 당했단 생각에 억울한 나머지 좀처럼 잠을 이루지 못했다.

밤이 깊어지자 거인의 코골이 소리가 한층 심해져 온 숲에 메아리가 치도록 쩌렁쩌렁 울렸다. 그 바람에 잠을 설친 토르는 묠니르를 부여잡고 벌떡 일어났다. 그리고 다시 한 번 거인의 머리에 묠니르를 냅다 갈겼다. 묠니르가 찌르르 하고 울리며 거인의 두개골을 깊이 파고든 느낌이 토르의 손까지 전해졌지만, 거인은 실눈을 뜨고 어리둥절해하며 물었다.

"방금 도토리 하나가 내 머리에 떨어졌나…. 어이, 토르. 안 자고 뭐 하나?"

토르는 벌레라도 씹은 표정으로 떨떠름하게 대답했다.

"아, 잠깐 잠이 깼네. 아직 깜깜해서 다시 누울 참이었어."

토르는 다시 자신의 잠자리로 돌아갔다. 그리고 마음속으로 거인 녀석이 잠들면 이번에야말로 숨통을 끊어놓겠다고 다짐했다. 잠시 뒤척거리자니 또다시 천둥처럼 요란한 코골이 소리가 귓전을 울렸다. 토르는 슬쩍 일어나 혼신의 힘을 다해 묠니르를 스크리미르의 정수리에 꽂아 넣었다. 이번에는 묠니르의 자루까지 거인의 머리에 파고들었다. 허나 애석하게도, 거인은 정수리를 긁적거리며 일어나 잠꼬대를 하듯 중얼거릴 뿐이었다.

"새가 부러뜨린 나뭇가지가 머리에 떨어졌나?"

거인은 정수리를 슬슬 쓰다듬었다.

거인국에서 있었던
토르의 힘겨루기 (3)

거인의 맷집에 놀란 토르는 꿀 먹은 벙어리가 되고 말았다.

"뭘 그리 멍하니 서 있나? 슬슬 길 떠날 채비를 하지. 갈 길이 멀다고."

거인은 부스스 자리에서 일어났다.

"조금만 더 가면 **우트가르다 로키**(Utgarða Loki)라는 거인 왕이 사는 성이 있다네. 그 성에는 굳이 들를 필요가 없어. 여차하면 여기서부터 왔던 길로 되돌아가는 게 낫지. 다만 굳이 성으로 가겠다면 동쪽으로 가야 하네. 나는 여기서 지네들과 헤어져 북쪽으로 갈 생각이네."

거인은 토르 일행의 식량이 든 자루를 짊어진 채 삼시간에 숲속으로 모습을 감추었다. 결국 아무것도 먹지 못하고 쫄쫄 굶은 토르 일행은 주린 배를 부여잡고 동쪽을 향해 발길을 재촉했다.

정오 무렵, 드넓은 평야가 나왔다. 평야 한가운데에는 고개를 한껏 뒤로 젖히지 않으면 꼭대기가 보이지 않을 정도로 높고 거대한 성이 우뚝 서 있었다. 성으로 다가가 보니, 입구는 튼튼한 문으로 닫혀 있어 아무리 밀고 당겨도 꿈쩍도 하지 않았다. 하는 수 없이 토르 일행은 성문을 가로지른 창살 틈을 통과해 안으로 들어갔다.

문을 활짝 열어젖힌 방으로 들어서니 거대한 거실이 나왔다. 거실 양끝에는 보기만 해도 뒷걸음질쳐 도망가고 싶어지는 우람한 체격의 거인들이 긴 의자에 빼곡히 앉아 있었다.

토르 일행은 방 한가운데를 가로질러, 제일 안쪽 왕좌에 앉아 있던 우트가르다 로키로 짐작되는 거인에게 인사했다. 거인 왕은 처음엔 토르 일행의 인사를 무시했지만, 이윽고 가소롭다는 말투로 입을 열었다.

"난 또 누구라고. 너무 작아서 안 보였네. 거기 있는 땅꼬마들이 토르 일행이신가. 소문이랑은 다른데? 왜 이렇게 체격들이 부실할까. 뭐, 보여줄 만한 재주는 있고? 이 몸의 성에는 뛰어난 능력을 지닌 자들만 들어올 수 있거든. 네놈들이 보여줄 만한 변변한 재주가 있거들랑 어디 한번 재롱잔치나 펼쳐보시든지."

그러자 제일 먼저 로키가 한 발짝 앞으로 나섰다.

"저는 빨리 먹기라면 누구에게도 지지 않습니다. 저보다 빨리 먹을 수 있는 자가 있다면 어디 나와 보십시오."

"뭐, 빨리 먹는 것도 재주라면 재주지. 시작해보게."

말을 마친 거인 왕은 의자 끝에 앉아 있던 로게(Logi)라는 거인에게 로키와 빨리 먹기 대결을 하라고 명령했다. 거인 왕이 손짓하자 고기로 가득 찬 통이 나왔다. 한쪽 끝에 로키가, 다른 쪽 끝에 로게가 앉아 대결이 시작되었다. 둘은 통 속에서 고기를 잡으려다 손이 부딪힐 정도로 매우 빠르게 고기를 먹어치웠다. 승부는 얼핏 호각을 이루는 듯 보였다. 그러나 로키가 살코기만 먹고 뼈는 남긴 데 비해, 로게는 뼈까지 씹어 먹고도 성이 차지 않았는지 아예 통까지 먹어치웠다. 누가 봐도 로키의 패배가 분명했다.

승패가 판가름난 듯하자 거인 왕은 샬비에게 물었다.

"네 녀석은 무슨 재주가 있나?"

"저는 누구보다 빠른 발을 가지고 있습니다. 누구와 겨루어도 이길 자신이 있습니다."

그러자 거인 왕은 후기(Hugi)라는 소년을 불러, 성 밖의 주로(走路)에서 샬비와 달리기 시합을 하라고 명령했다. 시합이 시작되자 후기는 순식간에 샬비를 앞질러 결승선을 통과했고, 다시 한 바퀴를 더 돌아 또 샬비를 앞지를 정도로 격차를 벌렸다. 그 후로 두 번이나 더 달리기 시합을 했지만, 번번이 둘의 월등한 실력 차이만 확인하고 경기가 끝났다.

거인국에서 있었던
토르의 힘겨루기 (4)

로키와 샬비가 거인들에게 적수조차 되지 못하고 패하자, 우트가르다 로키 왕은 토르에게 말했다.

"네가 이런저런 힘자랑을 했다는 소문은 나도 익히 들어 알고 있다. 힘 하나는 봐줄 만한 모양인데, 어디 얼마나 센지 이번 기회에 구경이나 해볼까."

거인 왕은 유들유들하게 비꼬았다.

"힘자랑도 좋지만, 술 마시기 내기는 어떻겠소. 나는 이날 이때까지 술을 마시고 취해본 적이 없다오. 술 마시기로는 나를 당할 자가 없을 게요."

토르의 대답에 우트가르다 로키 왕은 시종을 불러 술을 가득 채운 커다란 뿔잔을 가져오라고 시켰다. 그러고는 그 잔이 왕의 측근들이 술을 마실 때 애용하는 잔이라 덧붙이며 토르에게 건넸다.

"이 잔을 단숨에 비우면 술 좀 마시는 녀석이라고 인정해주지. 우리 중에서도 이 잔을 한 번에 비우는 녀석은 본 적이 없거든. 두 모금을 넘치게 마셔야 겨우 비울 수 있는 잔이란 말씀이야. 설마 천하의 토르가 세 모금 넘게 마셔서 잔을 비우는 추태를 부리지는 않겠지. 우리 중에서 세 모금을 넘기는 못난 놈은 없었거든."

거인 왕이 살살 약을 올렸다. 토르는 잔을 바라보았다. 길이는 제법 긴 듯했지만, 깊이는 그다지 깊어 보이지 않았다. 게다가 토르는 타는 듯한 갈증에 시달리던 중이라, 단숨에 잔을 비울 수 있을 거라고 얕잡아 보았다. 그런데 마시기 시작하고 얼마 지나지 않아 숨이 턱까지 차올랐다. 토르가 헉헉대며 잔을 들여다보니 술은 조금도 줄어들지 않았다.

토르가 화들짝 놀랐고, 지켜보던 거인 왕도 짐짓 놀란 표정을 지었다.

"아스 신족의 제일가는 용사라는 토르가 그 정도의 술잔도 비우지 못해서야 쓰나. 실망이야, 실망. 설마 꼴사납게 두 모금이나 들이켜서 술잔을 비울 생각인가?"

거인 왕은 토르를 도발했다. 토르는 '이번에야말로 술잔을 비우겠어!'라는 각오로 다시 뿔잔을 입에 대고는 숨을 한껏 참아가며 술을 들이켰다. 얼추 바닥이 보일 거라고 생각하며 흘낏 술잔을 들여다보자, 이번에도 술은 아주 조금 줄어들었을 뿐이었다.

"보아하니 네 녀석은 세 모금에 마시는 것도 무리인 모양이로구나."

우트가르다 로키 왕이 야유했다. 광분한 토르는 맹렬한 기세로 술잔에 덤벼들었다. 그리고 더이상 들어가지 않겠다는 생각이 들 때까지 술을 마시고 입을 뗐다. 그러나 술은 아까보다 약간 줄어들었을 뿐 여전히 바닥이 보이지 않는 상태였다.

"아서라, 그러다 몸 상할라. 그만 됐다. 네 주량도 대단치 않다는 걸 알았으니, 이제 그쯤에서 접고 다른 재주를 보여주지 않겠나."

거인 왕은 고개를 절레절레 내젓더니, 토르에게 다른 재주를 보여달라며 살살 약을 올리기 시작했다.

"이번에는 뭘 시킬 작정인가."

"내가 기르는 고양이를 들어올려보게. 우리 왕국에서는 애들 장난이야. 아스 신족 최강의 전사라는 토르 님께는 실례가 될지 모르지만, 내가 보기에 네 녀석은 소문만큼 강하지 않은 듯하니 그 정도가 딱 좋아."

그러자 기다리고 있었다는 듯 거대한 회색 고양이가 연회장으로 펄쩍 뛰어 들어왔다. 토르는 고양이에게 살금살금 다가가 몸통 아래에 한쪽 팔을 밀어넣고 들어올리려 끙끙댔다. 그런데 토르가 아무리 힘을 써도 고양이는 등을 말고 기지개를 펼 뿐, 전혀 들어올려지지 않았다. 토르는 자세를 바로잡고 다시 한 번 온 힘을 다해 고양이를 들어올리려 했지만, 겨우 다리 하나를 바닥에서 떼어내는 데 성공했을 뿐이었다.

"내 그럴 줄 알았다. 역시 너는 고양이 한 마리 들어올릴 힘도 없는 약해빠진 녀석이었구나."

거인국에서 있었던
토르의 힘겨루기 (5)

고양이를 들어올리지 못해 거인 왕에게 실컷 놀림을 당한 토르는 발끈했다.

"일대일 몸싸움이라면 져본 적이 없소. 누구라도 좋으니 나랑 한판 겨루어보지 않겠나!"

토르가 외쳤다. 그러자 우트가르다 로키 왕은 고개를 절레절레 내젓고는 연회장을 한 바퀴 빙 둘러보며 말했다.

"이를 어쩌나. 공교롭게도 여기는 네가 상대할 만한 인물이 없는데…."

거인 왕은 골똘히 생각하는 시늉을 하더니 말을 이었다.

"좋다. 네가 굳이 싸우고 싶다면 내 유모인 엘리(Elli)를 상대해 보거라. 늙어 꼬부라진 할멈이지만, 너보다 강한 상대를 지금도 몇 명은 거뜬히 쓰러뜨릴 만큼 정정하시거든. 여봐라, 가서 엘리를 데려와라!"

잠시 후, 척 보기에도 몸을 가누기 버거워 보이는 꼬부랑 할머니가 비척비척 연회장으로 들어와서는 토르와 몸싸움을 하겠다고 나섰다. 토르는 툭 치면 쓰러질 것처럼 연약한 할머니와 드잡이를 해야 하는 상황이 마뜩지 않아, 단숨에 쓰러뜨려 빨리 승부를 낼 요량으로 덤볐다. 그런데 노파는 바위처럼 무거워 아무리 힘을 써도 꼼짝도 하지 않았다. 토르는 몇 번씩 기술을 걸어 노파를 쓰러뜨리려 했지만 전혀 먹혀들지 않았다. 결국 토르는 제풀에 지쳐 나가떨어져 한쪽 무릎을 꿇고 말았다.

"거기까지 하지."

거인 왕은 싸움을 중단시켰다.

"할 만큼 했으니, 더이상 겨뤄보겠다는 어리석은 말은 하지 않겠지."

거인 왕이 토르를 자리에 앉히더니, 차려놓은 진수성찬을 권하며 토르 일행을 극진히 대접했다.

다음 날 아침, 토르 일행은 새벽부터 길 떠날 채비를 하느라 분주했다.

"우리 집을 찾은 손님인데, 아침을 거르고 보내면 서운하지. 간단하게 차렸으니 아침 좀 들고 가시게."

우트가르다 로키 왕이 아침을 먹고 가라며 토르 일행을 붙잡았다. 그리고 상다리가 부러질 정도로 호화로운 만찬을 마련해주었다. 거하게 차린 아침상을 물리고 나자, 거인 왕은 토르 일행을 성 밖까지 배웅했다.

"이번 여행에서 소기의 성과는 얻으셨나?"

막 작별 인사를 하고 헤어지려는데 거인 왕이 토르에게 물었다.

"망신만 실컷 당한 여행이었소. 무엇보다 당신네들이 나를 상대할 가치도 없는 나약한 녀석이라고 생각한 것 같아 억울해서 잠이 오지 않을 지경이오."

토르가 솔직하게 속내를 털어놓았다.

"좋다. 이미 성 밖으로 나왔고, 내 눈에 흙이 들어가기 전에는 내 성 안에 다시 들일 일이 없으니 진실을 알려주지."

거인 왕은 토르에게 진실을 이야기해주었다.

"네 힘은 진짜다. 나는 환술을 써서 잠시 네 눈을 속였을 뿐이다. 당신들 일행이 이 성에 오기 전에 만났던 스크리미르라는 거인은 사실 나였지. 식량 자루를 묶은 끈을 풀지 못했던 것도, 내가 마법의 철사로 눈에 보이지 않는 매듭을 꽁꽁 묶어두었기 때문이고. 네가 성이 나서 내 머리를 때렸을 때도, 제대로 맞았더라면 이미 난 저세상으로 갔겠지. 내가 이렇게 멀쩡히 살아 있을 수 있는 건, 네가 옆에 있던 바위를 나라고 착각하고 쳤기 때문이야.

내 말이 거짓말 같으면 성 옆으로 이어진 산을 보면 알 거야. 골짜기가 세 개지? 저 골짜기는 네가 나라고 생각해서 갈겼던 철퇴 자국이야. 그중에서 가장 깊은 골짜기는 네가 마지막에 온몸의 힘을 그러모아 내리친 흔적이고. 저걸 보면, 네 힘이 어느 정도로 센지 짐작이 가겠지.

　네 녀석들이 내 성에서 이것저것 재주를 겨루는 동안에도 역시 환술을 썼어. 로키와 빨리 먹기 내기를 했던 로게의 정체는 들불이 야. 그래서 고기든 뼈든 가리지 않고 날름날름 집어삼킬 수 있었지. 또 샬비와 달리기 시합을 했던 후기의 정체는 '내 생각'이었어. 아 무리 샬비가 발이 빨라도, 어디로든 단숨에 날아가는 생각의 속도 는 따라잡을 수 없는 게 당연하지 않겠나."

거인 왕이 깨달은 토르의
무시무시한 괴력

로키와 샬비가 시합에 진 진상을 밝힌 우트가르다 로키 왕은 계속해서 토르에게 고백했다.

"아무리 환술을 썼어도 네가 보여준 능력은 대단했어. 그저 입을 떡 벌리고 감탄하며 바라보는 수밖에 없었지.

네 주량을 보고 입이 다물어지지 않았어. 그건 기적이었거든. 내 눈으로 보지 않고 이야기로 전해 들었더라면 절대 믿지 않았을 테지. 너는 몰랐겠지만, 그 잔은 사실 바다와 이어져 있었단 말이야. 너는 그 많은 바닷물을 벌컥벌컥 들이켰고, 세 모금째에는 바닷물이 줄어들 정도로 마셨어. 내 말이 믿기지 않거든 지금 바닷가로 가보게나. 바닷물이 눈에 띄게 줄어들어 있는 걸 볼 수 있을 게야. 인간들도 '썰물'이라 부르며 놀라더군."

거인 왕은 한 번 말문이 터지자 쉬지 않고 말을 이었다.

"네가 고양이 다리 하나를 땅에서 들어올렸을 때도 지켜보던 자들은 모두 공포에 질려 벌벌 떨었지. 사실 네가 들어올린 건 고양이가 아니라 저 바다 깊은 곳에서 똬리를 틀고 제 꼬리를 물고 있던 거대한 뱀 요르문간드였거든. 그 뱀을 들어올렸으니 놀라서 뒤로 벌렁 나자빠지지 않은 게 다행이지.

아, 네가 힘겨루기를 했지만 이기지 못했던 그 할멈의 정체는 '노년'이야. 노년을 상대로 힘겨루기를 해서 당해낸 사람은 지금까지 없었고, 앞으로도 없을 게야. 그러니 노년에 이기지 못했다고 원통해할 필요는 없어. 오히려 노년에 굴복하지 않고 계속 저항하며 마지막까지 고작 한쪽 무릎만 꿇었으니 대단해. 넌 망신을 당한 게 아니라 기적을 일으켰어. 지켜보는 입장에서는 혀를 내두르고 감탄할 수밖에 없었다고."

토르 일행이 시합에 진 경위를 낱낱이 밝힌 우트가르다 로키 왕은 마지막으로 당부했다.

"드디어 작별이군. 마지막으로 약속해주게. 너와 나는 두 번 다시 만나지 않는 게 서로를 위해 좋아. 만약 네가 다시 승부를 겨루려고 덤비면 나는 그때도 환술을 써서 속여넘길 작정이야. 물론 애초에 성 안으로 한 발짝도 들이지 않겠지만. 절대 그런 위험을 감수하고 싶지는 않으니까."

모든 승부가 조작이었음을 알게 된 토르는 분통을 터뜨렸다. 곧바로 거인 왕을 때려죽이겠다며 묠니르를 휘둘렀다. 그런데 묠니르를 휘두르려고 하자 거인 왕은 연기처럼 스르르 자취를 감추었다.

"꼬리를 감추고 내빼겠다? 그렇다면 네놈의 잘난 성을 박살 내주지."

분이 풀리지 않은 토르는 씩씩거리며 성을 향해 묠니르를 휘둘렀다. 그러자 조금 전까지 성이 서 있던 곳에는 아무것도 없고 그저 아름다운 들판만 펼쳐져 있었다. 토르는 허공을 향해 실컷 헛손질만 했다.

허무했지만, 토르는 로키와 나머지 일행을 데리고 아스가르드로 돌아가는 수밖에 없었다.

토르의 게이르뢰드 방문기
(1)

어느 날 토르는 로키의 수레를 타고 묠니르도, 강철 장갑도, 마법의 허리띠도 지니지 않고 맨몸으로 **게이르뢰드**(Geirröd)라는 거인의 성을 찾아갔다. 토르가 무기도 없이 길을 떠난 데는 나름대로 사정이 있었다. 물론 사건의 발단은 로키였다.

심심해서 죽을 지경이던 로키는 프레이야의 매 날개옷과 쪽 닮은 날개옷을 오딘의 아내 프리그에게 빌렸다. 그러고는 매의 모습으로 요툰헤임에 날아가 게이르뢰드의 영지 안으로 들어갔다. 거실 창가에 다가가 앉으니 안이 보였다. 눈치 빠른 게이르뢰드는 자신을 훔쳐보는 매가 평범한 매가 아님을 알아차렸다.

"저 새를 붙잡아라!"

게이르뢰드는 부하들에게 명령했다. 부하 중 하나가 잽싸게 벽을 타고 올라 로키를 잡으려 했으나, 매가 앉아 있던 창턱이 너무 높아 쉽게 오를 수 없었다. 로키는 게이르뢰드의 부하들이 자신을 잡으려고 진땀을 흘리는 모습을 히죽거리며 구경했다. 만일 벽을 기어오르던 부하에게 잡힐 만하면 훌쩍 날아올라 도망칠 심산이었다. 그런데 매로 변신한 모습이 몸에 익지 않았던 로키는 그만 날아오르기 직전에 다리를 잡히고 말았다.

'보아하니 평범한 새가 아니로구나. 누군가 매로 변신한 게 틀림없어.'

잡혀 온 매의 범상치 않은 눈빛을 보고 게이르뢰드는 매의 정체를 간파했다.

"뭐 하는 녀석이냐. 썩 정체를 밝혀라!"

게이르뢰드가 짐짓 근엄한 목소리로 추궁했지만, 로키는 못 들은 척 아무 대답도 하지 않았다. 이를 괘씸하게 여긴 게이르뢰드는 매를 상자 안에 꽁꽁 가두고 물 한 모금도 주지 말라고 명령했다.

석 달 뒤, 매를 상자에서 꺼내 다시 물었다.

"이제 그만 이실직고하시지. 너는 누구냐!"

굶주림에 지친 로키는 순순히 자신이 누구인지 털어놓았다. 매의 정체를 알게 된 게이르뢰드는 한 가지 조건을 걸고 로키를 풀어주었다.

"자유의 몸이 되고 싶거든 토르를 나한테 데려오겠다고 맹세해라. 다만 그 어떤 무기도 지니지 않고 와야 한다."

두 번 다시 상자에 갇히고 싶지 않았던 로키는 흔쾌히 약속하고 아스가르드로 돌아갔다. 그리고 토르를 구슬려 무기도 지니지 않고 게이르뢰드의 성으로 향하게 했다.

게이르뢰드의 성으로 가는 도중, 토르와 로키는 **그리드**(Griðr)라는 여자 거인의 거처에 들렀다. 그리드는 거인족이지만 신들 편에 가담했고, 오딘의 연인이자, 비다르(Víðarr)라는 신의 어머니이기도 했다. 토르는 무기도 없이 맨몸으로 게이르뢰드의 성으로 가는 길이라고 그리드에게 털어놓았다.

"게이르뢰드는 만만한 상대가 아니란다. 이걸 가지고 가거라."

그리드는 토르에게 강철 장갑과 마법의 허리띠, 그리고 지팡이 (Grídarvöl)를 빌려주었다.

그리드의 집에서 나온 토르와 로키는 비무르(Vimur)라는 거대한 강기슭에 이르렀다. 토르는 강가에서 그리드에게 빌려온 허리띠를 조이고는 그리드의 지팡이를 짚으며 강을 건넜다. 로키는 토르의 허리띠에 대롱대롱 매달렸다.

토르가 강을 건너는 동안 강물의 수위가 점점 높아지기 시작했다. 강 한복판에 이르렀을 때는 토르의 어깨 높이까지 강물이 찰랑거렸다. 강물이 턱밑까지 차오르자 토르는 비무르 강에게 말을 걸었다.

"비무르 강이여, 아무리 수위를 높여도 헛수고라네. 나는 무슨 일이 있어도 걸어서 너를 건너, 거인의 성으로 갈 테니까. 네가 수위를 높이면 나도 하늘에 닿을 만큼 힘을 끌어올리면 그만이야."

그러다 문득, 토르는 강 상류에서 한 여자 거인이 바위산 계곡

양 끝에 다리를 걸치고 소변을 보고 있는 걸 발견했다. 바로 걀프
(Gjálp)라는 게이르뢰드의 딸이었다. 그러니까 물이 불어난 건 그녀
의 소변 탓이었던 것이다.

토르의 게이르뢰드 방문기
(2)

갈프는 토르를 보고도 강물의 수위를 낮추려는 시늉조차 하지 않았다. 토르는 혼잣말을 하듯 중얼거렸다.

"강의 수위는 물이 나오는 곳을 틀어막으면 자연히 줄어드는 법이지."

토르는 강에서 커다란 바위를 집어 올려 갈프에게 내던졌다. 바위는 갈프에 명중했고 드디어 소변 줄기가 멈추었다. 토르는 가까스로 건너편 강기슭에 다다를 수 있었다. 기진맥진한 토르는 마가목˙ 줄기를 부여잡고 강기슭으로 올라갔다. 이후 '토르를 구한 마가

˚ 마가목은 장미과의 낙엽 활엽 교목으로, 북유럽 신화에서 토르를 상징하는 성스러운 나무로 일컬어진다. 스코틀랜드를 비롯한 게르만 문화권 뱃사람들은 물에 빠진 토르를 구한 마가목 판자를 배에 꽂아 안전한 항해를 기원했다고 한다.

목'이라는 관용구가 탄생했다고 한다.

토르와 로키는 걸음을 재촉해 게이르뢰드의 성에 도착했다. 시종이 나와 염소를 치는 움막에 잠자리를 보아두었다며 안내했다. 그런데 움막 안에는 의자 하나만 달랑 놓여 있었다. 토르가 잽싸게 의자를 차지하자, 의자는 토르를 태운 채로 천장까지 솟구쳤다. 사실 이 의자 밑에는 비무르 강에서 토르 일행을 물귀신으로 만들려고 했던 걀프와 그녀의 자매 그레이프(Greip)가 숨어 있었다. 의자는 토르를 천장에 짓눌러 죽이려고 자매가 판 함정이었다.

토르는 그리드에게 빌린 지팡이를 지붕 서까래에 대고, 힘껏 엉덩이를 밀어 바닥으로 돌아왔다. 그러자 굉음과 함께 새된 비명이 울려 퍼졌다. 걀프와 그레이프의 등뼈가 우지끈 부러지는 소리와 거인 자매가 숨이 끊어지며 내지른 단말마였다.

두 딸을 동시에 잃은 게이르뢰드는 복수를 다짐했다.

"사랑하는 딸들을 죽인 원수여, 나와 한판 붙어보자."

게이르뢰드는 토르를 거실로 불러들였다. 거실 안에는 불꽃이 활활 타오르고 있었다. 게이르뢰드는 부젓가락으로 새빨갛게 타오르는 잉걸불 속에서 벌겋게 달구어진 철봉을 끄집어내 토르에게 내던졌다. 토르는 그리드에게 빌린 마법의 장갑을 번개 같은 속도로 끼고 철봉을 받아냈다.

토르가 철봉에 손조차 대지 못할 거라고 생각했던 게이르뢰드는 토르의 반격에 깜짝 놀라 허겁지겁 기둥 뒤로 몸을 숨겼다. 토르는 거인이 숨은 기둥 뒤로 철봉을 날렸고, 철봉은 기둥을 관통해

게이르뢰드의 몸을 발기발기 찢은 뒤 거실 벽을 산산조각 낸 다음 땅바닥에 박혔다. 게이르뢰드는 무장하지 않은 토르와 싸워서 승산이 있겠다는 생각에 그를 성으로 불러들인 것이었는데, 설마 같은 거인 종족인 그리드가 토르에게 무기를 빌려주리라고는 예상하지 못해 봉변을 당했다. 결국 게이르뢰드는 토르를 도발한 죗값으로 두 딸과 자신의 목숨을 허망하게 내놓아야 했다.

한편, 토르와 아내 시프 사이에는 모디(Móði)와 스루드(Þrúðr)라는 두 자식이 있었다. 그 외에도 토르는 야른삭사(Járnsaxa)라는 여자 거인과의 사이에서 아들 **마그니**(Magni)를 두었다. 마그니는 토르를 닮은 어마어마한 괴력의 소유자로 '흐룽그니르와의 결투'에서 전하지 못했던 이야기 속에 다시 등장한다.

토르가 거인 흐룽그니르를 쓰러뜨렸을 때, 마그니는 태어난 지

사흘밖에 지나지 않은 갓난아기였다. 토르가 흐룽그니르의 머리에 묠니르를 갈겨 싸움에 승리했다는 이야기는 앞서 이미 소개했다. 흐룽그니르의 몸이 땅을 뒤흔드는 요란한 소리와 함께 넘어졌을 때, 하필 거인의 한쪽 다리가 토르 몸 위에 올라가 있었다. 신들이 힘을 합쳐 흐룽그니르의 다리를 치우려 했지만 요지부동, 꼼짝도 하지 않았다.

그때 머리에 피도 마르지 않은 마그니가 나섰다. 마그니는 흐룽그니르의 다리를 잡고 그를 가볍게 내던졌다. 그리고 토르에게 늦게 도착해서 죄송하다고 말했다.

"제가 조금만 더 빨리 왔더라면, 이 정도 거인은 한주먹 감이었을 텐데."

마그니는 머리를 긁적이며 너스레를 떨었다.

무럭무럭 성장하는 아들을 보고 흡족해진 토르는 흐룽그니르의 애마였던 굴팍시를 마그니에게 주었다. 굴팍시는 천하의 명마로, 오딘도 탐낼 정도였다. 굴팍시를 마그니에게 주었다는 이야기를 들은 오딘은 나중에 아쉬운 듯 입맛만 쩝쩝 다셔야 했다.

토르의 아들들은 오딘이 만든 현 세계가 멸망한 후에도 아버지의 유품인 묠니르를 가지고 살아남아, 새로 탄생하는 세계를 지배하는 신들의 일원이 될 자격을 인정받았다고 한다.

제4장

바다의 신 뇨르드, 미남 프레이와 미녀 프레이아

이둔과 젊음의 사과를 빼앗아간 사치

오딘의 아들이자 시의 신이기도 한 브라기에게는 **이둔**(Iðunn)이라는 아리따운 아내가 있었다. 이둔은 지위가 그리 높은 여신은 아니었지만 중요한 역할을 맡고 있었다. 그녀는 먹으면 젊어지는 불가사의한 사과가 든 바구니를 가지고 있었는데, 신들은 이 사과를 이둔에게 받아먹은 덕분에 영원한 젊음을 유지할 수 있었다.

그런데 이둔이 사과 바구니를 든 채 아스가르드에서 감쪽같이 사라졌다. 사실 이 이둔 실종 사건의 배후에는 하루가 멀다 하고 말썽을 부리는 말썽쟁이 로키가 있었다.

어느 날, 오딘은 인간 세상의 동정을 살피려고 로키와 오딘의 동행자라 불린 헤니르를 데리고 여행을 떠났다. 굽이굽이 고갯길을 걷던 중 신들은 참을 수 없는 허기를 느꼈다. 그런데 아무리 주위를 둘러봐도 끼니를 때울 만한 먹거리가 눈에 띄지 않았다.

그러다 어느 계곡으로 내려가니 소떼가 한가로이 풀을 뜯고 있었다. 신들은 소 한 마리를 끌고 와 잡은 다음, 땅속에 파묻고 그 위에 불을 지펴 고기를 찌기 시작했다. 한참 불을 때던 신들은 구덩이에서 고기를 살짝 꺼내 확인했는데 아직 덜 익은 채였다. 신들은 주린 배를 부여잡고 다시 고기를 구덩이에 넣고 불을 지폈다. 잠시후 이번에는 조금 더 시간을 들여 익힌 다음 고기를 꺼냈는데, 이번에도 고기는 여전히 덜 익어 날고기 냄새를 풍겼다.

"귀신이 곡할 노릇일세."

신들은 고개를 갸웃거렸다. 그때 뜬금없이 머리 위에서 목소리가 들려왔다.

"고기가 안 익는 건 나 때문이오."

소리가 들려오는 쪽을 바라보자 떡갈나무 가지 끝에 커다란 독수리 한 마리가 앉아 있었다.

"구운 소고기를 배불리 먹게 해준다면, 더이상 훼방을 놓지 않고 고기를 구워드리겠소."

독수리의 제안에 신들은 고개를 끄덕여 동의했다. 독수리가 땅위로 내려와 커다란 날개로 부채질을 하여 불을 키우자, 고기는 순식간에 먹음직스러운 냄새를 솔솔 풍기며 익었다.

"약속대로 배불리 먹을 만큼 내 몫을 가져가겠소."

독수리는 소의 다리 두 개와 양쪽 어깨살을 잡아채 날아오르려고 했다. 그런데 독수리가 선택한 부위가 하필이면 가장 맛있는 부위였던 게 화근이었다. 괴씸함을 느낀 로키가 길쭉한 몽둥이로 독수리를 때렸다. 그런데 어찌 된 일인지 독수리 몸에 닿은 몽둥이가 떨어지지 않았다. 독수리는 로키를 매단 채 땅에 닿을 듯 말 듯 아슬아슬하게 날았고, 로키의 몸은 바위와 나무에 부딪혀 상처투성이가 되었다. 몽둥이를 잡은 팔은 금방이라도 떨어져 나갈 듯 너덜너덜했다.

"독수리 님, 제가 잘못했습니다! 부디 용서해주시고, 땅에 내려주세요."

로키는 독수리에게 애원했다.

"이둔을 데려오겠다고 약속하면 용서해주지."

독수리가 제안했다. 사실 이 독수리는 **샤치**[þjazi]라는 거인이 변신한 것으로, 처음부터 이둔을 노리고 덫을 놓은 것이었다. 로키는 이둔을 데려오겠다고 약속하고서야 가까스로 독수리에게서 해방

되었다. 다만 독수리와 약속한 그 사실을 오딘과 헤니르에게는 말하지 않았다.

아스가르드로 돌아온 후, 로키는 이둔을 숲으로 꾀어냈다.

"아스가르드 밖에 있는 숲에서 좋은 사과를 찾았으니, 네 사과와 비교해보지 않겠나."

로키를 따라 이둔이 숲으로 가자 독수리로 변신한 샤치가 날아와 사과 바구니와 함께 이둔을 낚아채 잡아가 버리고 말았다.

이둔을 되찾기 위한
매의 모험

이둔이 사과 바구니를 든 채 실종되자 신들은 젊음을 유지할 수 없게 되었다. 난감해진 신들은 이둔의 행방을 찾아 여기저기 수소문했다. 그러다 이둔이 로키와 함께 아스가르드를 나선 게 마지막 목격이라는 단서를 얻었다. 신들은 당장 로키를 잡아왔다.

"이둔이 어디로 갔는지 바른대로 대지 않으면 차라리 죽여달라고 빌 때까지 고문을 한 다음, 저세상으로 보내주지."

신들의 겁박에 두려워진 로키는 이둔이 거인들에게 붙잡혀 요툰헤임으로 끌려갔다고 털어놓았다.

"만약 프레이야가 매 날개옷을 빌려준다면, 제가 반드시 이둔을 구출해 아스가르드로 데리고 돌아오겠습니다."

로키가 약속하자 프레이야는 흔쾌히 날개옷을 빌려주었고, 로키는 바로 매로 변신해 샤치의 저택이 있는 요툰헤임의 스림헤임〔Þrymheimr〕으로 날아갔다.

마침 샤치는 바다로 고기잡이를 나가 이둔 홀로 저택에 남아 있었다. 로키는 사과 바구니와 이둔을 호두로 둔갑시켜 날카로운 발톱으로 부여잡았다. 그리고 재빨리 아스가르드로 돌아가기 위해 날갯짓을 서둘렀다.

집으로 돌아온 샤치는 이둔의 모습이 보이지 않자 무슨 일이 있었음을 직감했다. 이둔이 갔을 만한 곳을 찾아 두리번거리는데, 문득 호두를 부여잡은 매가 아스가르드 쪽으로 날아가는 모습이 보였다. 샤치는 바로 독수리로 변신해 전속력으로 도망치는 매의 꽁무니를 추격하기 시작했다.

목을 빼고 로키의 귀환을 기다리던 신들은 요툰헤임 방면에서 호두를 쥔 매가 날아오고, 그 뒤를 기대한 독수리가 맹렬한 속도로 쫓아오는 모습을 발견했다. 앞서 오는 매는 로키이고, 그 뒤를 바짝 뒤따르는 독수리는 이둔을 잡아간 거인임이 틀림없어 보였다. 신들은 성 밖으로 나가 땔감을 산더미처럼 높이 쌓아올렸다. 그리고 매가 독수리의 추격을 필사적으로 따돌리고 성벽 안으로 들어온 순간, 장작더미에 불을 붙였다.

매를 쫓아 전속력으로 날아오던 샤치는 멈추지 못하고, 그대로 타닥타닥 타오르기 시작한 불꽃 속으로 곤두박질쳤다. 독수리는 순식간에 날개가 타서 새까만 숯덩이가 되어 추락했다. 신들은 땅바닥에 떨어진 샤치에게 덤벼들어 아예 숨통을 끊어놓았다.

이둔이 아스가르드로 돌아오자 신들은 다시 영원한 젊음을 유지할 수 있게 되었다. 그런데 이야기는 여기서 끝나지 않는다. 샤치에게는 **스카디**(Skaði)라는 아름답고 용맹한 딸이 있었다. 아비가 신들에게 참살당했다는 비보를 들은 스카디는 복수를 위해 완전 무장을 갖추고 혼자 아스가르드로 향했다. 아무리 탄탄하게 무장을 갖춘다 해도 스카디 혼자서 여러 신을 상대하긴 역부족이었다. 그런데 비록 스카디가 졌으나, 스카디의 늠름하고 다부진 모습에 반한 신들은 그녀를 죽이지 않고 여신으로 만들어 동료로 삼고 싶어했다.

신들과의 화해,
그리고 뇨르드와의 결혼생활

스카디와 화해하기 위해 신들은 제안을 하나 했다.

"우리 중에서 신랑감을 골라 혼례를 치르고, 여신이 되는 게 어떠하겠느냐."

스카디가 대답했다.

"나를 웃게 만들면 그 제안을 받아들이지."

스카디도 나름대로 생각이 있었다.

'아무리 신이라고 해도 아버지를 죽인 원수다. 아버지를 잃고 원통한 마당에 내가 어찌 웃을 수 있겠나.'

이때 로키가 나섰다.

"제가 스카디를 웃게 만들겠습니다."

샤치가 신들에게 도륙당할 때 샤치를 잡아 잡수라고 상에 올린

이가 로키였기에, 스카디는 로키를 매우 증오하고 있었다. 신들은 로키가 어떻게 스카디를 웃게 만들지 흥미진진하게 지켜보았다.

로키는 염소를 데려와 끈 한쪽을 수염에 묶고, 다른 한쪽을 자신의 음낭에 단단히 잡아맸다. 로키가 고래고래 악을 쓰며 끈을 잡아당기자, 염소도 '매에~' 울며 끈을 마주 잡아당겼다. 이 꼴사나운 촌극은 한참이나 이어졌고, 결국 힘이 빠진 로키는 스카디의 무릎 위에 풀썩 쓰러졌다.

아버지를 잃은 분노와 슬픔으로 가슴이 먹먹한 스카디였지만, 로키의 우스꽝스러운 모습에는 웃음을 참지 못하고 엉겁결에 웃음보를 터뜨리고 말았다. 스카디는 약속한 대로 신들 중에서 신랑감을 골라 여신이 되기로 했다.

그런데 스카디가 신들 중에서 신랑감을 고를 때 한 가지 조건을 붙였다. 바로 발만 보고 남편이 될 신을 정하겠다는 것이었다. 그래서 신들은 스카디 앞에 커튼을 드리우고 발만 내놓은 채 줄지어 앉았다. 스카디는 그중에서 유독 한눈에 들어오는 발을 발견했다.

'옳거니, 이렇게 완벽하고 아름다운 발을 지닌 사람은 내가 늘 마음에 두고 있던 **발드르**(Baldr) 님일 거야. 발드르 님이야말로 내 낭군이 되셔야 해.'

스카디는 완벽해 보이는 그 발의 주인을 골라, 그를 남편으로 삼겠다고 선언했다. 그런데 커튼이 걷히고 나타난 것은 발드르가 아닌 **뇨르드**였다. 결국 스카디는 뇨르드의 아내가 되었다.

약속은 모두 지켰지만, 여전히 미안했던 오딘은 스카디의 마음을 조금이나마 편하게 해주기로 했다. 샤치의 시신에서 양쪽 눈을 도려내어 하늘로 던져 가장 밝은 빛을 내뿜는 두 개의 별로 만든 것이다.

그러나 불행히도 스카디와 뇨르드의 결혼은 오래가지 못했다. 바다의 지배자 뇨르드는 아스가르드뿐 아니라 바닷가의 노아툰(Nóatún)이라는 곳에도 근사한 궁전을 가지고 있었는데, 아스가르드보다 이 궁전에서 더 많은 시간을 보냈다. 뇨르드는 바다의 신답게 바닷가 궁전에서 항해와 교역을 관장하며, 바닷새의 울음소리와 파도 소리를 들으면서 시간 보내기를 즐겼다. 당연히 신접살림도 노아툰에서 차리고 싶어 했다. 하지만 새 신부 스카디의 친정인 스림헤임은 황량한 산속에 있었다. 스키를 타고 눈 덮인 산을 질주하고, 활로 짐승을 쏘며 사냥하는 일을 무엇보다 즐기던 스카디에게 바닷가의 궁전은 신혼집으로 영 내키지 않는 곳이었다. 노아툰에서는 친정에서 즐기던 스키와 사냥을 즐길 수 없을 게 분명했다.

신혼부부가 된 두 신은 머리를 맞대고 의논해 합의에 이르렀다. 아흐레 밤은 스림헤임에서 지내고, 다음 아흐레 밤은 노아툰에서 지내자는 절충안을 마련한 것이다. 그러나 스림헤임에서 뇨르드는 나무 사이로 부는 바람과 눈사태가 일으키는 굉음, 늑대가 울부짖는 소리 등이 귀에 거슬려 밤잠을 설쳤다. 스카디도 노아툰에서 지낼 때마다 파도 소리와 갈매기 울음소리 등이 시끄러워 좀처럼 잠을 이루지 못했다.

부부가 한집에 살며 같은 이불 속에서 잘 수 없으면 결혼은 파국을 맞이할 수밖에 없는 법이다. 결국 두 신은 부부의 연을 끊고 갈라서기로 했다. 스카디는 신들에게서 벗어나 스림헤임으로 돌아가 산속에서 고즈넉하게 살았지만, 그 이후로도 쟁쟁한 여신의 지위를 계속 유지했다고 한다.

프레이와 게르드의 결혼
(1)

아스가르드의 흘리드스캴프에 놓여 있는 왕좌는 오딘이 온 세상에서 일어나는 사건을 보고 이해하기 위해 앉는 자리다. 그러던 어느 날, 무슨 바람이 불었는지 프레이가 흘리드스캴프에 들렀다가, 오딘의 부재를 알고 냉큼 왕좌에 앉았다. 프레이는 넋을 놓고 세상 구경에 빠졌다.

그러다 요툰헤임에서 벌어지는 사건에 시선을 고정했다. 그곳에서는 마침 기미르(Gymir)라는 거인의 딸인 **게르드**(Gerðr)가 자신의 처소에 들어가려던 참이었다. 프레이의 눈에는 게르드가 세상에서 가장 아름다운 여인으로 보였다. 특히 게르드가 방문을 열려고 팔을 들어올렸을 때 뽀얀 속살이 슬쩍 드러났는데, 그곳에서 눈부신 빛이 새어나와 바다와 하늘을 비추며 온 세상을 빛냈다. 프레이는 다른 일은 아무것도 생각할 수 없을 정도로 게르드에게 푹 빠져 사랑의 열병을 앓았다. 심지어는 방에 틀어박혀 곡기를 끊고, 그 누구와도 말 한마디 나누지 않은 채 오로지 게르드만 생각했다.

프레이의 아버지 뇨르드는 아들이 걱정스러웠다. 아들을 염려한 아버지는 프레이의 부하인 **스키르니르**(Skirnir)를 아들의 방으로 보내 고민하는 이유를 묻게 했다. 스키르니르와 프레이는 죽마고우였기에, 프레이는 기미르의 딸 게르드라는 아가씨에게 홀딱 반해 무슨 짓을 해서라도 그녀를 아내로 삼고 싶다고 속내를 털어놓았다.

"게르드에게 가서 내 마음을 전하고 혼담을 넣어주지 않겠나. 만약 게르드 아가씨가 결혼을 승낙해준다면 모시고 오라. 이 부탁을 들어준다면 네가 바라는 건 무엇이든 들어주겠다."

프레이는 스키르니르에게 부탁했다.

"좋다. 그렇다면 네가 가지고 있는 불타는 벽도 뛰어넘을 수 있는 말과 스스로 적을 쓰러뜨리는 마법의 검을 내게 다오. 내 요구에 응한다면 당장 혼담을 넣으러 가서, 게르드가 네 청혼을 받아들이게 힘써보도록 하지."

프레이는 스키르니르가 달라는 대로 말과 검을 내주고 요툰헤임으로 보냈다.

기미르의 저택은 활활 불타오르는 불꽃 벽으로 둘러싸여 있었다. 스키르니르는 프레이에게 넘겨받은 말로 그 불꽃 벽을 훌쩍 뛰어넘어 게르드의 처소로 향했다. 그러나 게르드의 처소 앞에는 사나운 문지기 개가 버티고 있어 다가갈 엄두가 나지 않았다.

발이 묶인 스키르니르는 주위를 두리번두리번 살폈다. 그러다 근처 야트막한 언덕에 있던 양치기가 눈에 들어왔다. 스키르니르는 그 양치기에게 말을 걸었다.

"내가 만나고자 하는 아가씨를 사나운 개가 지키고 있네. 어떻게 해야 그 아가씨를 만나서 이야기를 나눌 수 있겠는가?"

양치기는 딱하다는 눈빛으로 스키르니르를 바라보며 말했다.

"쯧쯧, 아직 숨이 붙어서 말을 타고 있지만 이제 곧 죽을 목숨이구려. 살아서 저 방에 있는 아가씨를 만나 이야기를 나누겠다니, 꿈도 꾸지 마시구려."

양치기의 만류에도 스키르니르는 포기하지 않았다.

"나는 저 아가씨를 만나기 위해 먼 길을 왔다네. 내 사명을 완수

할 수 있을지 없을지 운에 맡겨볼 생각이지."

그러자 멀리서 그들의 대화를 듣고 있던 게르드가 스키르니르를 자신의 방으로 들어오게 했다. 그러고는 벌꿀주를 권하며 물었다.

"불타는 벽까지 뛰어넘어 저를 만나러 오신 이유를 들려주시지 않겠습니까?"

프레이와 게르드의 결혼
(2)

"절세 미남이자 나의 주군인 프레이 님이 게르드 아가씨를 연모해 상사병에 걸렸습니다. 무슨 수를 쓰더라도 아가씨와 결혼하겠다고 성화를 부리는 통에 이렇게 실례를 무릅쓰고 찾아왔습니다. 아가씨를 생각하는 마음이 너무 깊어, 프레이 님은 지금 물 한 모금조차 넘기지 못하고 계십니다."

스키르니르는 프레이의 간절한 마음을 전했다. 그리고 자신이 가져온 귀한 보물을 게르드 앞에 주섬주섬 펼쳐놓았다.

"아가씨께 드리는 선물입니다. 부디 이 선물을 받으시고 프레이 님의 청혼을 받아주십시오."

"보물이야 우리 집에도 차고 넘치는걸요. 고작 선물로 제 환심을 살 생각이었나요? 이까짓 보물에는 관심 없어요."

게르드는 프레이의 청혼을 냉랭하게 거절했다. 결국 스키르니르는 강수를 두기로 했다.

"프레이 님과의 결혼을 승낙하지 않는다면, 아가씨의 머리와 몸을 분리해버리겠습니다."

스키르니르는 검을 뽑아 들고 게르드를 협박했다. 담이 큰 게르드는 눈 하나 깜빡이지 않았다.

"검으로 나를 벤다면, 우리 아버지가 당신을 가만두지 않을 것입니다. 어르고 달래도 소용없답니다. 저는 누가 억지로 시킨다고 따르는 만만한 여자가 아니거든요."

게르드는 태도를 바꾸지 않았다. 그러자 스키르니르는 지팡이를 꺼냈다.

"이 지팡이로 말씀드릴 것 같으면 제가 축축한 숲에서 발견한, 아주 강력한 힘이 깃든 마법 지팡이입니다. 아가씨께서 끝까지 제 말을 듣지 않으시겠다면 이 지팡이로 아가씨에게 마법을 걸겠습니다. 그러면 아가씨는 순식간에 빛나는 아름다움을 잃어버리고 추한 몰골로 변해 누구에게도 사랑받지 못하게 되실 겁니다. 머리 세 개 달린 괴물 거인의 아내로 살든지, 영원히 노처녀로 늙어 죽든지 선택하셔야 합니다.

그래도 프레이 님의 청혼을 받아주시지 않겠다면, 오딘 님과 토르 님까지 적으로 돌리실 각오를 하셔야 합니다. 그 두 분을 화나게 하면 아가씨는 나무둥치에 묶여 날마다 지린내 나는 염소 오줌을 마시며, 염소 오줌보다 나은 음료는 두 번 다시 입에도 대지 못하게 되실 겁니다. 제가 지금 드린 말씀이 모두 이루어지도록 저는 이 지팡이에 초췌, 분노, 초조라는 세 개의 룬문자를 새기겠습니다."

스키르니르가 말을 마치자 게르드의 낯빛이 파리하게 질렸다.

"잠깐만! 시키는 대로 할 테니 룬문자를 새기겠다는 말은 거두어주세요."

"그 말에 거짓은 없으시겠죠?"

"추남과 결혼하거나 평생 노처녀로 살 생각은 없답니다. 누구나 동경하는 미남 프레이 님의 청혼을 받아들여 기꺼이 그분의 아내가 되겠습니다."

"좋습니다. 아가씨는 영원히 프레이 님께 몸을 맡기시겠습니까?"

"지금부터 아흐레째 되는 날 밤에, 바리 숲에서 프레이 님과 만나 사랑을 나누고 부부의 연을 맺겠습니다."

스키르니르는 곧장 아스가르드로 돌아가 프레이에게 보고했다. 프레이는 하루가 천 년 같은 마음으로 손꼽아 합방을 기다렸고, 아흐레째 되는 날 밤에 바리 숲으로 가 드디어 게르드를 아내로 맞아들였다.

이 결혼의 대가로 프레이는 마법의 검을 스키르니르에게 하사했다. 이는 행복의 절정에 있던 프레이에게는 사소한 대가에 지나지 않았다. 그러나 현 세계가 끝나는 때인 라그나뢰크에서 신들이 마물들과 최후의 결전을 벌일 때, 검을 내준 프레이는 수르트(Surtr)라는 거인의 칼에 쓰러지게 된다.

성과 사랑의 여신, 프레이야

프레이야라는 여신은 원래 오딘과 유력한 신들이 소속된 아스 신족이 아니라 반 신족이었다. 반 신족은 작물의 결실과 부, 성애를 관장하는 신족에 속했다. 먼 옛날, 아스 신족과 반 신족은 적대 관계였고 프레이야는 아버지인 뇨르드, 쌍둥이 오빠인 프레이와 함께 인질로 아스가르드에 가게 되었다. 이후 쌍둥이 남매는 아스 신족의 동료가 되어 그들과 함께 세계를 지배했다.

프레이야는 성애를 관장하는 여신이란 수식어에 걸맞게 왕성한 성욕을 지녀 성적으로 문란한 면이 있었다. 어느 날, 에기르의 저택에서 신들의 연회가 열렸을 때 프레이야는 그 연회에 참가한 남신들뿐 아니라 못생기기로 소문난 난쟁이 사내들과도 관계를 맺었다가 로키에게 들통이 났다. 또 쌍둥이 오빠인 프레이와는 근친상간을 반복했고, 그 현장을 신들에게 들키는 수모도 겪었다.

프레이야가 **브리싱가멘**이라는 놀라운 목걸이를 가지고 있다는 이야기는 이미 소개한 바 있다. 이 목걸이를 손에 넣을 때도 프레이야는 자신의 몸을 상대에게 대가로 내주었다고 한다. 목걸이를 얻은 경위는 대강 다음과 같다.

어느 날, 프레이야가 난쟁이들이 사는 동굴 앞을 지나가다 마침 네 명의 난쟁이들이 황금 목걸이를 만드는 광경을 목격했다. 목걸이가 너무나 아름다워 프레이야는 한눈에 반했고, 무슨 수를 써서라도 목걸이를 얻겠다고 다짐했다. 프레이야가 난쟁이들에게 말했다.

"금이든, 은이든, 보석이든, 너희가 달라는 대로 무엇이든 내줄 테니 그 목걸이를 나에게 다오."

"보물이라면 우리도 차고 넘치거든?"

"그럼 내가 무얼 내놓으면 그 목걸이를 나에게 넘기겠느냐?"

프레이야가 묻자 난쟁이들이 히죽거리며 대답했다.

"당신이 우리 모두와 한 번씩 동침해서 성적 열락을 맛보게 해 준다면 이 목걸이를 친히 내드리지."

난쟁이들이 음흉한 제안을 했다. 난쟁이들의 모습이 너무나 추해 프레이야는 한참을 망설였지만 목걸이를 가지고 싶다는 욕심은 버릴 수가 없었다.

결국 프레이야는 요구대로 난쟁이들과 하룻밤씩 잠자리를 가져 그들에게 쾌락을 선사했다. 만족한 난쟁이들은 약속대로 목걸이를 프레이야에게 넘겼다. 그 목걸이가 바로 프레이야가 무엇보다 소중히 여기는 브리싱가멘이다.

이렇듯 프레이야의 문란한 면을 강조하는 이야기도 있는 반면, 그녀의 순정을 드러내주는 이야기도 전해진다. 프레이야가 오드(Óðr)라는 신과 결혼해, 그를 한평생 사랑하며 순정을 다했다는 일편단심 민들레 같은 이야기다.

한날은 프레이야의 남편 오드가 여행을 떠나 오랫동안 집을 비웠다. 프레이야는 남편을 그리워하느라 눈물이 마를 날이 없었다. 남편을 그리워하며 프레이야가 흘린 눈물은 땅속으로 스며들어 황금으로 변했다. 이후 프레이야는 고양이 두 마리가 끄는 수레를 타고 온 세계를 여행하며 남편을 찾아다녔다. 세계 곳곳에서 발견되는 금맥은 프레이야가 눈물을 흘리며 지나간 흔적이라고 한다.

이 이야기는 프레이야의 문란한 면모를 전하는 다른 이야기와 얼핏 모순되는 듯하다. 그러나 문란한 모습이나, 지아비에게 지고 지순한 사랑을 바치는 모습이나, 모두 사랑의 여신 프레이야의 참 모습이다.

제5장

악동 로키의
위험한 살인

로키와 여자 거인 사이에서
태어난 괴물들

뜻밖에도, 토르가 두 번에 걸쳐 싸웠다는 바닷속 거대 뱀 **요르문간드**의 정체는 로키의 아들이다. 로키가 여자 거인을 임신시켜 태어난 괴물 중 하나가 요르문간드였던 것이다. 로키는 요툰헤임에 살던 **앙그르보다**(Angrboða)라는 여자 거인과 사랑을 나누어, 오금이 저리는 괴물을 세 마리씩이나 낳았다.

첫째는 늑대 **펜리르**(Fenrisúlfr)이고, 둘째는 괴물 뱀 요르문간드, 셋째는 여자 괴물 **헬**(Hel)이다. 이 중 헬은 몸통의 절반이 빙하처럼 새파랗고 나머지 절반만 피부색인, 보기만 해도 꺼림칙한 외모를 하고 있었다. 로키의 세 자식들은 나중에 이 세계에 무시무시한 재앙을 가져올 운명을 타고났다.

끔찍한 괴물들이 요툰헤임에 살고 있다는 소식을 들은 최고신 오딘은 신들에게 괴물들을 잡아 아스가르드로 끌고 오라고 명령했다. 그리고 제일 먼저 잡혀 온 요르문간드를 바닷속 깊은 못에 던져 넣었다. 바다 밑바닥에 가라앉은 요르문간드는 그렇게 세계를 휘감을 정도로 거대하게 성장했다.

이어 오딘은 헬을 얼음과 서리로 뒤덮인 극한의 세계 니플헤임에 내던졌다. 헬은 니플헤임 지하에 있는 사자(死者)의 세계를 다스리는 여왕이 되어, 정신이 어질해질 정도로 높은 벽으로 둘러싸인 엘류드니르(Éljúðnir)라는 궁전을 꾸몄다. 그 궁전에서 질병과 노쇠로 죽은 자들을 맞아 다스리고, 세계의 종말이 올 때까지 참혹한 시간을 보내게 했다. 참고로 헬의 궁전은 **가름**(Garm)이라는 사나운 괴물 개가 수문장 역할을 하고 있었다.

한편, 펜리르는 나머지 둘과는 비교도 되지 않을 정도로 포악했

다. 오딘은 당분간 아스가르드에서 그를 키우며 지켜보기로 했다. 펜리르는 몸서리치게 무서운 괴물이었기에 어지간한 신들은 가까이 다가가지도 못했다. 오로지 용감한 **티르**만 펜리르에게 먹이를 줄 수 있었다.

펜리르가 하루가 다르게 성장하는 모습을 지켜본 신들은 머리를 맞대고 의논했다.

"이제 더는 우리가 감당할 수 있는 상태가 아니다. 그나마 우리가 감당할 수 있을 때 사슬로 꽁꽁 묶어서 꼼짝달싹하지 못하게 만들자."

신들은 **레딩**(Lœðingr)이라는 튼튼한 마법의 사슬을 만들어 펜리르에게 가져갔다.

"이 사슬을 끊을 수 있을지 없을지, 네 힘을 보여주지 않겠나?"

"이 정도 사슬이야 어린애 손목 비트는 것보다 더 쉽게 끊을 수 있지."

펜리르는 힘자랑을 하고 싶어 좀이 쑤셨다. 신들은 마법의 사슬로 펜리르를 칭칭 옭아맸지만, 괴물 늑대가 불끈 힘을 주자 사슬은 잠시도 버티지 못하고 끊어졌다. 그래서 신들은 이번엔 레딩보다 두 배나 질긴 사슬 **드로미**(Drómi)를 만들어 곧 펜리르에게 보여주었다.

"이 튼튼한 사슬을 끊을 수 있다면, 너는 '굉장한 힘의 소유자'라는 명성을 얻을 것이다."

신들은 펜리르의 공명심을 살살 부추겼다.

"확실히 지난번보다는 튼튼해 보이는군. 허나 내 힘도 전보다 세졌어. 덤벼볼 만하다고. 게다가 명성을 얻기 위해서는 자고로 위험을 무릅쓸 필요가 있는 법이지."

펜리르는 드로미로 자신을 옥죄어도 좋다고 동의했다. 이번 사슬은 힘을 주어도 쉽사리 끊어지지 않았다. 하지만 펜리르가 온몸이 부르르 떨릴 정도로 힘을 주고 땅바닥에 나뒹굴며 비벼대자 결국 너덜너덜해져 끊어지고 말았다.

괴물 늑대를 포박하다
오른손을 잃은 외팔이 신, 티르

드로미 사슬로도 펜리르의 자유를 빼앗지 못한 신들은 비관적인 전망을 내놓았다.

"이 괴물 늑대를 제압하는 건 불가능한 일이다."

오딘은 프레이의 부하 스키르니르를 난쟁이들이 사는 스바르트알파헤임(Svartálfaheimr)에 파견했다.

"우리와 힘을 합쳐 절대로 끊어지지 않는 마법의 사슬을 만들지 않겠나?"

스키르니르는 난쟁이들에게 아스가르드의 뜻을 전했다. 이에 동의한 난쟁이들은 고양이의 발소리, 여자의 수염, 바위 뿌리, 곰발의 힘줄, 물고기가 뱉은 숨, 새가 토해낸 침 등 이 세상에 존재하지 않는 여섯 종류의 재료를 사용해 **글레이프니르**(Gleipnir)라는 신비한 사슬을 만들어냈다. 글레이프니르는 흡사 비단으로 만든 끈처럼 부드럽고 매끄러웠지만, 끊으려고 힘을 주면 줄수록 질겨지는 마법의 힘이 숨겨져 있었다.

글레이프니르를 가지고 돌아온 스키르니르는 신들에게 사슬에 담긴 신비한 마력을 설명했다. 신들은 몹시 흡족해하며, 펜리르를 암스바르트니르(Ámsvartnir) 호수에 떠 있는 링비(Lyngvi)라는 섬으로 데려가 글레이프니르를 보여주며 말했다.

"이 사슬은 보기보다 질겨서 어지간해서는 끊어지지 않는 모양이다. 하지만 너한테는 애들 장난이겠지. 어떤가, 이번에도 네 힘을 시험해보지 않겠나?"

그러나 펜리르는 신들의 제안을 거절했다.

"그까짓 사슬 끊어봤자 무슨 자랑이 된다고. 게다가 그 사슬에 설마 마법이라도 걸려 있으면, 생각만 해도 골치가 아파. 귀찮은 일은 질색이야. 이번에는 사양하지."

"천하의 펜리르가 이까짓 약한 사슬을 무서워해서야 쓰나. 혹시 끊지 못하면 우리가 풀어줄 테니, 염려하지 말게."

신들이 펜리르를 살살 달랬다.

"좋다. 그럼 내가 그 사슬로 묶여 있는 동안 누군가 내 입에 손을 넣고 있겠다면 생각해보지."

펜리르가 조건을 내걸었다. 사슬을 풀어주지 않으면 볼모로 잡은 손을 물어뜯을 심산이었다. 신들은 멀뚱멀뚱 서로의 얼굴을 쳐다보며 눈치를 살폈다. 누구 하나 선뜻 나서지 않자 펜리르는 수상한 낌새를 눈치챘다. 그 순간 티르가 앞으로 나섰다.

"이건 너를 속이려는 계략이 없다는 증거다."

티르는 오른손을 늑대의 아가리 속으로 깊숙이 밀어넣었다. 그 광경을 본 신들은 재빠르게 펜리르를 묶었다. 괴물 늑대는 글리프니르를 끊으려고 마구 몸부림쳤다. 하지만 펜리르가 날뛰면 날뛸수록 사슬은 살을 파고들었고, 끊어질 기미가 보이지 않았다. 게다가 신들은 절대 사슬을 풀어줄 생각이 없어 보였다. 신들에게 속았다는 사실을 깨닫고 화가 난 펜리르는 엄니로 티르의 오른손을 힘껏 깨물었다. 티르의 오른손은 싹둑 잘려 나갔다. 그 후로 티르는 왼손으로 검을 휘두르게 되었다.

신들은 펜리르를 묶은 사슬의 끄트머리를 그욜(Gjöll)이라는 바위에 묶고, 바위를 땅속 깊이 파묻었다. 그 정도로도 불안했는지 스

약속을
지키지 않으면
물어뜯을
테다!

티르

글레이프니르에
묶인 펜리르

비티(Þviti)라는 다른 바위를 땅속 더 깊은 곳에 파묻고, 그을 이 바위에 단단히 붙잡아 맸다. 그리고 펜리르가 두 번 다시 이빨을 사용하지 못하도록 입속에 검을 세로로 밀어넣어 버팀대로 삼았다. 온몸이 묶이고 검으로 재갈이 채워진 펜리르는, 그 상태로 세상의 종말이 올 때까지 있어야만 했다고 한다.

발드르가 꾼 흉몽과
신들의 놀이

　내로라하는 신들이 모여 사는 아스가르드에서도 가장 완벽한
신은 오딘과 프리그 사이에서 태어난 **발드르**였다. 발드르는 흠 잡
을 데 없이 수려한 용모를 지녀 마치 온몸으로 빛을 내뿜는 것처럼
보였다. 발드르는 축복받은 외모뿐 아니라 똑똑한 머리까지 타고
났다. 신들 중에서도 가장 현명했으며, 꿀처럼 감미로운 목소리로
사람을 홀리는 달변가였다. 게다가 마음씨까지 고와 자비심이 넘
쳤고, 때 묻지 않고 청렴한 천성을 타고난 덕분에 모든 신들의 사
랑과 존경을 독차지했다. 갖가지 식물 중에서 특히 새하얗고 아름
다운 꽃을 피우는 마거리트(Anthemis cotula) 꽃을 '발드르의 속눈썹'
이라 부를 정도이니, 이 신이 수려한 용모로 얼마나 칭송받았는지
를 짐작할 수 있다.

어느 날, 발드르가 목숨을 위협받는 불길한 악몽을 되풀이해서 꾸는 일이 있었다. 발드르가 사는 브레이다블리크(Breiðablic) 저택에는 부정한 것은 한 발짝도 들어설 수 없다는 불문율이 있었지만, 신들은 발드르의 안위를 염려해 회의를 열었다.

"절대 발드르에게 위해를 가하지 말라."

신들은 전 세계의 피조물에게 약속을 받아내기로 결정했다. 이에 어머니 프리그가 두 팔 걷고 나섰다. 불, 물, 금속, 바위, 땅, 나무, 들짐승, 날짐승, 뱀, 그리고 질병과 독 등 만물에게 발드르를 해하지 않겠다는 맹세를 받았다. 그제야 신들은 한시름을 덜었다.

그 무엇도 발드르에게 해를 끼칠 수 없게 되자, 신들은 놀이를 한 가지 생각해냈다. 발드르를 뜰에 세워놓고 신들이 장난삼아 이런저런 것들을 던지는 놀이였다. 신들은 돌과 창, 검, 도끼 등 명중하면 목숨을 잃을 수 있는 위험한 흉기를 발드르에게 잇따라 던졌다. 그런데 아무리 신중하게 겨냥해도 발드르의 몸을 비껴가거나, 날아가는 도중에 속도가 떨어지며 땅바닥에 곤두박질쳤다. 그중에는 운 좋게 발드르의 몸에 맞는 것도 있었지만, 그때도 그의 몸에는 생채기 하나 나지 않았다. 신들은 이 새로운 놀이에 심취해 틈만 나면 신나게 즐기며 발드르의 무사함을 기뻐했다.

그런데 발드르가 만인의 사랑과 관심을 독차지하는 모습을 보고 단단히 뿔이 난 인물이 있었다. 눈엣가시 같은 발드르 녀석을 골려주겠다고 벼르고 있던 인물은, 역시나 시샘 많은 로키였다. 로키는 여장을 하고 프리그를 알현했다. 프리그는 그 손님에게 말했다.

"지금 신들이 무엇을 하며 노는지 아십니까?"

"물론 잘 알고 있습니다. 신들께서는 발드르 님께 이런저런 물건을 던지며 즐거운 한때를 보내고 계신다고 하지요."

여자로 변장한 로키가 공손하게 대답했다.

"내가 만물에게 고하기를, 우리 발드르에게 절대 상처를 입히지 말라고 맹세를 받아 시작된 놀이랍니다."

프리그가 자랑삼아 수다를 늘어놓았다.

"정말로 모든 피조물에게 그리 약속하게 하셨단 말입니까?"

여자로 변장한 로키는 호들갑스럽게 놀란 척하며 물었다.

"우리끼리 하는 이야기지만, 사실 세상 만물은 아니라오. 발홀 궁전 서쪽에 자라던 겨우살이는 예외거든. 워낙 작아서 발드르에게 상처를 입힐 리가 없을 것 같아 굳이 맹세를 시키지 않았다오."

프리그가 은밀한 비밀을 신이 나서 떠벌였다.

비밀을 캐낸 로키는 그 자리에서 바로 모습을 감추고 본모습으로 돌아가 발홀 궁전의 서쪽으로 향했다. 그리고 그곳에서 자라던 겨우살이 새순을 뽑아내, 신들이 신나게 노는 뜰로 발걸음을 재촉했다.

발드르의 죽음과 장례

로키가 뜰에 도착해 주위를 둘러보자 발드르의 남동생 호드가
보였다. 눈이 보이지 않는 **호드**(Hǫðr)는 다른 신들이 어울려 노는
데 끼지 않고 오도카니 따로 떨어져 있었다. 로키는 호드에게 다가
갔다.

"당신은 왜 발드르에게 뭔가를 던지지 않습니까?"

"나는 눈이 멀어서 발드르가 어디에 서 있는지조차 보이지 않거
니와, 마땅히 던질 만한 것도 가지고 있지 않기 때문입니다."

호드가 대답했다. 로키는 야심차게 준비한 거우살이를 호드에
게 건넸다.

"제가 발드르 님이 서 계신 곳을 가르쳐드릴 테니, 그쪽으로 이
가지를 던져보십시오."

로키가 친절함이 뚝뚝 떨어지는 목소리로 권유했다. 호드는 낯선 이의 호의를 받아들였다. 그리고 놀이에 낄 수 있어 기뻐하며, 로키가 가르쳐준 방향으로 겨우살이 가지를 힘껏 내던졌다. 그런데 호드가 기대했던 웃음소리와 박수갈채 대신 비통한 비명이 울렸다. 호드가 던진 겨우살이 가지가 발드르의 몸을 창처럼 꿰뚫었던 것이다. 신들이 허겁지겁 다가갔지만, 발드르는 이미 숨이 끊어진 뒤였다. 신들은 발드르의 시신을 끌어안고 오열할 수밖에 없었다.

어이없는 죽음에 넋이 나간 신들이 어느 정도 정신을 차리자, 프리그가 입을 열었다.

"너희 중에서 내 모든 사랑과 호의를 받고 싶은 자가 있다면, 저승으로 길을 떠나라. 그곳에서 저승의 지배자인 헬에게 발드르를

이 세상으로 돌려보내 달라고 간청해다오. 아들을 잃은 어미의 청을 들어준다면 그 어떤 금은보화라도 기꺼이 내주겠네."

오딘의 또 다른 아들 **헤르모드**(Hermóðr)가 이 난감하기 그지없는 역할을 떠맡았다. 오딘은 애마 슬레이프니르를 헤르모드에게 빌려주었고, 헤르모드는 저승을 향한 여정에 용감히 올랐다.

신들은 헤르모드를 배웅하고 나서 발드르의 시신을 항구로 운구했다. 그리고 세상에 있는 신들의 배 중에서 가장 큰 **흐링호르니**(Hringhorni) 위에서 화장을 치를 준비를 시작했다. 흐링호르니에 장작을 산더미처럼 높이 쌓은 뒤 배를 바다로 밀어 보내려 하는데, 이상하게도 배가 미동도 하지 않았다. 신들은 배를 움직이기 위해 **히로킨**(Hyrrokin)이라는 여자 거인을 요툰헤임에서 불러왔다. 히로킨은 고삐 대신 독사를 맨 늑대를 타고 와 배를 밀었다. 그러자 배는 순식간에 바다로 나아갔다.

발드르의 시신이 장작 위에 누워 있는 모습을 본 그의 아내 난나는 슬픔을 이기지 못하고 가슴이 갈기갈기 찢어져 죽고 말았다. 지아비를 따라 저세상으로 떠난 아내 난나의 시신도 발드르 옆에 나란히 눕혀지고, 장작에 불이 붙었다. 오딘은 발드르에게 주는 마지막 선물로 아흐레 밤마다 새끼를 치는 마법의 반지 드라우프니르를 장작 안에 넣어주었다.

발드르 부부의 유해를 실은 흐링호르니는 활활 타오르는 불길과 함께 바다 위를 떠돌다, 이윽고 수평선 너머로 사라져 보이지 않았다.

저승으로 간 헤르모드

한편 저승으로 향한 헤르모드는 한숨도 자지 않고 쉼 없이 슬레이프니르를 몰아, 열흘째 되는 날 겨우 이승과 저승의 경계를 가르는 그욜(Gjöll) 강기슭에 당도했다. 강에는 황금으로 빛나는 걀라브루(Gjallarbrú) 다리가 걸려 있었다. 헤르모드가 다리를 건너려 하는데, 다리를 지키던 모트구트(Móðguðr)라는 아가씨가 헤르모드를 불러 세워 이름을 묻더니 다리를 건너려는 이유를 물었다.

"당신은 지금까지 이 다리를 건넜던 그 어떤 사자들보다 요란한 소리를 내는 데다, 아무리 봐도 죽은 자의 낯빛이 아닙니다. 죽지도 않은 사람이 무슨 연유로 이 다리를 건너 저승으로 가려 하십니까?"

"나보다 먼저 이 다리를 건너 저승으로 간 발드르를 데려오기

위해 왔다. 헬 여왕을 만나 담판을 지을 생각이지. 헬 여왕의 궁전
이 어디인지 가르쳐다오."

헤르모드가 다리를 건너려는 목적을 말했다.

"여기서 곧장 북쪽으로 가십시오."

다리를 지키던 아가씨는 흔쾌히 길을 알려주었다. 다리를 건넌
후, 헤르모드는 아가씨가 일러준 대로 북쪽으로 말을 몰아 헬이 사
는 저승의 궁전인 엘류드니르에 도착했다. 앞에서도 이야기했지만
엘류드니르는 보기만 해도 아찔한 높은 벽으로 둘러싸여 있었다.
헤르모드는 일단 말에서 내려 복대를 단단히 조여 매고, 다시 말에
올라 박차를 가했다. 슬레이프니르는 주인의 뜻을 헤아렸는지 우
렁차게 울부짖더니 단숨에 벽을 뛰어넘었다.

엘류드니르의 성벽을 뛰어넘는 헤르모드

궁전 안으로 들어서니 마침 성대한 연회가 열리던 참이었다. 연회 주빈은 발드르로, 그는 한 단 높은 곳에 마련된 초대석에 앉아 있었고 그 옆에는 아내인 난나가 나란히 앉아 있었다. 헤르모드도 연회에 참석해, 발드르 부부와 아침까지 못다 한 이야기를 나누며 회포를 풀었다.

다음 날 아침, 헬 여왕의 침소로 문안인사를 드리러 간 헤르모드는 저승을 찾은 이유를 밝혔다.

"온 세상이 발드르의 죽음을 슬퍼하느라 곡소리가 끊이지 않습니다. 부디 발드르를 이승으로 돌려보내 주십시오."

"네 말은 잘 알겠다. 그러나 네 말이 진실인지 확인할 필요가 있겠지. 만약 네 말대로 온 세상이 발드르의 죽음을 슬퍼하며 눈물을 흘린다면, 발드르를 아스가르드로 돌려보내 주마. 허나 발드르를 사랑하지 않고 그의 죽음을 슬퍼하지 않는 자가 단 한 명이라도 있다면, 발드르는 이곳에 머물러야 하네."

헬 여왕이 대답했다. 그 대답을 들은 헤르모드는 속으로 쾌재를 불렀다. 발드르를 사랑하지 않는 자나 그의 죽음을 슬퍼하지 않는 자 따위가 이 세상에 있을 리 없다고 확신했기 때문이다. 이미 헤르모드는 발드르가 살아 돌아온 거나 다름없다고 생각했다.

헤르모드는 반가운 소식이라고 믿고 헬 여왕의 대답을 전하기 위해 저승을 떠날 채비를 하고 있었다. 그때 발드르가 그를 불러 세웠다. 발드르는 헤르모드에게 드라우프니르를 내밀었다.

"이 반지를 오딘께 돌려드리게."

발드르가 부탁했다. 헤르모드는 발드르의 부탁대로 마법의 반지를 오딘에게 돌려주었고, 결국 세계에 종말의 날이 올 때까지 드라우프니르는 오딘의 왕권을 상징하는 보물의 자리를 굳건히 지키게 되었다.

발드르의 귀환을
방해한 자

헤르모드와 마찬가지로 다른 신들도 헬 여왕의 답변을 듣고 마음을 놓았다. 발드르가 살아 돌아올 수 있는 조건으로 헬 여왕이 내건 것을 그다지 어렵지 않게 충족하리라고 믿었기 때문이다.

신들은 당장 온 세상에 사신(使臣)을 보냈다.

"발드르를 위해 울어라."

세계 각지로 떠난 신의 사신들이 아스가르드의 뜻을 전했다. 굳이 명령할 필요도 없이 세상 만물은 기꺼이 부탁을 받아들였다. 인간과 들짐승, 날짐승처럼 소리를 낼 수 있는 자는 목청이 터져라 큰 소리로 울부짖었다. 풀과 나무, 바위와 금속들도 제 몸을 떨며 비통함을 표현했다.

"온 세상에 곡소리가 울려 퍼지고 있습니다. 저희는 사명을 완수했습니다."

사신들은 임무를 완수했다고 믿고 아스가르드로 돌아가려 했다. 그러던 찰나, 동굴 속에 사는 한 여자 거인이 눈물 한 방울 흘리지 않고 말똥말똥 눈을 굴리고 있는 모습을 발견했다.

"발드르 님이 아스가르드로 돌아올 수 있도록, 그분의 죽음을 애도하며 다 함께 울기로 했습니다. 부디 그대도 동참해 함께 눈물을 흘려주십시오."

소크(þökk)라고 자신의 이름을 밝힌 여자 거인에게 사신들이 부탁했다. 하지만 거인은 콧방귀만 뀌었다.

"나한테는 발드르를 위해 흘릴 눈물 따윈 한 방울도 없어. 지금까지 발드르가 나한테 해준 게 뭐가 있다고. 앞으로도 그에게 대접받을 일은 없을 테지. 헬 여왕은 지금까지 그래왔던 것처럼 그를 놓아주지 않을 거야."

결국 무정한 소크 탓에, 발드르는 세계가 끝나는 날까지 헬이 다스리는 저승에 머물게 된다.

사실 이 소크라는 여자 거인은, 발드르가 아스가르드로 돌아오는 것을 바라지 않았던 로키가 변신한 것이었다. 로키는 두 번씩이나 악행을 저질러 만인에게 사랑받던 발드르를 완전히 저세상으로 보내버렸다.

로키는 숱한 말썽을 부리는 골칫덩어리였지만 가끔은 도움이 될 때도 있었다. 때문에 신들은 그의 잘못을 어지간하면 눈감아주곤 했다. 그러나 이번 발드르 귀환 사건은 조용히 넘어갈 수준이 아니었다. 신들에게 불구대천의 원수로 지탄의 대상이 된 로키는 잔혹한 벌을 받아 혹독한 대가를 치르게 된다.

그런데 로키에게 속았다고는 하지만, 발드르의 목숨을 빼앗은 장본인은 호드다. 돌이킬 수 없는 잘못을 저지른 호드 역시 아버지 오딘에게 벌을 받아야 했다.

오딘은 여신으로도, 여자 거인으로도 전해지는 린드(Rindr)와 관계를 가져 그녀를 임신시킨다. 이후 린드는 발리라는 아들이 낳았는데, 발리는 태어난 날 밤에 바로 어른으로 자라나 호드를 죽였다. 세상의 빛을 본 그날 배다른 형을 죽이는 것이 발리에게 주어진 유일한 사명이었다고 한다.

제6장

세계의 끝,
라그나뢰크

신들에게 사로잡힌
로키

발드르의 귀환을 막은 사건으로 신들에게 단단히 미운털이 박힌 로키는, 아스가르드에서 도망쳐 산속 깊은 곳에 오두막을 세우고 쥐 죽은 듯 숨어 지냈다. 로키가 사는 오두막에는 사방으로 항상 열려 있는 문이 있었다. 그래야 신들이 어느 쪽에서 쳐들어와도 바로 반대 방향으로 내뺄 수 있었기 때문이다.

로키의 오두막 근처에는 **프라낭**(Fránangursfoss)이라는 폭포가 있었다. 로키는 자주 연어로 변신해 이곳에서 물장구를 치며 놀았다. 로키는 물놀이를 할 때도 한시도 마음을 놓을 수가 없었다. 바다의 여신 란이 소유한 마법의 그물을 신들이 가져오기라도 한다면 꼼짝없이 붙잡힐 거라는 생각에 머리칼이 쭈뼛 섰고, 결국 물놀이를 즐길 수 없게 되었다.

로키는 혹여나 마법의 그물에 붙잡히게 되더라도 빠져나갈 방법이 있지 않을까 궁리했다. 그래서 직접 튼튼하게 삼실을 꼬아, 요모조모 머리를 굴려가며 그물을 짰다. 어부들이 고기잡이를 할 때 쓰는 그물은 이때 로키가 고안했다고 한다.

흘리드스칼프의 왕좌에 앉아 눈에 불을 켜고 로키의 행방을 뒤지던 오딘은 드디어 오두막에 숨은 로키를 발견했다. 오딘은 당장 신들을 이끌고 오두막으로 쳐들어갔다. 로키는 자신을 잡으려고 신들이 몰려오는 모습을 발견하고는 거의 완성된 그물을 난로 안에 던져 넣은 뒤 신들이 오는 쪽 반대편 문으로 줄행랑을 쳤다. 그리고 연어로 변신해 용소로 뛰어들어 바다 깊은 곳에 몸을 숨겼다.

신들이 로키의 은신처에 도착했을 때 이미 로키의 모습은 보이지 않았고, 난로에 하얀 재만 덩그러니 남아 있었다. 신들은 타고 남은 재를 보고 로키가 잔꾀를 부려 그물에서 빠져나갈 이런저런 궁리를 했음을 꿰뚫어 보았다.

신들은 재로 변한 그물을 본떠 새 그물을 만들어 그것을 용소에 던져 넣었다. 강바닥에 있던 두 개의 커다란 바위 사이에 납작 엎드려 몸을 숨기고 있던 로키는 그물이 머리 위를 헛되이 스치고 지나가는 것을 보았다.

그러나 신들의 눈을 언제까지나 속일 수는 없는 노릇이었다. 신들은 바위 사이에 무언가 생명체가 있음을 알아차리고 용소 바닥까지 닿도록 그물을 내렸다. 그리고 괴력을 가진 토르가 바다를 향해 그물을 힘껏 펼쳤다. 로키는 그물을 피해 바위 사이에서 빠져나와 전속력으로 헤엄쳤지만, 바다를 코앞에 둔 곳까지 내몰리고 말았다. 로키는 훌쩍 도움닫기를 하여 그물을 뛰어넘어 용소로 되돌아갔다.

신들도 용소로 돌아와 이번에는 두 무리로 갈라져 그물 양끝을 잡았다. 그리고 그물 뒤에서 토르가 따라오며 물고기를 몰 듯 로키를 몰았다. 로키가 다시 그물을 뛰어넘으려 하면 토르가 붙잡으려는 작전이었다. 이를 모르는 로키는 이번에도 바다와 맞닿은 곳에서 도움닫기를 해 그물을 뛰어넘으려 했지만, 신들의 작전대로 토르의 억센 손아귀에 붙잡히고 말았다.

토르에게 붙잡힌 로키

로키가 받아야 했던
무서운 형벌

토르에게 붙잡히자, 연어로 변신했던 로키는 미끄덩거리는 몸통으로 몸부림을 치며 빠져나가려 버둥거렸다. 토르는 연어 꼬리 지느러미를 꽉 잡아 도망치지 못하게 제압했다. 연어의 몸은 꼬리 지느러미 쪽으로 갈수록 가늘어지는데, 이때 토르에게 붙잡힌 흔적이 지금도 남아 있는 것이라고 한다.

아스가르드로 잡혀 온 로키는 그 길로 지하 동굴에 갇혔다. 동굴에는 구멍이 뚫린 육중한 바위가 서 있었다. 신들은 로키의 아들인 **빌리**와 **나르비**를 잡아왔다. 그러고는 빌리를 늑대로 바꾸고 나르비를 갈기갈기 찢어 죽이게 했다. 죽은 나르비의 몸에서는 구불구불한 장을 꺼냈다. 이를 바위에 뚫린 세 개의 구멍으로 통과시켜 포승줄처럼 로키의 어깨와 허리, 양 무릎을 묶었다. 그리고 나르비의 장을 단단한 쇠사슬로 바꾸었다.

신들의 벌은 무자비했다. 거인이었다가 여신이 된 스카디가 독사를 가져왔다. 아버지를 잃은 스카디는 신들과 화해하고 여신이 되었는데, 그녀의 아버지가 돌아가신 원인을 제공한 이가 로키였다. 로키에게 묵은 원한이 있는 스카디는 신들과 화해한 후에도 이를 갈며 로키를 원망하고 복수를 다짐하고 있었다. 스카디는 로키 위에 독사를 늘어뜨리고, 독사가 내뿜는 독액이 로키의 얼굴에 떨어지도록 교묘히 배치했다.

로키의 충실한 부인 **시긴**(Sigyn)은 로키의 곁에 서서 독액을 그릇으로 받으며 로키를 보호하려 애썼다. 하지만 그릇은 언젠간 차는 법, 그릇이 독액으로 가득 찰 때마다 시긴은 그릇을 비우러 자리를 비워야 했다. 그동안 로키의 얼굴에 독액이 방울방울 떨어졌

다. 로키는 고통을 이기지 못하고 비명을 내지르며 마구 날뛰었다.
이때 로키가 사납게 몸부림을 치는 동안 바위가 흔들리면 인간 세
계에 지진이 일어났다.

라그나뢰크의 시작

게르만 신화에서는 오딘을 비롯한 신들이 창조하여 거인과 마물들에 맞서며 지배한 세계가 어떻게 종말을 맞이했는지에 대한 이야기가 전해진다. 한마디로 요약하면, 신들의 세계는 신들과 적들 사이에 벌어진 피비린내 나는 결전으로 종말을 맞이한다. 세계를 위협하는 적들을 괴멸시키며 대부분의 신들도 함께 최후를 맞는 이 비극적인 사건은 '신들의 몰락(종말)'을 뜻하는 **라그나뢰크**(ragnarǫkkr, ragnarǫk)라 부른다.

라그나뢰크가 오기 전, **핌불베트르**(fimbulvetr)라는 혹독한 겨울이 먼저 찾아왔다. 하늘에 구멍이라도 뚫린 것처럼 눈 폭탄이 쏟아지고, 대지에는 두터운 서리가 뒤덮이며, 살을 에는 찬바람이 사방에서 불어닥치는 잔혹한 겨울이 여름 없이 세 번이나 이어졌다.

핌불베트르 전에도 세 번의 겨울이 닥쳤다. 이때는 세계 각지에서 격렬한 전쟁이 일어났다. 형제끼리 골육상잔을 벌이며 서로 죽고 죽이고, 아버지와 아들이 무자비하게 싸우며 피를 흘리고, 근친상간이 벌어지는 등, 무법과 혼란의 상태가 인간계를 덮쳐 아수라장이 벌어졌다.

핌불베트르 막바지에는 엄동설한으로 힘을 잃고 비실거리는 태양과 달이 드디어 힘이 다해, 호시탐탐 해와 달을 노리며 꽁무니를 추격하던 늑대들에게 잡아먹히게 되었다. 먼저 숄이 끄는 태양의 수레가 스콜에게 잡아먹히고, 뒤를 이어 마니가 끄는 달의 수레도 하티에게 잡아먹혔다. 태양과 달을 잃은 다른 별들도 충격을 받아 빛을 잃고 하늘에서 자취를 감추었다. 그렇게 하늘은 별 하나 없이 휑해졌다.

거인들의 세계에 있는 **피얄라르**(Fjalar)라는 수탉과 아스가르드에 있는 **굴린캄비**(Gullinkambi)라는 암탉이 목청껏 울어 젖혔다. 이 닭 울음이 세계의 종말이 왔음을 알리는 서막이다. 닭이 울자 에인헤랴르들은 눈을 뜨고, 마물들과 결전을 벌일 준비를 시작했다.

저승에서도 헬 여왕의 궁전에서 살던 새까만 암탉이 우렁찬 울음을 터뜨렸다. 그 소리에 화답하듯 전 세계에는 격렬한 지진이 일어나 거목이 뿌리째 쓰러지고, 산이 무너지며, 온갖 족쇄와 속박이 끊어졌다. 로키와 펜리르도 자유의 몸이 되었고, 헬의 궁전을 지키던 무시무시한 맹견 가름도 문지기 임무에서 풀려나 자유를 얻었다.

바다 깊은 곳에서는 종말이 올 때까지 얌전히 똬리를 틀고 있던 거대한 뱀 요르문간드가 잔뜩 성이 난 채 뭍으로 돌진했다. 요르문간드의 움직임에 따라 바닷물이 집채만 한 해일을 일으켜 대지를 뒤덮었다. 바닷물이 요동치자, 저승에서 만들던 **나글파르**(Naglfar)라는 음산한 배가 바다 위로 떠올랐다. 이 배는 신들과의 전쟁이 시작되었을 때 저승의 전사들을 전장으로 실어 나르는 역할을 하는데, 흐림(Hrymr)이라는 거인 또는 로키가 키를 잡고 배를 몬다고 알려져 있다. 나글파르는 저승의 여왕인 헬이 사자들의 손톱을 모아 만들었다고 한다. 게르만 신화에서는 이 배가 완성되어 진수식을 할 때 세계가 멸망한다고 여겨졌다. 그래서 게르만인들은 사람이 죽으면 장례를 치르기 전에 손톱을 꼼꼼하게 잘라 헬에게 이용당하지 않도록 대비했다.

나글파르 호 출격!

비그리드에서 벌어진 결전과
오딘의 최후

세계의 종말을 알리는 일련의 사건이 일어나자, 때를 기다리던 마물들이 일제히 아스가르드에 공세를 가하기 시작했다. 아스가르드 입구에 걸려 있던 비프로스트 다리를 영겁의 시간 동안 지키던 헤임달은 이때를 위해 오딘에게 하사받은 뿔피리 **갈라르호른**을 힘껏 불어 젖혔다.

뿔피리 소리를 들은 신들과 종말의 순간까지 오딘에게 극진하게 대접받은 에인헤랴르들은 완전 무장을 갖추고 마물들과 결전을 벌일 장소인 **비그리드**(Vigrðr)로 출격했다. 비그리드는 사방이 100로스트(1로스트는 약 7~8킬로미터)나 되는 광활한 벌판이다. 신들의 왕 오딘이 앞장서서 이곳으로 신과 영웅들이 합세한 대군을 이끌었다. 오딘은 황금 투구를 쓰고, 아름다운 갑옷을 입고, 궁니르를 든 채 슬레이프니르에 올라탔다.

한편, 마물 측에서는 신들에게 속아 자유를 속박당해 앙심을 품고 있던 펜리르가 선두에 섰다. 이 괴물 늑대는 하늘과 땅에 닿을 정도로 아가리를 쩍 벌리고는 눈과 코로 화염을 내뿜으며 돌진했다. 펜리르의 옆에는 거대한 뱀 요르문간드가 떡 버티고 서서 독기를 홍수처럼 입으로 내뿜었다.

불타는 무스펠헤임에서는 불꽃의 화신으로 군대를 거느린 **수르트**가 출격해 태양보다 눈부신 검을 휘둘렀다.

비프로스트 다리는 신들의 손길이 구석구석 닿은 덕분에 어지간한 무게에는 끄떡도 하지 않지만, 몰려온 마물들의 무게에는 견디지 못하고 처참한 소리를 내며 무너졌다. 마물들은 동료들이 다리와 함께 떨어져도 눈 하나 깜빡하지 않고 비그리드 평야로 진격했다. 각지에서 몰려온 마물들 속에는 로키와 헬, 흐림의 모습도 있다. 비그리드 평야에는 태초부터 켜켜이 쌓인 신과 마물 사이의 해묵은 증오가 소용돌이쳤다.

오딘과 펜리르의 결투가 대결전의 서막을 장식했다. 괴물 늑대는 커다란 입을 벌려 오딘을 물어뜯었고, 오딘은 날카로운 엄니를 피하려고 필사적으로 몸을 뺐다. 하지만 오딘의 저항은 허무하게 끝나고 오딘은 펜리르에게 집어삼켜졌다. 오딘의 곁에는 묠니르를 든 토르가 버티고 있었지만, 토르는 숙적인 요르문간드를 상대하느라 오딘에게 힘을 보탤 여력이 없었다. 그저 펜리르가 오딘을 집어삼키는 광경을 지켜볼 뿐이었다.

오딘이 펜리르의 입속으로 사라진 직후, 오딘의 아들 **비다르**가 달려와 한쪽 다리로 괴물의 아래턱을 짓밟고, 한 손으로 위턱을 잡아 입을 찢어발겨 아버지의 원수를 갚았다.

사실 오딘은 자신이 라그나뢰크에서 펜리르에게 잡아먹혀 최후를 맞이한다는 사실을 예지하고 있었다. 그래서 자신의 복수를 위해 여자 거인인 그리드와의 사이에서 괴력을 지닌 아들 비다르를 낳았던 것이다.

비다르는 펜리르의 입을 찢어발길 때 무쇠처럼 단단한 신발을 신고 있었다. 이 신발은 인간이 신발을 만들다 버린 가죽 자투리를 그러모아 만든 것이었다. 펜리르는 면도칼처럼 날카로운 엄니로 비다르의 신발을 물어뜯었지만 신발은 멀쩡하기만 했다. 평범한 신발이었다면 너덜너덜하게 찢겨 걸레짝이 되었겠지만, 비다르의 질긴 신발은 괴물 늑대의 엄니 공격을 용케 막아냈다.

게르만인들은 신발을 만들 때 어중간하게 남아도는 가죽 자투리를 반드시 버리는 습관이 있었는데, 이는 비다르가 신발을 만들수 있게 도와주기 위해서라고 한다.

신들과 마물들의 사투,
현 세계의 종말

펜리르가 오딘을 집어삼키는 모습을 넋 놓고 지켜보던 토르는 다시 거대한 뱀 요르문간드와 맞붙어 승강이를 벌였다. 토르는 요르문간드를 집요하게 괴롭혔지만, 토르의 공격에도 뱀은 물러서지 않고 계속 덤벼들었다. 토르는 날아드는 요르문간드의 머리에 온 힘을 다해 묠니르를 내리꽂았다. 맷집 좋기로 소문난 요르문간드도 토르의 필생의 일격에는 버티지 못했고, 결국 숨이 끊어지고 말았다. 뱀은 죽기 직전 안개 같은 독기를 토르에게 내뿜었다. 정면으로 독기를 들이마신 토르는 의식이 몽롱해져 비틀거리며 아홉 걸음을 뒷걸음친 끝에 쓰러졌고, 그대로 숨을 거두었다.

프레이는 수르트를 상대로 용감무쌍하게 싸웠지만, 강력한 무기였던 마법의 검을 부하인 스키르니르에게 내준 바람에 한눈에 봐도 수세에 몰려 있었다. 결국 프레이는 수르트의 손에 쓰러졌다. 티르는 저승의 문지기 개 가름을 상대로 맞서 싸웠다. 그러나 오른손을 펜리르에게 잃어 힘을 마음껏 발휘할 수 없었던 탓에 아등바등 버티는 게 고작이었다. 헤임달은 숙적 로키와 맞붙어 격전 끝에 로키를 쓰러뜨렸지만 자신도 치명상을 입고 목숨을 잃었다.

　신들과 마물들이 엎치락뒤치락 싸움을 거듭하며 양편에 사상자가 속출했다. 신들 편에 가담해 참전한 에인헤랴르들도 용감하게 싸웠지만 전원이 장렬하게 전사했다. 에인헤랴르들은 지상에서 전사한 영웅들이었기에 라그나뢰크에서 다시 전사하며 전원이 무(無)로 돌아갔다. 두 번이나 전사한 끝에 무로 돌아가는 운명이 허무하게 느껴질 법도 하지만, 게르만 전사들은 오늘날 우리와는 생각이 달랐던 모양이다. 게르만 전사들에게 전쟁터에서의 죽음은 결코 무의미한 죽음이 아니었다. 그들은 에인헤랴르의 일원이 되어 극진한 대접을 받고, 오딘을 위해 싸우다 함께 최후를 맞이하는 삶이야말로 대장부로 태어난 자의 진정한 운명이며, 최고의 행복이라고 믿었다.

　신들과 마물들이 총력전을 펼친 사투는, 열사지옥 무스펠헤임의 왕 수르트가 프레이를 쓰러뜨리고 승리에 취해 내뿜은 불꽃에 세계가 불타며 끝이 난다. 온 세상이 순식간에 매캐한 화염에 휩싸이고, 세계를 떠받치고 있던 거대한 나무 위그드라실도 불에 타 쓰러진다. 전 세계의 바다는 열기로 부글부글 끓어오르고, 잿더미만 남은 대지가 바다 깊숙이 가라앉는다.

이렇게 세계는 맹렬한 화염에 휩싸여 불타 사라진다. 동시에 여러 나라의 다른 신화에도 이따금 등장하는 대홍수와 비슷한 상황으로 마무리된다. 이 때문에 불과 물에는 온 세상에 찌든 묵은 악의 때를 정화하는 힘과 더불어 세상을 멸망시키는 힘이 깃들어 있다는 믿음이 생겨났다.

신세계와
신세계를 통치하는 신들

세계가 불타고 바다 밑으로 가라앉아 소멸했다. 그렇다고 세계가 사라진 건 아니다. 세월이 지나 바닷속에서 다시 땅이 솟아오른다. 새로 태어난 땅은 찌들어 있던 오물이 불과 물로 말끔히 씻겨나간 덕분에, 식물이 무럭무럭 자라나 순식간에 녹음이 우거졌다. 그리고 그 위에 다시 인간들이 살게 된다.

온 세상이 불타 바다 밑바닥에 가라앉았으니 인간도 종말과 함께 사라졌으리라고 생각할 수 있다. 그러나 **호드미미르**(Hoddmimir)라는, 수르트가 던진 불꽃에서도 불타지 않고 녹음을 유지한 숲이 있었다. 그곳에 **리브**(Lif)와 **리브스라시르**(Lifþrasir)라는 남녀가 몸을 숨기고 잠들어 있었다. 그들은 대지에서 새싹이 돋아나자 잠에서 깼다. 그리고 숲에서 나와 새로운 인간들의 시조가 되었다.

신세계에서는 이전 세계를 비추던 태양을 대신해 새로운 태양이 대지와 인간들을 길러주었다. 솔이 늑대에게 잡아먹히기 직전에 자신보다 아름다운 딸을 낳았던 것이다. 새로운 세계가 창조되자, 솔의 딸이 어머니와 같은 길을 지나 다시 수레를 몰기 시작했다. 이 새로운 태양은 늑대에게 쫓겨 잡아먹힐 위험에 처할 일 없이 적당한 열기로 새로운 세계를 따스하게 보듬어주었다.

신들 중에서도 라그나뢰크에서 살아남은 이가 몇 명 있어 그들이 신세계의 새로운 지배자가 되었다. 살아남은 신들 중에는 펜리르의 입을 찢어발기고 아버지 오딘의 원수를 갚았던 비다르와 또 다른 오딘의 아들, 발리가 있다. 발리가 태어난 유일한 이유는 로키에게 속아 발드르를 죽인 호드의 목숨을 빼앗는 것이었다고 전해지지만, 어째서인지 발리는 라그나뢰크에서 살아남는다.

저승에서는 헬 여왕이 죽으며 명부의 약속에서 해방된 발드르가 자신을 죽인 호드와 함께 되살아나 새로운 세계의 지배자가 된다. 토르의 아들인 모디, 스루드, 마그니도 아버지의 유품인 묠니르를 가지고 새로운 세계를 다스리는 데 가담한다. 발드르는 온 세상의 사랑을 받았던 신으로, 지배자가 될 자질을 갖추었음에도 허무하게 죽어 살아생전 별다른 업적을 남기지 못했다. 또 형인 호드도 발드르를 죽이고 그 벌을 받은 이외에 별다른 공헌을 하지 못했다.

즉, 라그나뢰크에서 살아남은 신들의 공통점은 종말 전 세계와 별다른 접점이 없다는 것이다. 그리하여 앞으로 실현될 이상적인 새로운 세계를 다스리는 데 적합한 지배자로 여겨지지 않았을까?

제7장

영웅전설 Ⅰ –
〈볼숭 일족의 사거(Saga)〉의 전설

시그뉘의 결혼식에서 벌어진 일

후날란드(Hunaland)의 왕이었던 **볼숭**(Vǫlsungr)은 신들의 왕 오딘의 피를 이어받은 용감무쌍한 전사로, 전쟁에 나서는 족족 눈부신 무훈을 올린 불세출의 영웅이었다. 볼숭은 흐림니르라는 거인의 아름다운 딸 **흘료드**(Hljóð)를 왕비로 맞아들여, 열 명의 아들과 한 명의 딸을 두었다. 볼숭의 자식들은 하나같이 우수한 체력과 지력을 타고나, 오딘과 아버지에 맞먹는 비범한 전사로 자라났다. 그중에서도 큰아들 **시그문드**(Sigmund)와 딸 **시그뉘**(Signy)는 탁월한 힘을 자랑했고, 용모도 수려했다.

어느 날, 기트 왕국의 왕 **시게이르**(Siggeir)가 시그뉘에게 청혼하기 위해 후날란드를 방문했다. 볼숭 왕과 왕자들은 별다른 이의를 제기하지 않았지만, 정작 시그뉘 본인이 시게이르를 탐탁지 않게 여겼다. 때문에 혼담이 좀처럼 진행되지 않았다.

"소녀는 아바마마의 뜻에 따르겠사옵니다."

시그뉘가 속마음을 숨기고 이야기하자, 볼숭 왕은 시게이르의 혼담을 받아들여 딸과의 결혼을 허락했다.

볼숭 왕은 고명딸의 결혼을 축하하기 위해 수많은 하객을 궁전으로 초대하여 성대한 잔치를 베풀었다. 다 함께 화기애애한 분위기에서 즐거운 시간을 보내고 있던 그때, 난데없이 아무도 정체를 모르는 사내가 들이닥쳤다. 그는 화려한 민소매 코트와 단추를 채운 통이 좁은 바지를 입고 챙이 넓은 모자를 쓴, 기묘한 차림새를 하고 있었다. 가까이 있던 하객 중 하나가 모자로 숨긴 얼굴을 훔쳐보니, 제법 늙수그레한 얼굴에 한쪽 눈이 망가진 외눈박이였다.

정체 모를 손님이 무슨 짓을 벌일지 몰라 하객들이 숨죽이고 지켜보는 가운데, 사내는 안뜰에 솟은 우람한 떡갈나무 둥치로 말없이 걸어갔다. 그러고는 코트 아래에서 눈부신 빛을 내뿜는 검을 꺼냈다. 검을 보고 경비를 서던 병사들이 허리춤에서 검을 꺼내 반격할 채비를 갖추었으나, 볼숭 왕은 손짓을 해 검을 거두라고 만류했다. 사내는 품에서 꺼낸 검을 휘둘러 나무줄기에 힘껏 찔러 넣었다. 그러자 검은 손잡이만 남기고 나무 깊숙이 박혔다. 놀라운 힘에 하객들이 입을 떡 벌리니, 사내는 그제야 입을 열었다.

"이 검을 나무줄기에서 뽑아내는 자가 있다면 선물로 이 검 주겠노라. 내 검을 받는 자는, 이 검을 이길 수 있는 검이 세상에 존재하지 않는다는 사실을 알게 될 것이다."

사내는 이 말만 남기고 유유히 걸어 나가 홀연히 모습을 감추었다. 그가 누구인지, 도대체 어디서 왔는지 아는 사람은 아무도 없었다. 이 남자의 정체는 사실 신들의 왕인 오딘이었다.

오딘의 말에는 사람들의 마음을 빼앗는 불가사의한 힘이 있다. 잔치에 참여한 하객들은 사내가 사라지고 나서도 한동안 정신을 차리지 못하고 넋을 잃고 있었다. 이윽고 정신을 차린 하객들은 차례차례 떡갈나무로 달려가 검을 뽑으려고 젖 먹던 힘까지 짜내며 안간힘을 썼다. 물론 그중에는 시게이르도 끼어 있었다. 그러나 그도 나무줄기에 깊숙이 박힌 검을 뽑지 못했고, 그 누구도 검을 뽑는 일엔 성공하지 못했다.

시그문드가 획득한 검과
시게이르의 원한

다들 검을 뽑으려다 실패하고 녹초가 되어 나가떨어진 광경에, 볼숭 왕의 큰아들 시그문드가 마지막으로 떨치고 일어섰다. 시그문드가 떡갈나무로 다가가 검 자루를 잡자, 기다렸다는 듯 검이 스르륵 나무에서 빠지더니 칼날이 눈부시게 빛나기 시작했다. 검은 그 누가 봐도 명검이라 칭할 만했다. 전사라면 누구나 손에 넣고 싶어질 정도로 매력적인 위용을 뽐냈다. 당연히 시게이르 왕도 검을 탐냈다.

"그 검의 무게에 세 배가 되는 황금을 줄 테니 나에게 넘기지 않겠나?"

시게이르 왕이 제안했다.

"만약 시게이르 전하께서 이 검을 가질 자격이 있다면, 저처럼 나무에서 뽑아내면 그만이실 겁니다. 이 검이 제 것이라는 건 분명해졌으니, 설령 전하가 가지고 계신 황금을 모조리 내어주신다고 해도 검을 드릴 수는 없습니다."

시그문드는 시게이르의 제안을 단호하게 거절했다. 시게이르 왕은 시그문드에게 심하게 모욕당했다고 느끼고 마음속 깊이 앙심을 품었다. 시게이르는 음흉한 성격이라 자신의 분노를 겉으로 드러내지 않고 애써 태연한 척했다.

'기필코 이 치욕을 갚아주리라.'

그러나 마음속에서는 시그문드에게 앙갚음할 생각이 들끓고 있었다.

그날 밤, 시게이르 왕은 시그뉘와 한 이불에 들어가 부부의 연을 맺었다.

다음 날 아침이 밝았다. 날씨는 쾌청했다.

"바람이 불어 바다가 거칠어지기 전에 우리나라로 돌아가겠습니다."

시게이르 왕은 출발을 선언했다. 출발을 서두른다는 생각이 들었지만, 볼숭 왕과 그의 아들들은 억지로 붙잡지 않았다.

"아바마마, 소녀는 시게이르를 따를 마음이 없습니다. 저는 그 사람을 손톱만큼도 사랑하지 않거니와, 부부가 되어 함께 산다는 상상을 해도 일말의 기쁨조차 느껴지지 않습니다. 이 결혼을 지금 깨지 않으면 우리 일족에게 화가 미칠 것 같은 방정맞은 예감만 듭니다."

시그뉘는 볼숭 왕에게 간절하게 자신의 마음을 아뢰었다.

"딸아, 지금 네 말은 못 들은 셈 치겠다. 시게이르 왕에게는 아무 흠이 없다. 만약 이 결혼을 깨고 싶다는 말을 꺼낸다면, 당사자뿐 아니라 우리 가문에도 큰 수치이다. 시게이르 왕과 우리 가문 사이의 신뢰와 우정도 사라지겠지. 결혼을 파하면 시게이르는 가진 모든 힘을 동원해 자신이 당한 수치를 되갚아주려 할 것이다. 그러니 이제 와서 결혼을 물리겠다는 말은 할 수 없느니라."

볼숭 왕은 딸을 타일렀다. 아버지의 말이 구구절절 옳았기에 시그뉘도 그 이상 고집을 부리지 않고 시게이르 왕을 따라 친정을 떠났다.

출발 직전, 시게이르 왕은 혼례를 치른 뒤 하룻밤밖에 머물지 않고 신부를 데려가는 결례를 범한다며 볼숭 왕에게 정중하게 사과했다. 그리고 자신의 무례를 사죄하기 위해 조만간 볼숭 왕과 왕자들을 자신의 왕국으로 초대해 정성껏 대접하고 싶다고 말했다. 볼숭 왕과 왕자들은 그의 초대를 흔쾌히 받아들여 방문 날짜를 정했다.

암늑대의 먹이가 된
왕자들

시게이르 왕과 약속한 날이 다가오자, 볼숭 왕과 왕자들은 신하들과 세 척의 배에 나뉘어 타고 출발했다. 다행히 바다가 잔잔해서 그날 밤늦게 사위가 다스리는 왕국의 항구에 도착했다.

동이 트면 뭍에 오를 예정이었지만, 상륙에 앞서 시그뉘가 몰래 친정 식구들을 찾아왔다.

"시게이르가 야음을 틈타 아바마마와 오라버니들을 처치하려는 계략을 짜고 대군을 모아 매복하고 있습니다. 이대로는 전멸을 면할 수 없으니, 일단 돌아가셔서 만반의 준비를 갖춘 후 다시 오세요. 먼저 공격에 나서 비겁한 시게이르를 부디 처단해주셔야 합니다."

시그뉘가 남편의 계략을 알려주었다.

"나는 어떤 위험에 처하더라도 절대로 도망치지 않겠다고 맹세했다. 그리고 내 맹세에 한 치도 어긋나지 않는 삶을 살았다. 그런 내가, 이제 와서 맹세를 깨뜨릴 수 있다고 생각하느냐? 네 오라비들도 마찬가지다. 죽음이 두려워 적에게 뒤를 보인 비겁자들이라고 사람들에게 손가락질 받을 수 없다. 사람은 늦든 이르든, 때가 되면 언젠가 죽을 운명을 타고난다. 이 운명에서 벗어날 자는 없다. 그러니 나는 이번에도 도망치지 않고 전력을 다해 맞서 싸울 생각이다."

볼숭 왕은 딸의 간절한 제안을 거절했다. 이미 죽음을 각오한 듯한 아버지의 비장한 말에 시그뉘는 눈물을 흘렸다.

"저도 여기 남아서 아바마마와 오라버니들과 운명을 함께하겠사옵니다."

"너는 출가외인의 몸이다. 당장 남편에게 돌아가거라. 친정 식구들의 신변에 무슨 일이 생기더라도 지아비 곁을 떠나지 말고 지켜야 한다."

볼숭 왕은 딸의 눈물 어린 탄원을 뿌리치고, 싫다는 시그뉘의 등을 떠밀어 억지로 왕궁으로 돌려보냈다. 그러고 나서 볼숭 왕은 왕자들과 부하들을 모아 작전을 세웠다.

날이 밝자, 볼숭 왕 무리는 뭍에 올라 전열을 가다듬었다. 그러나 시게이르의 군세는 상상을 뛰어넘는 규모였다. 볼숭 왕 일행은 완전히 포위되고 말았다. 볼숭 왕은 그래도 포기하지 않고, 여덟 번이나 시게이르 군의 한복판으로 쳐들어가 도열한 적군을 줄줄이 쓰러뜨렸다. 허나 아무리 날고 기는 볼숭 왕이라고 해도 아홉 번째 공격에서 그만 힘이 다해 전사했고, 그를 따르던 부하들도 모두 주군과 운명을 함께했다.

열 명의 왕자들은 가까스로 최후까지 살아남았지만, 그들도 힘이 빠져 포로로 잡혔다. 왕자들은 손이 뒤로 묶인 채 시게이르 왕 앞으로 끌려갔다.

"전하, 싸움에 패배한 이상 제 오라버니들이 죽은 목숨이라는 건 잘 알고 있사옵니다. 허나, 부디 자비를 베푸시어 가련한 제 오라비들이 조금이라도 더 목숨을 부지할 수 있게 해주십시오. 오랏줄로 꽁꽁 묶어두어야 한다면 그리하셔도 좋습니다. 아무쪼록 조금만 더 살 수 있게 해주시옵소서."

죄인처럼 끌려온 오빠들의 모습을 본 시그뉘는 남편에게 매달려 애원했다.

"가소롭다. 목숨을 부지할 수 있게 해달라고? 그래 봤자 죽음보다 더한 고통만 맛볼 뿐이거늘."

시게이르 왕은 아내의 말에 콧방귀를 뀌며 대꾸했다.

"그래도 이리 애원하니, 청을 들어주지. 살아서 죽음보다 더한 고통을 실컷 맛보게 말이야. 부인의 오라비들은 부인 덕분에 살아서 지옥을 경험하게 될 것이다."

말을 마친 시게이르 왕은 부하에게 왕자들을 숲속에 놓인 통나무에 모조리 묶어두고 오라고 명령했다.

날이 저물자, 어디선가 홀연히 거대한 암컷 늑대가 나타나, 통나무 제일 끝에 묶인 왕자를 덮쳤다. 늑대는 왕자의 몸통을 먹어치우고 훌쩍 모습을 감추었다. 암늑대가 다녀간 자리엔 뼈 하나 남아있지 않았다.

시그뉘의 도움으로 자유로워진
시그문드

어디선가 소리 없이 나타나 왕자 한 명을 먹어치웠던 암컷 늑대의 정체는, 변신한 시게이르 왕의 어머니였다.

다음 날 아침, 시그뉘는 신뢰하는 부하에게 오빠들의 안위를 살피고 오게 했다. 부하는 왕자들 중 하나가 무참하게 도륙당했다는 비보를 전했다. 시그뉘는 실성한 사람처럼 머리를 풀어헤치고 가슴을 쥐어뜯으며 울부짖었다.

이후 아흐레 밤 동안 섬뜩한 살육이 반복되었고, 열흘째 밤에는 장남인 시그문드 혼자 살아남았다. 더이상 가만히 있을 수 없었던 시그뉘는 충복을 불렀다.

"밤이 되면 꿀을 가지고 숲으로 가거라. 그리고 꿀을 시그문드 오라버니의 얼굴에 듬뿍 바르고, 입속에도 물려주어라."

부하는 시그뉘의 명령을 이행했다. 그때 다시 암늑대가 나타났다. 그러나 늑대는 시그문드를 한 입에 집어삼키지 않았다. 대신 얼굴에 묻은 달콤한 꿀을 날름날름 핥아먹고, 이어 달짝지근한 향내가 감도는 시그문드 입속에 혀를 집어넣고 할짝대기 시작했다. 그러자 시그문드는 입을 꽉 다물어 늑대의 혀를 깨물었다.

마른하늘에 날벼락처럼 맹렬한 고통이 급작스럽게 덮치자 늑대는 온몸을 비틀며 통나무를 걷어찼다. 그 기세에 통나무가 조각조각 부서졌고 시그문드는 자유의 몸이 되었다. 시그문드는 이로 물고 있던 늑대의 혀를 양손으로 잡고 있는 힘껏 잡아당겨 뽑아냈다. 그러자 늑대는 그대로 숨이 끊어졌다.

다음 날 아침, 시그뉘는 시그문드가 궁지를 모면했다는 소식을 충복에게 전해 듣고 위험을 무릅쓰며 오라버니를 만나러 갔다. 남

매는 머리를 맞대고 위기를 벗어날 방안을 강구했다. 결국 시그문드는 숲 깊은 곳에 오두막을 짓고 숨어 살기로 했다. 필요한 물품은 시그뉘가 조달하며 볼숭 일족의 원수를 갚을 기회를 노리기로 했다.

그동안 시게이르 왕과 시그뉘 사이에서 두 명의 왕자가 태어났다. 큰아들이 열 살이 되자, 시그뉘는 아들이 자신의 복수를 돕게 하기 위해 아들을 시그문드의 오두막으로 데려갔다. 시그문드는 시그뉘의 아들에게 한 가지 일을 시켰다.

"내가 돌아올 때까지 자루 안에 든 가루를 치대서 빵 모양을 만들어 두어라."

시그문드는 시그뉘의 큰아들에게 그렇게 명령하고 자리를 비웠다.

잠시 후, 시그문드가 숲에서 장작을 모아 돌아왔는데 자루에 들어 있던 가루는 그대로 테이블 위에 놓여 있었다. 시그문드가 왜 시키는 대로 빵을 만들지 않았냐고 물었다.

"외삼촌이 주시고 간 가루 속에 징그러운 벌레가 꿈틀거리고 있었어요. 무서워서 손을 댈 수 없었어요."

대답을 들은 시그문드는 이 여린 아이에겐 원수를 갚을 능력이 없다는 걸 깨달았다. 그리고 시그뉘가 찾아왔을 때 그 사실을 전했다.

"알겠습니다. 그렇다면 이 아이는 살아 있을 가치가 없습니다. 처치해주세요."

시그문드는 시그뉘가 시킨 대로 아이를 죽였다.

그리고 다시 일 년 후에 시그뉘는 둘째아들을 시그문드에게 데려갔지만, 역시 둘째도 명령을 완수하지 못했다. 시그뉘의 눈 밖에 난 둘째 역시 시그문드의 손에 목숨을 잃어야 했다.

패륜으로 탄생한
신표틀리

시그문드에게 죽임을 당한 왕자들은 의심의 여지없이 시그뉘가 낳은 자식이었다. 그러나 내 속으로 낳은 자식을 잃은 슬픔보다, 비겁한 남편의 피를 물려받은 데다 배짱조차 없는 자식을 낳았다는 현실이 시그뉘를 더 비참하게 만들었다.

어느 날, 시그뉘에게 아름다운 마녀가 찾아왔다. 시그뉘는 기회라 생각했다.

"당분간 나와 모습을 바꾸어 지내지 않겠나?"

시그뉘가 마녀에게 부탁했다. 시그뉘는 한 왕국의 안주인인 왕비의 신분이다. 즉, 시그뉘로 변신하면 호강을 누릴 수 있었다. 마녀는 기꺼이 시그뉘의 부탁을 받아들였다. 마녀의 둔갑술이 워낙 완벽했기에, 시게이르 왕은 그 마녀를 자신의 아내라고 철석같이 믿고 털끝만큼도 의심하지 않았다. 그동안 시그뉘는 시그문드가 은신한 오두막으로 갔다.

"숲속에서 길을 잃었습니다. 부디 하룻밤만 재워주십시오."

시그뉘는 잠자리를 부탁해 오두막에 하룻밤 묵어가기로 했다. 시그문드는 마녀의 모습을 한 시그뉘의 아름다움에 푹 빠졌다.

"낭자, 내 사랑을 받아주시오."

시그문드는 시그뉘에게 청혼했다. 시그뉘는 그의 청혼을 받아들여, 사흘 밤에 걸쳐 그와 정을 나누었다. 나흘째 되는 날, 시그뉘는 오두막을 떠나 궁전으로 돌아갔다. 그리고 다시 마녀와 모습을 바꾸어 평소 생활을 해나갔다.

달이 차고 시그뉘의 배가 불렀다. 시그뉘는 이윽고 사내아이를 낳았다. **신표틀리**(Sinfjǫtli)라는 이름이 붙여진 아이는 힘센 사내아

이로 자라났다. 힘뿐 아니라 용모도 수려했다.

'척 봐도 볼숭 가문의 자식인 걸 알겠어.'

시그뉘는 몹시 흡족했다. 시그뉘는 아들이 열 살이 되면 시그문드의 은신처로 데려갈 작정이었다. 하지만 그 전에 아들의 인내심을 시험해보고 싶었다. 그녀는 아들에게 짓다 만 옷을 입히고, 소매 부분을 일부러 팔 피부에 너덜너덜하게 꿰맸다. 같은 짓을 당한 시게이르의 자식들은 고통을 견디지 못하고 엉엉 울었지만, 신표틀리는 낯빛 하나 변하지 않고 의젓하게 버텨냈다. 옷을 벗기자 피부가 소매와 함께 홀러덩 벗겨졌으나 그래도 신표틀리는 태연했다.

"아프지 않느냐?"

시그뉘가 물었다.

"볼숭 가문의 피를 이어받은 자가 이까짓 걸 못 참아서 쓰겠습니까? 따끔하지도 않습니다."

신표틀리가 대답했다. 시그뉘는 이번에야말로 원수를 갚을 수 있는 자식을 얻었다고 확신하며, 아들을 시그문드의 오두막으로 데려갔다.

시그문드는 예전에 시게이르의 자식들에게 했던 시험과 마찬가지로, 신표틀리에게 가루가 든 자루를 건네고 자리를 비웠다. 이윽고 시그문드가 땔감을 주워 돌아와 보니, 신표틀리는 가루를 치댔을 뿐 아니라 가마에 넣고 구워놓기까지 했다.

"가루 속에 무엇이 들어 있지 않더냐?"

시그문드가 넌지시 물었다.

"그러고 보니 가루를 치댈 때 뭔가 꿈틀거리긴 했습니다만, 그런가 보다 하고 가루와 함께 치대서 구워버렸습니다."

신표틀리가 넙죽 대답했다.

"허허, 요 맹랑한 녀석아! 그 빵은 절대 먹어서는 안 되느니라. 가루 속에는 무서운 독충이 들어 있었거든."

신표틀리가 가문의 원수를 갚는 데 도움이 되겠다고 확신한 시그문드는 그가 완벽한 용사로 성장할 때까지 단련시키기로 했다. 그러나 시그문드는 신표틀리가 자신의 아들인 줄은 까맣게 모르고, 혹여 시게이르 왕의 허약함을 물려받지는 않았을지 남몰래 속을 끓였다.

늑대인간이 된
아버지와 아들

신표틀리와 함께 사는 동안, 시그문드는 더 깊은 숲속에서 오두막 한 채를 발견했다. 시그문드가 신표틀리와 함께 그 오두막 안을 엿보았더니, 굵직한 황금 반지를 낀 두 사내가 잠들어 있었고 벽에는 늑대 가죽이 걸려 있었다. 사실 이 두 사람은 마법에 걸려 늑대로 변한 어느 나라의 왕자들이었다. 그들은 열흘에 한 번만 늑대 가죽을 벗고 인간의 모습으로 돌아왔다. 마침 그날이 열흘째 되던 날이었다.

시그문드와 신표틀리는 벽에 걸린 늑대 가죽을 자신들의 몸에 걸쳐보았다. 그러자 두 사람은 순식간에 늑대로 변해 어떻게 해도 인간으로 돌아갈 수 없게 되었다. 도움을 청하려 소리를 질렀지만 늑대가 울부짖는 소리밖에 터져 나오지 않았다. 그런데 희한하게

도 두 사람끼리는 울음소리에 담긴 뜻을 이해할 수 있었다.

넋 놓고 주저앉아 있어봤자 아무 소용이 없었다. 늑대가 되는 경험은 두 번 다시 할 수 없다고 생각한 두 사람은 늑대 가죽을 걸친 채 뿔뿔이 흩어져 숲속을 탐색하기로 했다. 두 사람은 헤어지기 전, 적이 일곱 명 이하일 때만 홀로 싸우고 그 이상의 적을 상대해야 할 때는 울음으로 알려서 서로 구원을 요청하기로 약속했다.

"약속을 지키겠다고 다짐해라. 절대 혼자서 무모하게 여럿에게 덤비지 않겠다고."

시그문드는 신표틀리에게 신신당부했다.

두 사람이 헤어지자마자 시그문드는 곧장 늑대 무리와 마주쳤다. 약속대로 시그문드가 포효하자 신표틀리가 바람처럼 달려와 두 사람은 단숨에 늑대들을 몰살했다.

얼마 후, 이번에는 신표틀리가 늑대 열한 마리와 맞닥뜨렸다. 그런데 신표틀리는 시그문드와의 약속을 지키지 않고 혼자서 상대하려 했다. 역시 혼자서 상대하기에는 힘에 부쳤던지라, 신표틀리는 싸움을 가까스로 마치고 기진맥진해졌다. 그래서 잠시 떡갈나무 둥치에 몸을 기대고 쉬고 있는데 시그문드가 나타났다.

"왜 약속대로 나를 부르지 않았느냐!"

시그문드는 신표틀리에게 따져 물었다.

"열한 마리 정도야 식은 죽 먹기라고 생각했죠. 딱히 도움을 청할 필요가 없었어요."

건방진 대답에 역정이 난 시그문드는 신표틀리를 덮쳐 숨통을 물고 늘어졌다. 늑대의 이빨은 시그문드가 생각했던 것보다 날카로웠다. 신표틀리는 중상을 입고 빈사 상태에 빠졌다. 시그문드는 죽은 것처럼 축 늘어진 신표틀리를 등에 태우고 바람처럼 달려 오두막으로 돌아갔다. 그리고 늑대의 모습을 한 채 넋을 잃고 앉아 신표틀리를 바라보았다.

그때, 담비 두 마리가 오두막 근처를 알짱거리더니 까불거리며 수선을 떨기 시작했다. 두 마리는 흥분해 날뛰더니 급기야 한 마리가 다른 한 마리의 목에 이빨을 들이댔다. 목을 물린 담비는 중상을 입었지만, 목을 물었던 담비가 숲으로 뛰어가 가져온 낯선 이파리를 상처에 붙이자 상처가 씻은 듯이 나았다. 기운을 차린 담비들은 까불까불 신이 나서 어딘가로 가버렸다.

시그문드는 그 이파리를 찾아야겠다 마음먹고 오두막을 나섰다. 그러자 어디선가 새 한 마리가 날아와 담비가 상처를 치료했던 것과 똑같은 이파리를 물어다 주었다. 부랴부랴 잎을 신표틀리의 목덜미에 가져다 댔더니, 상처는 눈 깜짝할 사이에 사라지고 신표틀리는 건강한 몸을 되찾았다.

드디어 열흘이 지나 마법이 풀리고, 시그문드와 신표틀리는 사람의 모습으로 돌아올 수 있었다. 두 사람은 자신들의 몸에서 벗겨진 늑대 가죽을 바로 화톳불에 던져 미련 없이 태워버렸다. 마법에 걸린 가죽을 태워 두 번 다시 고통받는 이가 나오지 않게 하기 위한 조치였다.

두 사람이 불가사의한 모험을 하는 동안, 신표틀리는 늠름한 어른으로 자라났다. 그리고 시그문드는 드디어 그와 힘을 합쳐 시게 이르를 처치하고, 아버지와 형제들의 원수를 갚을 때가 왔다고 생각했다.

시게이르 왕의 포로가 된
아버지와 아들

어느 날 밤, 시그문드는 신표틀리와 함께 시게이르의 궁전으로 숨어들어 뒤뜰에 늘어선 맥주통 그늘에 몸을 숨겼다. 이윽고 두 사람의 잠입을 눈치챈 시그뉘가 찾아와, 세 사람은 밤을 틈타 원수를 갚기로 합의했다.

시그뉘와 시게이르 왕 사이에는 그때까지 두 명의 아들이 더 생겼다. 왕자들은 거실에서 황금 바퀴를 굴리며 놀고 있었다. 왕자들은 놀이에 열중해 까불거리다 그만 황금 바퀴를 뒤뜰로 날리고 말았는데, 하필 그게 시그문드와 신표틀리가 숨어 있는 장소 바로 옆으로 굴러왔다.

데굴데굴 구르는 바퀴를 쫓아온 왕자는 낯선 사내가 둘씩이나 숨어 있는 모습을 보고 깜짝 놀라, 제 아버지에게 쪼르르 달려가

재잘재잘 일러바쳤다. 아들아이가 하는 짓을 본 시그뉘는 두 왕자를 시그문드와 신표틀리에게 데려갔다.

"이 아이들은 고자질쟁이예요. 우리가 원수를 갚는 데 걸림돌이 될 것입니다. 절대 용서할 수 없으니 바로 처치해야 합니다."

두 왕자가 아직 너무 어려 시그문드는 망설였다. 그러자 신표틀리가 검을 빼 들고 두 왕자를 찔러 죽였다. 시신은 거실에 있던 시게이르 왕의 발치에 내동댕이쳤다. 느닷없이 어린 아들들의 무참한 주검이 내던져지자 시게이르 왕은 자리에서 펄쩍 뛰어올랐다.

"왕자들을 죽인 침입자를 당장 잡아와라!"

시게이르 왕은 서슬 퍼런 목소리로 명령했다. 그러자 왕궁 곳곳에서 수많은 병사들이 뛰쳐나와 시그문드와 신표틀리에게 덤벼들었다. 두 사람은 최선을 다해 맞서 싸웠지만, 숫자 앞에는 장사가 없었다. 결국 사로잡혀 팔이 뒤로 묶인 채 포로가 되고 말았다.

시게이르 왕에게 두 왕자의 목숨을 빼앗은 침입자는 당장 찢어 죽여도 시원치 않을 정도로 증오스러운 대상이었다. 시게이르 왕은 어떻게 해야 최악의 고통을 맛보여주며 시그문드와 신표틀리를 죽일지 잠도 자지 않고 고민했다.

아침이 되자 시게이르 왕은 단단한 바위를 석고로 이어 붙여 거대한 봉분을 만들고, 그 내부를 평평한 바위 두 개로 나누었다. 그리고 바위 주위에도 석고를 꼼꼼하게 발라 두 석실 사이로 개미 한 마리 지나다닐 수 없게 단단히 봉했다. 시게이르 왕은 침입자들을 두 개의 석실에 따로 가두고 봉분 전체를 흙으로 덮어버렸다. 그러면 침입자들이 산 채로 묻혀 굶주림의 고통에 시달리다 서서히 죽어갈 거라고 생각했다.

그러나 신표틀리를 석실에 가두려고 할 때, 시그뉘가 다가가 짚으로 감싼 무언가를 던져주었다. 신표틀리는 어머니가 분명히 식량을 챙겨주었을 거라고 생각했다. 그러나 짚을 펼쳐보니 그 안에는 시그문드가 오딘에게 하사받은 검이 숨겨져 있었다. 신표틀리는 검에 대한 소식을 벽 너머에 있는 시그문드에게 전해주었다. 개미 한 마리 지나다닐 수 없을 정도로 바위 틈 사이를 꼼꼼히 막았지만, 바위 너머에 있는 상대방의 목소리는 들을 수 있었다.

"이 검만 있으면 아무 걱정 없어."

두 사람은 기뻐했다.

시게이르 살해와
시그뉘의 죽음

신표틀리는 두 사람을 가로막고 있는 평평한 바위에 검을 찔러 넣고 있는 힘껏 밀었다. 그러자 검은 바위를 꿰뚫고 시그문드에게 닿았다. 두 사람은 함께 검을 잡고, 톱질을 하듯 슬금슬금 밀고 당기기 시작했다. 얼마 지나지 않아 바위는 두 쪽으로 쩍 갈라졌다. 둘은 같은 방법으로 잇달아 바위를 처리하고 봉분 밖으로 빠져나왔다.

두 사람은 한달음에 시게이르 왕의 궁전으로 쳐들어갔다. 그리고 장작을 보관하는 광에서 장작을 가져다 거실에 쌓아올리고 불을 붙였다. 장작은 활활 타올라 삽시간에 궁전 전체가 불길과 연기로 뒤덮였다.

불시에 습격을 당한 병사들의 외침을 듣고, 시게이르 왕은 자리에서 벌떡 일어났다. 침실 문을 열어젖히자 매캐한 불길과 자욱한 연기가 바로 코앞까지 덮쳐왔다.

"어느 놈이 궁전에 불을 질렀느냐!"

시게이르 왕은 발을 동동 구르며 악을 썼다. 그때 이미 침실에 숨어 들어와 있던 시그문드가 나타났다.

"볼숭 왕의 유복자인 시그문드다! 그리고 볼숭 왕의 딸 시그뉘의 자식인 신표틀리도 있다. 지금이야말로 나는 돌아가신 아버지와 형제들의 원수를 갚고, 볼숭 가문의 대가 끊어지지 않았음을 네 놈에게 똑똑히 알려주겠다!"

시그문드는 증오를 담은 일격으로 시게이르 왕에게 발길질을 해 그를 죽였다.

"이 방은 끝장이야. 불길이 걷잡을 수 없이 번지기 시작했어. 빨

리 성 밖으로 나가!"

시게이르 왕을 처치한 시그문드는 일이 돌아가는 상황을 보고 있던 시그뉘에게 외쳤다. 그러자 시그뉘는 침착한 표정으로 놀라운 사실을 털어놓기 시작했다.

"이렇게 아바마마의 한을 풀어드리고 볼숭 가문이 당한 치욕을 갚게 되어 저는 여한이 없습니다. 이 사명을 다하기 위해 저는 차마 입에 올릴 수조차 없는 패륜을 저질렀습니다. 복수를 거들 깜냥이 없다고 밝혀진 제 자식 둘의 목숨을 주저하지 않고 끊었고, 오라버니인 당신과 근친상간까지 저질렀습니다. 숲속에서 길을 잃었다며 오라버니의 오두막을 찾아가, 사흘 밤에 걸쳐 정을 나누었던 마녀는 사실 저였습니다. 신표틀리는 볼숭 왕의 아들과 딸의 피를 물려받았기에 세상 무서울 게 없는 용사가 될 수 있었습니다.

그저 돌아가신 아비의 원수를 갚고 싶다는 일념으로 절대 용서받지 못할 소행을 거듭한 저는, 더는 이승에 미련이 없습니다. 구차한 목숨을 부지해봤자 무엇 하겠습니까. 억지로 결혼하고 혐오하기만 했던 남편이지만, 그래도 지아비인 시게이르 왕과 저승길로 가겠습니다."

할 말을 마친 시그뉘는 마음에서 우러난 절절한 사랑을 담아 시그문드와 신표틀리를 꼭 끌어안았다.

"두 사람은 부디 행복하게 살아주십시오."

시그뉘는 마지막 한마디를 남기고 불길 속으로 사라졌다.

서로가 진짜 아버지와 아들 사이임을 알게 된 시그문드와 신표틀리는 고향인 후날란드로 돌아갔다. 그리고 볼숭 왕이 승하한 후, 멋대로 나라를 쥐락펴락하던 불한당들을 힘을 합쳐 몰아내고 시그문드가 당당히 왕의 자리에 올랐다.

신표틀리의 죽음과
오딘의 환영

후날란드의 왕좌에 오른 시그문드는 **보르그힐드**(Borghild)라는 미녀를 왕비로 맞아들였다. 신표틀리는 아버지의 나라를 떠나 이 곳저곳을 떠돌며 각지에서 눈부신 무공을 세우고 무적의 용사로 추앙받았다.

신표틀리가 마음을 빼앗긴 아름다운 여인이 있었다. 그 여인은 어느 나라의 공주였는데, 하필 보르그힐드의 남동생도 그 공주에게 청혼을 했다. 두 사람은 누가 공주를 아내로 맞아들일지 결투를 벌여 정하기로 했다. 결투는 싱겁게도 무적의 용사 신표틀리의 승리로 끝이 났다. 신표틀리는 결과적으로 새어머니의 남동생을 죽인 것이 되었다.

결투를 치르고 얼마 지나지 않은 어느 가을날, 신표틀리는 원정에서 획득한 금은보화를 짊어지고 위풍당당하게 개선했다. 시그문드는 왕비에게 오랫동안 자리를 비웠던 아들이 금의환향했다며 자랑스러운 아들의 귀환 소식을 전했다. 허나 왕비는 냉랭했다.

"남동생을 죽인 원수 따위, 꼴도 보기 싫습니다. 전하, 신첩을 위해 부디 신표틀리를 나라 밖으로 추방해주십시오."

보르그힐드 왕비는 시그문드 왕에게 간청했다. 하지만 시그문드 왕은 왕비의 청을 들어줄 생각이 없었다. 대신 왕비에게 남동생의 목숨 값이라며 황금과 재물을 내주고는, 신표틀리에 대한 원한을 잊으라고 달랬다. 보르그힐드 왕비는 받아들일 수 없었다. 그녀는 왕의 동의를 얻어 남동생의 명복을 비는 추모제를 열기로 했다.

추모제가 한창일 때, 왕비가 신표틀리에게 다가갔다.

"아들아, 어미가 주는 술이다. 한잔 받으렴."

보르그힐드 왕비는 술이 찰랑거리는 커다란 뿔잔을 내밀었다. 신표틀리는 술잔을 받아들었다.

"어마마마가 내리신 술이지만, 이렇게 탁한 술은 마실 수 없습니다. 마음만 감사히 받고 정중히 사양하겠습니다."

신표틀리가 사양하자 어떤 독에도 해를 입지 않는 체질인 시그문드 왕이 나섰다.

"그 술은 내가 받지."

시그문드 왕은 술잔을 아들의 손에서 낚아채 홀랑 마셔버렸다. 보르그힐드 왕비는 다시 뿔잔을 신표틀리에게 내밀었다.

"이번에야말로 사양하지 말고 내 술을 받지 않겠니?"

신표틀리는 술잔을 받아들었지만 역시 마시지 않고 술잔 안을 바라보기만 했다.

"이 술 안에도 이물질이 섞여 있군."

신표틀리가 중얼거렸다. 그러자 시그문드 왕이 다가왔다.

"그렇다면 이번에도 내가 받지."

시그문드 왕은 술잔을 가져가 말끔히 비웠다. 두 번이나 실패했지만 왕비는 포기하지 않았고, 또다시 신표틀리에게 술잔을 내밀었다.

"네가 볼숭 가문의 자손답게 용기가 있다면, 이번에는 사양치 말고 술을 마시거라."

보르그힐드 왕비가 술을 마시라고 살살 꼬드겼다. 신표틀리가 술잔 안을 들여다보니 이번에도 술은 꺼림칙하게 흐려져 있었다.

독이 들어 있는 게 분명했지만, 용기를 증명하라는 말을 들은 이상 소인배처럼 비겁하게 몸을 사릴 수는 없는 노릇이었다. 시그문드 왕은 이번에도 가까이 있었으나 이미 거나하게 술이 올라 움직임이 둔해져 아들의 손에서 술잔을 낚아채지 못했다. 하는 수 없이 신표틀리는 술잔을 비웠고, 그 자리에 쓰러져 바로 숨을 거두었다.

시그문드 왕은 자식의 주검을 품에 안고 끓어오르는 슬픔을 주체하지 못해 숲속을 이리저리 배회했다. 숲속을 떠돌던 시그문드 왕이 해안가의 후미진 곳에 이르자, 그곳에는 조각배 한 척이 떠 있었다. 배의 주인으로 보이는 외눈박이 남자가 왕에게 말했다.

"내가 건너편 기슭까지 태워다 주겠네."

시그문드 왕은 남자에게 몸을 맡기기로 했다. 그런데 조각배는 세 사람이 타기에는 너무 작았다. 시그문드 왕은 먼저 아들의 주검을 배에 실었다. 그 순간 조각배는 순식간에 기슭을 떠나 연기처럼 스르르 사라졌다.

눈치 빠른 독자는 이미 알고 있겠지만, 조각배를 모는 외눈박이 사공은 오딘이었다. 오딘은 죽은 신표틀리를 발홀 궁으로 맞아들이려고 몸소 마중을 나왔던 것이다.

궁전으로 돌아간 시그문드 왕은 자식의 목숨을 빼앗은 보르그힐드 왕비와 이혼하고 그녀를 추방했다. 소박을 맞고 쫓겨난 왕비는 머지않아 이승에서 하직했다.

효르디스와의 결혼과
오딘이 부러뜨린 검

보르그힐드와 이혼한 후, 시그문드 왕은 새 왕비를 찾는다. 에일리미(Eylimi)라는 왕의 딸인 **효르디스**(Hjǫrdis) 공주가 재색을 겸비했다는 소문을 듣고 기필코 왕비로 삼겠다고 다짐한 것이다.

시그문드 왕은 딸을 내달라고 에일리미 왕을 찾아가 청했다. 그런데 훈딩(Hundingr)이라는 왕의 아들인 **링기**(Lyngi)도 효르디스에게 구혼했다. 어느 쪽을 사위로 삼을지 갈팡질팡하던 에일리미 왕은 딸에게 남편감을 직접 선택하게 했다. 에일리미 왕은 효르디스를 불러 두 구혼자 이야기를 들려주고, 어느 쪽을 신랑감으로 생각하는지 물었다.

"어려운 선택이옵니다만, 나이는 들었어도 명군으로 알려진 시그문드 왕을 지아비로 섬기고 싶습니다."

효르디스가 대답했다. 이렇게 시그문드 왕과 효르디스의 혼인이 결정되었다.

이후 혼례를 축하하는 성대한 잔치가 몇 날 며칠씩 이어졌다. 잔치가 끝나고 시그문드 왕은 새색시와 장인어른인 에일리미 왕을 모시고 후날란드로 돌아왔다.

그런데 얼마 지나지 않아, 청혼을 거절당해 앙심을 품은 링기가 대군을 모아 후날란드를 포위하고 시그문드 왕에게 결전을 요청했다. 시그문드 왕은 모을 수 있는 병사를 모두 모았지만, 워낙 갑작스러운 일이었던지라 링기의 대군에는 미치지 못했다. 시그문드 왕은 이미 새 생명을 잉태한 효르디스에게 왕가의 재산을 전부 맡기고, 시녀 하나를 붙여 깊은 숲속으로 피신하게 했다.

전투는 수적으로 우세한 링기가 압도적인 승리를 거둘 것으로 예상되었지만, 시그문드 왕이 오딘에게 하사받은 무적의 검으로 벌떼처럼 몰려드는 적을 섬멸하며 전세는 순식간에 역전되는 듯했다. 그런데 격전이 벌어지는 전쟁터 한복판에 챙이 넓은 모자를 눌러 쓴 외눈박이 사내가 유유히 나타났다. 남자는 시그문드 왕 앞에 떡하니 버티고 서더니 긴 창을 왕에게 겨누었다. 시그문드 왕이 검을 휘둘러 창을 막으려 하자, 검은 창에 부딪혀 두 동강이 나고 말았다. 시그문드 왕은 망연자실해 부러진 검을 바라보았다. 외눈박이 남자는 그새 홀연히 사라지고 없었다.

검이 부러지자 시그문드 왕의 군대는 열세로 돌아섰고, 용감히 맞서 싸우던 병사들도 차례차례 쓰러졌다. 장인어른인 에일리미 왕도 화살에 맞아 숨을 거두고, 시그문드 왕도 중상을 입고 전장에 드러누웠다.

전투에 승리한 링기는 효르디스를 자신의 나라로 데려가려 했지만, 궁전 안을 이 잡듯 뒤져도 흔적조차 찾을 수 없었다. 꿩 대신 닭이라고, 링기는 보물이라도 가지고 돌아가자는 생각에 값어치가 나갈 만한 물건을 구석구석 찾았다. 하지만 쓸 만한 재물은 하나도 건지지 못했다. 링기는 충복에게 후날란드 섭정을 맡기고, 군대를 이끌고는 고국으로 물러났다.

링기의 손아귀에서 벗어난 효르디스는 조용히 전쟁터로 돌아가 시그문드 왕의 모습을 찾았다. 겨우 그를 찾았을 때, 시그문드 왕은 숨을 거두기 직전이었다.

"전하, 힘을 내셔야 합니다. 어찌하면 전하의 상처를 치료할 수 있겠습니까?"

우어우어,
이제
그만하지

"상처를 치료할 생각일랑 접어두게. 오딘께서 직접 전쟁터에 나타나시어 내 검을 부러뜨리고 사라졌다네. 더이상 검을 쓰지 말라는 뜻일 게야. 내 운도 여기까지야…"

"상처를 치료하고 전하께서 제 아비의 원수를 갚아주십시오. 그게 신첩의 소망입니다."

"걱정하지 말게. 자네 배 속에 있는 우리 아들이 원수를 갚아줄 테니."

시그문드 왕은 눈물을 가득 머금은 효르디스를 위로했다.

시녀와 뒤바뀐 왕비

"앞으로 태어날 사내아이는 우리 볼숭 가문에서도 가장 뛰어난 용사로 자라날 것이네. 그러니 소중히 길러주게. 그리고 부러진 내 검은 그 아이를 위해 소중히 간직해주게. 검 조각을 잘 벼리면 희대의 명검을 만들 수 있을 테니. 그 검을 그람(Gram)이라고 이름 붙여 우리 아들에게 주게. 그리하면 그 검으로 잇따라 공을 세우고, 아들의 이름은 이 세상이 멸망할 때까지 끝없이 입에서 입으로 전해질 것이야."

시그문드 왕이 마지막 숨을 내쉬며 말했다. 효르디스는 시그문드 왕이 숨을 거둘 때까지 곁을 지켰다.

정신을 차리자 희뿌옇게 동이 트기 시작했다. 효르디스가 문득 항구 쪽으로 시선을 돌리니, 수평선 위를 빽빽하게 메운 군함들이 해안 쪽으로 다가오고 있었다.

"걸치고 있는 걸 전부 벗어서 내게 주고, 너는 내 옷을 입거라. 누가 네 이름을 묻거든 내 이름을 대고, 왕의 여식이라고 말해야 한다."

효르디스가 시녀에게 명령했다. 그리고 순식간에 둘은 옷을 바꾸어 입었다.

군함을 이끌고 나타난 이는 덴마크의 히알프레크 왕의 아들 **알프**였다. 시체 더미가 산을 이룬 참혹한 상황을 목도하고 넋을 놓고 있던 알프가 두 여인이 숲속으로 다급히 뛰어 들어가는 뒷모습을 발견했다. 알프는 부하들과 상륙해 여인들을 찾았다. 얼마 지나지 않아 곧 두 여인이 발견되었다.

"도대체 무슨 일이 벌어졌습니까?"

알프는 공주라고 신분을 밝힌 여인에게 물었다. 그러나 공주는 어눌한 말투로 앞뒤가 맞지 않는 이야기만 더듬더듬 늘어놓았다. 답답해진 알프는 시녀라는 여인에게 물었다. 시녀로 변장한 효르디스는 청혼을 거절당해 앙심을 품은 링기가 쳐들어와, 후날란드 군대뿐 아니라 시그문드 왕과 에일리미 왕까지 죽였다는 자초지종을 조곤조곤 이야기해주었다. 알프가 돌아가신 시그문드 왕의 보물이 어디 있는지 아느냐고 묻자, 효르디스가 대답했다.

"황공하옵니다만, 보물의 행방이라면 소인이 알고 있습니다."

그리고 보물을 숨긴 곳으로 안내했다. 그곳에는 알프가 머리털 나고 처음 보는 막대한 황금과 보화가 산더미처럼 쌓여 있었다. 알프는 군함에 보물과 두 여인을 신고 고국으로 돌아갔다.

덴마크로 돌아오고 얼마 지나지 않아, 왕비가 알프를 불러 말했다.

"네가 데려온 두 여인네들의 상태가 아무래도 이상하다. 내 눈에는 '시녀'라고 말한 여성이 훨씬 신분이 높아 보인단다. 기품도 아름다움도 시녀 쪽이 월등히 높으니, 도대체 무슨 사연이 있는지 모르겠다."

알프는 어머니의 말에 고개를 끄덕였다.

"어마마마 말씀처럼 저도 예전부터 이상하다는 생각이 들었습니다. 기회를 봐서 두 여인의 정체를 밝혀볼까 합니다."

얼마 후 알프에게 기회가 찾아왔다. 두 여인의 정체가 궁금했던 알프는 기습적으로 질문을 던졌다.

"별도 없이 깜깜한 밤에 어떻게 새벽이 오는지 아십니까?"

시구르드의 탄생과
레긴의 가르침

알프는 공주라고 신분을 밝힌 여인에게 먼저 물었다.

"젊은 시절, 저는 새벽녘에 벌꿀주를 마시는 습관이 있었습니다. 지금은 그 습관이 없어졌지만, 그래도 그 시간이 다가오면 목이 타서 저절로 눈이 떠지기에 날이 밝는 줄 안답니다."

공주를 자청한 여인이 대답했다.

"실례를 무릅쓰고 한말씀 드리자면, 아침 댓바람부터 술로 목을 축이는 습관은 참으로 공주마마답지 않은 습관인 줄 압니다."

알프는 웃으며 같은 질문을 시녀라고 주장하는 여인에게 물었다.

"저는 아버님께 받은 금가락지를 한시도 몸에서 떼지 않고 끼고 있습니다. 새벽이 가까워지면 그 가락지에서 싸늘한 느낌이 나 날이 밝는 줄 아옵니다."

시녀 행세를 하는 여인이 대답했다.

"지금 그대의 대답은 고귀한 신분에서 태어난 여인이나 할 법한 대답이구려. 어째서 나를 속이려 하는지요? 이제 그만 정체를 밝히고 무슨 사연인지 들어나 봅시다. 당신을 나와 같은 왕의 자식으로 대접했건만… 서운하오. 앞으로 당신에게는 신분에 걸맞은 대우를 하겠습니다. 태중에 든 아기씨가 태어나면 내 아내가 되어주십시오."

일말의 거짓도 느껴지지 않는 알프의 말을 듣고, 효르디스는 그제야 진실을 밝힐 마음이 생겼다. 효르디스는 신분을 감춘 건 항구로 다가오는 군함을 보고 순간적으로 든 생각으로, 악의는 없었다고 해명하며 알프의 청혼을 받아들였다. 그날부터 효르디스는 덴마크의 새로운 안주인이 될 사람으로서 마땅히 받아야 할 공경과 정중한 대우를 받았다.

달이 차고 효르디스는 아들을 낳았다. 그 아이는 알프의 아버지인 히알프레크 왕의 손에 길러졌다. 왕은 사내아이의 날카로운 눈매를 보고 '세상을 호령할 용사가 되겠다'라는 예언을 했다. 그리고 **시구르드**(Sigurðr)라는 이름을 붙여주고 제 자식처럼 정성껏 길렀다.

시구르드의 교육은 **레긴**이라는 난쟁이가 맡았다. 레긴은 대장장이였지만, 덴마크 최고의 현자로 각종 기예에 정통했다. 시구르드는 레긴에게 문학과 다양한 외국어를 배우며 왕의 아들로서 필요한 갖가지 학문과 예술을 배웠다. 동시에 무예도 습득해 청년이 되었을 땐 어깨를 나란히 할 만한 자가 없을 정도로 늠름하게 성장했다.

어느 날 레긴이 운을 뗐다.

"전하께 말이 갖고 싶다고 말씀드리십시오."

레긴은 시구르드에게 말이 필요할 때가 왔다고 짐작했다. 시구르드가 레긴의 말에 따라 왕에게 말을 청했다.

"좋다. 내가 가진 말 중에서 마음에 드는 말을 골라 가지도록 하여라."

왕은 흔쾌히 말을 내주었다.

다음 날 아침, 시구르드가 왕의 마구간으로 가려던 찰나에 긴 수염을 드리운 외눈박이 노인이 어디선가 나타났다.

"이보게, 젊은이. 어디 가는 길인가?"

"말을 고르러 갑니다."

"내 한 수 가르쳐주지. 말들을 강으로 몰고 가서 물에 넣어보게."

노인의 가르침을 따라 시구르드는 왕의 말들을 모조리 강으로 몰아 물에 넣었다. 그러자 다른 말들은 바로 물에서 나왔지만, 한 마리만 강 속에 머물며 유유히 물장구를 쳤다. 말을 돌보는 시종에 따르면 그 말은 아무도 등에 태우려 하지 않는 사나운 녀석이라고 했다. 시구르드는 망설이지 않고 그 말을 선택했고, 그라니(Grani) 라는 이름을 붙여주었다.

그 순간 수염이 성성한 노인이 어디선가 다시 나타났다.

"그 말은 최고신 오딘의 애마 슬레이프니르의 혈통을 물려받은 명마다. 소중히 돌보아야 하느니라."

노인은 할 말을 마치자 연기처럼 모습을 감추었다. 수상한 노인의 정체는 물론 오딘이었다. 시구르드는 오딘의 가르침에 따라, 천하의 명마 슬레이프니르의 후계자가 될 말을 자신의 말로 삼을 수 있었다.

레긴 삼 형제의 사연

레긴은 슬슬 시구르드가 다음 단계로 나아갈 차례라고 생각했다.

"슬슬 시구르드 님도 명예욕이 생길 때가 됐습니다. **파프니르**(Fáfnir)라는 용을 처치하는 일부터 도전해보면 어떻겠습니까? 이 못된 용은 엄청난 금을 지키고 있다고 합니다. 용을 무찌르면 명예뿐 아니라 재물도 얻을 수 있어 일석이조입죠."

레긴은 시구르드를 부추겼다.

"파프니르라는 용은 나도 풍문으로 들어 익히 알고 있다. 하지만 몸집이 집채만 한 괴물이라 그 누구도 감히 다가갈 생각조차 하지 못하는 무서운 녀석이라고 하던데…."

시구르드는 레긴이 열심히 부추겨도 영 마음이 내키지 않았다.

"소문이란 입에서 입으로 전해지며 살이 붙어 과장되는 법입니다. 물론 파프니르는 만만치 않은 녀석이죠. 하지만 몸집이나 흉포함은 다른 용사들이 여태까지 무찌른 용과 별반 다르지 않습니다."

레긴은 끈덕지게 권유했다.

"자네는 무슨 연유에서 그 용과 보물에 그리 집착하느냐? 사연이 있는 듯하니, 사내대장부답게 시원하게 털어놓아 보게."

시구르드는 레긴에게 진실을 고백하라고 다그쳤다.

"역시 시구르드 님의 눈은 속일 수 없군요. 시구르드 님이 짐작하시는 대로 속사정이 있습니다."

레긴은 사연을 털어놓았다.

"제 아버지는 흐레이드마르라고 하는 분인데, 세 아들을 두었습니다. 큰아들은 파프니르, 둘째아들은 오트르, 그리고 셋째아들은 저 레긴입니다. 저는 자랑할 만한 완력도 용기도 없지만 철과 은, 황금 등 다양한 금속에서 값어치 있는 물건을 만들어내는 재주는 타고났습니다. 바로 위의 형인 오트르는 고기잡이 재능을 타고나, 낮에는 수달로 변신해 용소에서 매일 많은 노획물을 얻어 아버지께 드렸습니다. 그리고 큰형인 파프니르는 형제 중에서 유독 몸집이 크고 힘이 세서, 무엇이든 제 것으로 만들어야 성이 차는 탐욕스러운 성격이었습니다.

어느 날, 오트르 형이 평소 하던 대로 수달로 둔갑해 용소에서 고기를 잡고 있었습니다. 그런데 신들의 왕인 오딘이 로키와 헤니르라는 두 신을 데리고 세상 구경을 하다 그곳을 지나갔습니다. 마침 오트르 형은 기슭에 나와 자신이 잡은 연어를 먹으려던 참이었지요. 수달의 모습을 하고 있었던지라, 로키가 사냥하려는 생각으로 돌팔매질을 해서 오트르 형을 죽이고 말았습니다. 로키는 자신이 돌 하나로 수달과 연어를 모두 잡았다며 자랑스럽게 떠벌렸다고 합니다."

레긴의 이야기는 쉼 없이 계속되었다.

"세 분의 신은 날이 저물자 근처에 있던 제 아버지의 오두막에서 하룻밤 묵고 가기로 하셨습니다. 로키는 따로 식사 준비를 할 필요는 없으니 안심하라며 잡아온 수달과 연어를 보여주었습니다. 아버지는 그 수달이 오트르 형이며, 연어는 형이 잡은 사냥감임을 알고 계셨습니다. 아버지는 파프니르와 저를 불러 오트르 형이 살해당했고, 그 범인이 지금 우리 집에 와 있는 나그네 중 하나라고 알려주셨습니다.

아버지는 마법을 부리고 우리 형제의 도움도 받아 세 명의 신을 결박했습니다. 그리고 네놈들이 죽인 수달은 내 아들인 오트르라며 죗값을 갚으라고 몰아세웠습니다. 그러자 신들은 오트르 형의 죽음을 사죄했고, 속죄의 의미로 아버지가 원하는 만큼의 부를 주겠다고 약속했습니다. 그러자 아버지는 수달에게서 벗겨낸 가죽을 황금으로 가득 채운 다음, 가죽 바깥도 황금으로 완전히 뒤덮어 달라고 요구했습니다.

오딘은 아버지의 요구를 받아들여 로키에게 황금을 모아 오라고 명령했습니다. 로키는 난쟁이들이 사는 지하세계인 스바르트알파헤임으로 향했습니다. **안드바리**라는 난쟁이가 강바닥에 있는 동굴에 막대한 양의 황금을 숨겨놓았다는 걸 알고 있었기 때문입니다. 안드바리는 본래 꼬치고기로 변신해 용소에 사는 물고기를 잡으며 살았습니다. 이 사실 역시 알고 있던 로키는 스바르트알파헤임으로 가기 전 바다의 여신 란에게 익사한 사람들을 잡을 때 쓰는 마법의 그물을 빌려두었지요. 로키는 그 그물로 꼬치고기로 변신한 안드바리를 사로잡았습니다."

보물의 유래와
반지에 걸린 저주

레긴은 이야기를 계속했다.

"로키는 사로잡은 안드바리에게 목숨이 아깝거든 숨겨둔 황금을 모조리 내놓으라고 요구했습니다. 안드바리는 목숨을 부지하기 위해 하는 수 없이 동굴에서 황금을 몽땅 꺼내 왔습니다. 다만 보물을 챙겨 오는 동안 황금 반지 하나를 잽싸게 손바닥 안에 숨겨 빼돌렸습니다. 눈치 빠른 로키는 그 모습을 놓치지 않고 반지도 내놓으라고 명령했습니다.

안드바리는 '이 반지를 지닌 자는 부를 불릴 수 있습니다. 부디 이 반지만은 빼앗지 말아주십시오'라고 애걸했습니다. 그러나 로키는 귀담아듣지 않고 그 반지까지 빼앗았습니다. 화가 난 안드바리는 '그 반지를 가진 자는 누구든 그 반지로 말미암아 죽을 것이

다'라고 저주를 걸었습니다. 로키는 겁먹지 않고 '잘됐다. 그 저주
는 반지의 소유자가 될 사람에게 내가 똑똑히 전해주지'라고 응수
했다고 합니다."

봇물 터지듯 레긴의 이야기가 터져 나왔다.

"로키가 안드바리에게 빼앗은 황금을 가지고 돌아오자, 오딘은
그 반지를 자신이 끼고 다른 황금은 모두 아버지에게 넘겼습니다.
아버지는 오딘에게 받은 황금을 수달의 가죽에 채웠습니다. 오딘
은 가죽 겉에도 황금을 덮어주었습니다. 작업이 끝나자, 아버지는
꼼꼼하게 가죽을 살폈습니다. 그러다 아직 수염 한 올이 황금으로
뒤덮이지 않았다는 걸 족집게처럼 집어냈습니다. 어쩔 수 없이 오
딘은 저주가 걸린 반지를 자신의 손가락에서 빼내 수달의 수염 위
에 올려놓았습니다.

그리하여 아버지는 저주가 서린 반지까지 손에 넣었고, 난쟁이
가 걸어둔 저주는 머지않아 이루어졌습니다. 아버지는 황금에 눈
이 먼 파프니르 형에게 맞아 죽었습니다. 욕심 많은 파프니르 형은
동생인 제게도 동전 한 닢 나누어주지 않고, 용으로 변신해 그 황
금을 눈에 불을 켜고 지키게 되었습니다. 이런 연유로 제가 시구르
드 님께 못된 용을 처치해달라고 부탁드리게 되었습니다."

레긴의 긴 이야기를 끝까지 듣고 드디어 시구르드가 입을 열었
다.

"자네가 파프니르에게 깊은 원한을 품고 있는 이유는 잘 알겠
다. 파프니르의 사악함이 하늘을 찌른다는 소문은 나도 들어서 알

고 있지. 그의 극악무도함은 나도 눈에 거슬리던 참이라, 누군가 본때를 보여주어야 마땅하다고 생각했다. 다만, 그 전에 네가 세계 최고의 검을 벼려주어야겠다.”

“여부가 있겠사옵니까. 시구르드 님의 마음에 쏙 드는 검을 만들어 바치겠습니다.”

레긴은 두말없이 승낙했다. 그리고 바로 검을 만드는 작업에 착수했다.

얼마 후, 레긴이 검을 가지고 돌아왔다. 하지만 시구르드가 손에 들어보니 영 마뜩지 않았다.

“이런, 못 쓰겠구나. 시원찮은 검일세.”

시구르드가 모루에 검을 내리치자 검은 산산조각이 났다. 레긴은 다시 검을 벼렸다.

"이번에야말로 시구르드 님의 마음에 쏙 드실 겁니다."

레긴이 야심차게 검을 내밀었지만, 시구르드는 또 못마땅한 표정으로 퇴짜를 놓았다. 그리고 이번에도 역시 검을 산산조각 내버렸다.

명검 그람과
복수의 시간

레긴이 만든 검이 번번이 성에 차지 않아 답답해진 시구르드는 효르디스를 찾아갔다.

"돌아가신 아버지가 임종하실 때 부러진 검을 주시며 아들을 위해 소중히 간직하라는 말씀을 남기셨다고 들었습니다. 사실이옵니까?"

"그래, 부러진 검 조각은 내가 잘 간직하고 있단다."

"그 검 조각을 소자가 가져가겠습니다."

시구르드의 말에 효르디스는 몹시 기뻐하며 검 조각을 내놓았다.

"그 검 조각으로 **그람**이라는 희대의 명검을 만들 수 있다고 하셨다. 네가 그람으로 잇따라 공을 세우게 된다고도 말씀하셨단다."

효르디스는 소중히 간직하고 있던 부러진 검 조각을 시구르드에게 내주었다. 시구르드는 그걸 레긴에게 가지고 갔다.

"이 검 조각을 잘 벼려서 새 검을 만들어 주게."

시구르드가 레긴에게 명령했다.

이후 검이 완성되자 레긴은 잔뜩 생색을 내며 시구르드에게 검을 바쳤다.

"이보다 나은 검은 소인도 만들 수 없습니다."

시구르가 그 검을 휘두르자, 이전까지 검들을 동강냈던 모루와 받침대가 깔끔하게 잘려 나갔다. 게다가 검은 흠집 하나 나지 않고 멀쩡했다. 시구르드는 검을 들고 강으로 가서 강바닥에 찔러 넣었다. 그리고 상류로 가 양털을 물에 떠내려 보냈다. 그러자 양털은 모조리 검으로 빨려 들어가 마법처럼 잘려 나갔다. 시구르드는 선친 시그문드의 예언대로, 명검 그람을 손에 넣은 것이었다.

시구르드가 새 검에 만족하는 모습을 보이자 레긴이 말했다.

"약속대로 명검을 만들어 드렸습니다. 이제 저와의 약속을 지키실 차례입니다."

레긴은 파프니르를 무찔러달라는 부탁을 상기시켰다.

"약속은 반드시 지키겠다. 그 전에 링기를 처치해, 돌아가신 아버지의 원수를 갚아야 한다. 조금만 더 기다려주지 않겠나?"

그 길로 시구르드는 덴마크 왕에게 정예병을 빌려 링기의 나라로 쳐들어갔다. 격렬한 전투가 벌어졌고, 이내 시구르드는 전장에서 링기와 일대일 승부를 벌이게 되었다. 링기는 단단한 갑옷으로 몸을 감싸고 한 치의 틈도 보이지 않았지만, 명검 그람에게는 그어떤 방어구도 통하지 않았다. 시그문드가 링기의 가슴에 일격을가하자 철벽같은 갑옷이 종잇장처럼 잘려 나갔고, 링기는 그대로숨을 거두었다. 단칼에 대장을 잃은 링기의 군대는 겁을 집어먹고슬금슬금 물러났다. 그렇게 전투는 시구르드의 압승으로 끝났다.시구르드는 전리품으로 얻은 수많은 보물을 가지고 덴마크로 돌아왔다.

이리하여 시그문드가 죽음을 목전에 두고 남긴 예언이 이루어졌고, 효르디스는 무척 기뻐했다. 시구르드가 개선장군으로 당당히 덴마크로 돌아오자, 궁전에서는 승리를 축하하는 성대한 연회가 며칠씩 계속되었다. 연회가 한창이던 와중에도 레긴은 시구르드에게 귀에 딱지가 앉도록 같은 말을 반복했다.

"선왕의 원수를 갚으셨으니, 이제 저와의 약속을 지켜주십시오."

레긴은 파프니르를 처치해달라고 끈질기게 요구했다.

"약속은 지키겠다. 대신 네가 길잡이가 되어 길을 안내해주어야 한다."

레긴이 하도 재촉해 시구르드와 레긴은 모두가 잠든 이른 아침 길을 나섰다. 며칠을 여행하여, 레긴은 파프니르가 물을 마시러 가는 강 길목으로 시구르드를 이끌었다. 길가에 남겨진 용의 발자취를 본 시구르드는 그제야 파프니르가 얼마나 거대한 괴물인지를 실감하게 되었다.

사악한 용
파프니르의 최후

"너는 파프니르가 다른 용과 별반 다르지 않다고 말했지만, 장님이 아니라면 이 발자국이 보이겠지. 네 이야기와는 딜리 그놈은 무지막지하게 크다. 쉽지 않은 승부가 되겠어."

시구르드가 말했다.

"이 길에 구덩이를 파고 몸을 숨긴 다음, 용이 구덩이 위를 지나 갈 때 검을 들어 심장을 찌르면 무찌를 수 있습니다."

레긴은 대수롭지 않은 일이라는 듯 말했다. 정작 자신은 용이 두려워 멀리 떨어진 그늘에서 머리카락 한 올 보이지 않게 꼭꼭 숨어 있는 주제에 말이다.

시구르드가 레긴이 조언한 대로 구덩이를 파고 있는데, 긴 수염을 늘어뜨린 외눈박이 노인이 어디선가 나타났다.

"젊은이, 지금 뭘 하는 중인가?"

"파프니르를 퇴치하기 위해 구덩이를 파고 있습니다."

"구덩이 하나로는 부족해. 현명한 방법이 아니야. 구덩이를 여러 개 파서 그중 하나에 숨어 용의 심장을 찌르게. 그리고 흘러나온 피가 구덩이에 고이게 하게."

노인은 충고를 마치자 연기처럼 사라졌다. 시구르드는 희한한 일도 다 있다고 고개를 갸웃거리면서도 노인의 충고를 착실히 따랐다. 그는 구덩이를 여러 개 파고 그중 하나에 숨어 용이 다가오기를 기다렸다.

이윽고 살벌한 땅울림과 함께, 온 사방으로 맹렬한 독기를 흩날리며 파프니르가 다가왔다. 시구르드는 겁내지 않고 차분하게 기다리다가 파프니르가 바로 위를 지날 때를 가늠해 힘껏 그람을

찔러 넣었다. 그람은 사악한 용의 몸통에 깊숙이 파고들어 심장을 꿰뚫었다. 확실하게 심장을 관통했다는 느낌이 손에 전달되자, 시구르드는 구덩이에서 뛰쳐나와 검을 용의 몸통에서 뽑아냈다. 그러자 상처에서 폭포수처럼 피가 콸콸 뿜어져 나왔다. 피는 시구르드의 온몸을 시뻘겋게 물들이며 파둔 구덩이들 속으로 흘러 들어갔다.

치명상을 입은 파프니르는 최후의 힘을 짜냈다.

"내 모습을 보고도 두려워하지 않고 검을 들다니, 믿을 수 없을 정도로 용맹한 녀석이구나. 너는 도대체 누구냐? 아버지는 누구이고, 어디서 태어난 뭐 하는 녀석이지?"

파프니르가 물었다. 시구르드는 죽음을 목전에 둔 때 거는 저주가 얼마나 무서운 위력을 지녔는지 알기에, 설사 용이 자신에게 저주를 걸까 두려워 몸을 사렸다.

"나는 아무도 아니다. 아버지도 어머니도 없다. 평생 혼자 살았고, 혼자 여기 왔다."

"네가 정체를 밝히고 싶지 않은 마음은 잘 안다만, 아비도 어미도 없이 이 세상에 혼자 뚝 떨어졌을 리가 없다. 낳아준 부모 없이 이 세상에 태어나는 놈은 본 적이 없어."

결국 시구르드가 솔직하게 신분을 밝혔다.

"내 아버지는 시그문드이고, 나는 그분의 아들 시구르드다."

"용사 중의 용사로 알려진 시그문드 왕의 아들이라면, 범 무서운 줄 모르고 덤빈 하룻강아지가 아닌 게 당연하지. 네가 겁을 모르는 것도 그리 이상한 일이 아니군. 다만 죽기 전에 한 가지 충고 해두고 싶은 게 있다. 내가 지키던 보물을 네가 독차지하려고 한다 면, 이후 네 운명에 파멸만이 기다리고 있을 것이다.”

파프니르의 충고에 시구르드가 대꾸했다.

“인간은 언젠가 반드시 죽을 운명이고, 누구도 그 운명을 피할 수 없다. 그러니 나는 네 협박 따위 두렵지 않다. 보물은 그 누구와 도 나누어 가질 생각이 없다.”

“네가 얄량한 함정을 파서 나를 해치웠다만, 이것이 내 동생 레 긴이 꾸민 계략이라는 건 이미 알고 있다. 레긴은 너를 그냥 두지 않을 거다. 음흉한 레긴 녀석은 너를 처치할 계획까지 세워두었을 게 틀림없어.”

파프니르는 마지막 한마디를 남기고 숨을 거두었다.

용의 보물을 얻다

시구르드가 파프니르의 숨통을 완전히 끊어놓았다는 걸 알게 된 레긴이 눈치를 보며 조심조심 다가왔다.

"무시무시하고 사악한 용을 멋지게 물리치셨습니다. 저도 한몫 거들 수 있어 영광입니다."

"용을 해치운 건 나다. 너는 멀리 풀숲에 쥐새끼처럼 숨어서 벌벌 떨기만 하지 않았더냐."

시구르드가 레긴의 뻔뻔함에 혀를 내둘렀다.

"아이고, 무슨 말씀을 그리 서운하게 하십니까. 제가 열심히 벼려낸 그람이 없었더라면 어찌 괴물을 무찌를 수 있었단 말입니까?"

레긴이 한마디도 지지 않고 맞받아쳤다.

"용사가 공을 세울 때는 무기보다 용기가 필요한 법이다."

뻔뻔한 레긴은 시그문드가 대놓고 면박을 주자, 갑자기 귀머거리라도 된 양 고개를 저어가며 짐짓 바쁜 시늉을 했다. 그러더니 용의 심장을 도려내 흘러나오는 피를 분주히 빨아 마셨다. 레긴은 시뻘겋게 물든 입을 벌려 말문을 열었다.

"아차, 저를 위해 해주실 일이 한 가지 더 있습니다. 사악한 용을 물리치신 시구르드 님이라면 아마 누워서 떡 먹기일 겁니다."

레긴이 유들거리며 말했다. 이 와중에 아직도 더 부탁할 염치가 남아 있다니, 시구르드는 레긴의 능청스러움에 질려 미간을 잔뜩 찌푸리며 인상을 썼다.

"부디 용의 심장을 구워서 제게 먹여주십시오."

그 정도의 일이라면 얼른 해치워서 성가신 레긴의 입을 다물게 하자는 생각에 시구르드는 파프니르의 심장을 꼬치에 꿰어 굽기 시작했다. 잠시 후, 시구르드는 심장이 익었는지 손가락 끝으로 살짝 만져보았다. 심장이 뜨겁게 달아올라 자칫하면 화상을 입을 뻔했다. 시구르드는 빨갛게 달아오른 손가락을 입안에 넣고 빨며 식히려다 엉겁결에 용의 피까지 함께 꿀꺽 삼키고 말았다. 그 순간, 주위에 있던 새들의 지저귐이 의미 있는 말로 들리기 시작했다.

"시구르드는 레긴에게 주려고 용의 심장을 굽고 있지만, 레긴에게 주지 말고 자기가 먹어치워야 해. 그래야 이 세상에서 가장 현명한 사람이 될 테니까."

어떤 새가 말했다.

"레긴은 저쪽에서 세상모르고 쿨쿨 잠들었군. 저 못된 난쟁이는 자신을 믿는 사람을 속여서 죽일 작정이야."

다른 새가 말했다.

"그러니까 시구르드는 레긴 손에 죽기 전에 저놈 목을 뎅겅 잘라버리고 보물을 독차지해야 해."

또 다른 새가 말했다.

"파프니르의 보물을 손에 넣으면 **브륀힐드**(Brunhild)라는 여신이 잠들어 있는 힌댜르팔(Hindarfjall) 산으로 가야 해. 그러면 브륀힐드 님께서 엄청난 지혜를 내려주실 거야."

다른 새가 재잘재잘 덧붙였다.

"기껏 사악한 용을 무찔러놓고, 저 못된 레긴을 살려두는 건 어리석은 짓이야. 저런 놈은 죽어도 싸. 기회가 있을 때 저 징글징글한 난쟁이 놈의 숨통을 끊어놓아야 해."

이어서 다른 새가 종알종알 말했다.

시구르드는 새들의 충고에 귀를 기울였고, 충고대로 레긴의 목을 쳐서 떨어뜨렸다. 그리고 잘 익은 용의 심장을 조금 먹고 나머지는 잘 갈무리해 따로 챙겨두었다.

시구르드는 파프니르가 지나간 흔적을 따라 그의 보금자리인 동굴로 갔다. 동굴로 들어가 보니, 말 몇 필로는 다 나를 수도 없을 정도로 막대한 보물이 산더미처럼 쌓여 있었다. 시그문드는 보물을 두 개의 커다란 상자에 담았다. 그리고 자신의 말인 그라니의 등에 상자를 싣고, 자신은 걸어가기로 했다. 그런데 고삐를 아무리 당겨도 그라니는 고집을 부리며 한 발짝도 나아가려 하지 않았다. 고귀한 혈통을 타고난 그라니에게도 너무 무거운 짐인가 싶어 시구르드가 애마의 눈동자를 들여다보았더니, 짐이 무거워 고집을 부리는 게 아니라는 사실을 이해할 수 있었다. 시구르드가 안장에 올라 박차를 가하자, 그라니는 그제야 잔등에 실린 짐이 짚더미라도 되는 양 바람처럼 내달리기 시작했다.

시구르드는 새들이 가르쳐준 대로 힌댜르팔 산으로 향했다. 힌댜르팔 산은 프랑크 왕국에 있는 험준한 바위산으로, 산꼭대기에 성이 세워져 있었다.

'저기에 브륀힐드라는 여신이 잠들어 있구나.'

시구르드는 성 지척까지 도착했다. 그런데 시뻘건 불꽃이 일렁이는 벽이 하늘까지 닿을 정도로 높이 솟아 앞을 가로막고 있었다.

불의 고리가 지키고 있던 전쟁의 여신

    시구르드는 고삐를 단단히 틀어쥐고 다시 박차를 가했다. 그러자 그라니는 조금도 주저하지 않고 불꽃 벽을 훌쩍 뛰어넘었다.

    성 안으로 들어서자 갑옷을 두른 채 잠들어 있는 사람이 있었다. 시구르드가 투구를 벗겨 얼굴을 보니 세상에 둘도 없는 아리따운 여인이었다. 이어서 갑옷도 벗기려 했지만, 살가죽과 갑옷이 마치 한몸이 된 것처럼 단단하게 달라붙어 꿈쩍도 하지 않았다. 시구르드는 명검 그람을 뽑아 슬쩍 갑옷에 가져다 댔다. 그러자 갑옷은 천 조각처럼 스르르 잘려 나갔고, 맨살의 아름다운 몸체가 나타났다. 시구르드는 여인의 아름다움에 취해 넋을 놓고 바라보았다. 이윽고 여인이 눈을 뜨고는 자신의 모습을 보고 놀라 물었다.

    "당신은 누구십니까? 어찌 제 갑옷을 벗기셨습니까?"

"볼숭 가문의 자손인 내가 그대의 갑옷을 벗겼다오."

시구르드가 대답하며 여인의 눈을 물끄러미 바라보았다. 그러자 여인은 이야기를 시작했다.

"저는 신들의 왕 오딘이 전장에 파견한 발퀴레 여신 중 하나인 브륀힐드라고 합니다. 제 사명은 오딘의 뜻에 따라 전쟁을 이끌고, 용감하게 싸우다 최후를 맞은 전사자들을 발홀 궁전으로 데려가는 일입니다. 그러던 어느 날, 저는 제 사명에 어긋나는 일을 하고 말았습니다.

햘름군나르(Hjalmgunnar)와 아그나르(Agnarr)라는 두 왕이 싸울 때의 일이었습니다. 오딘은 햘름군나르 왕에게 승리를 안겨주기를 바랐지만, 제 눈에는 아그나르 왕이 승자에 걸맞은 이로 보였습니다. 그래서 저는 햘름군나르 왕을 전사시키고 아그나르 왕을 승자

로 만들었습니다. 저는 발퀴레 중에서도 오딘의 각별한 총애를 받았습니다. 그런 제가 감히 오딘의 뜻에 반하는 행동을 하다니, 오딘께서 역정을 내는 게 당연한 이치였죠. 저는 벌로써 발퀴레의 모습으로 기나긴 잠에 빠지게 되었습니다.

그리고 오딘께서는 한마디를 덧붙이셨습니다. '너는 언젠가 인간에 의해 잠에서 깨어난다. 그 순간 너는 더이상 여신이 아니다. 인간 여자가 되어 너를 깨운 사내의 아내가 되어야 한다.' 저는 마지막으로 오딘께 매달려 간청했습니다."

"그래, 오딘께 무슨 부탁을 하셨소?"

시구르드가 묻자, 여인은 수줍게 뺨을 붉히며 대답했다.

"그 사내의 아내가 되어야 한다면, 두려움을 모르는 용사가 제 잠을 깨우게 해달라고 빌었습니다."

불꽃 벽을 뚫고 잠자는 미녀를 깨운 시구르드야말로 브륀힐드를 아내로 삼을 자격이 있는 용사 중의 용사였다.

두 사람은 술잔을 나누며 영원히 변치 않는 사랑을 맹세했다. 시구르드는 브륀힐드에게 룬문자에 얽힌 온갖 비밀과 여러 지혜를 전수받게 되었다.

브륀힐드와
사랑을 맹세하다

브륀힐드와 영원히 변치 않는 사랑을 맹세했지만, 시구르드는 새 신부를 남겨두고 홀로 기나긴 여정에 나섰다. 그동안 브륀힐드는 헤이미르 왕의 성에서 지내고 있었다. 헤이미르 왕의 왕비는 벡크힐드(Bekkhild)로, 브륀힐드의 언니였다. 그런 인연 덕에 헤이미르 왕은 마법에서 풀려난 브륀힐드를 성 안의 탑에서 머물도록 거처를 마련해주었다. 시녀들이 브륀힐드의 시중을 들어주었고, 브륀힐드는 시구르드가 여태까지 쌓아올린 갖가지 공적을 아름다운 황금실로 자수를 놓으며 시간을 보냈다.

시구르드는 이후 오랜 여행을 다니다 우연히 헤이미르 왕의 아들 아르비드(Arvid) 왕자의 성에서 잠시 머물게 되었다. 어느 날, 시구르드가 숲에서 사냥을 즐기고 돌아오던 길에 그의 매가 멋대로 날아올라 브륀힐드가 있는 탑 창가에 앉았다. 매를 잡으려고 탑에 다가간 시구르드는 그곳에 브륀힐드가 있다는 사실을 알았다. 예전에 헤어졌던 연인이 가까이에 있었음을 처음 알아챈 것이었다. 그녀는 잠에서 깨어났을 때처럼 아름다웠다. 시구르드의 마음에는 순식간에 그리움과 뜨거운 사랑이 흘러넘쳤다. 시구르드는 당장 브륀힐드를 만나 변함없이 뜨거운 마음을 전하고 싶어 애간장이 탔다.

아르비드 왕자는 쾌활하던 시구르드가 느닷없이 생각에 잠기자 걱정스러워 이유를 물었다. 시구르드는 탑에서 미녀를 봤다고 이야기했다.

"아, 그 숙녀 분은 제 이모인 브륀힐드입니다."

"브륀힐드는 제가 이 세상에서 누구보다 사랑하는 사람입니다. 하늘이 두 쪽이 난다 해도 그녀와 이야기를 나누고 싶습니다."

"브륀힐드와 만나는 건 쉽지 않은 일입니다. 본인이 원하지 않는 데다, 설령 만나더라도 남자와 어울려 술잔을 기울이는 걸 절대 허락할 리가 없습니다."

"내가 가면 틀림없이 만나줄 겁니다."

시구르드가 자신만만하게 대답했다. 아르비드는 시구르드의 열의를 이기지 못하고 다음 날 그를 브륀힐드가 머무는 탑으로 데러갔다. 브륀힐드가 거절할 게 분명하다고 생각하며, 아르비드가 문을 두드렸다.

"시구르드 님을 모시고 왔습니다."

그런데 놀랍게도 들어오라는 대답이 돌아왔다. 시구르드는 아르비드를 전실에 대기시켜 놓고 혼자서 브륀힐드의 처소로 들어갔다.

"안으로 드시지요."

브륀힐드가 시구르드를 자리에 앉히고, 시녀들이 가져온 술잔을 권했다. 시구르드는 술잔과 함께 브륀힐드의 손을 부여잡고 그녀를 자신의 곁에 앉혔다.

"내 바람은 하나뿐이라오. 당신과 부부의 연을 맺고 함께 살고 싶소."

시구르드는 브륀힐드를 끌어안고 입을 맞추며 말했다. 그러자 브륀힐드가 슬픈 얼굴로 대답했다.

"제 바람 역시 같습니다. 그러나 우리는 부부가 될 수 없습니다. 당신은 규키(Gjúki) 왕의 딸인 **구드룬**(Guðrún)과 결혼할 운명입니다."

"신께 맹세하겠소. 나는 당신 이외의 여자를 아내로 삼지 않겠소."

시구르드가 맹세했다. 그리고 맹세의 징표로 브륀힐드의 손가락에 황금 반지를 끼워주었다. 두 사람은 다시금 영원한 사랑을 굳게 맹세했다.

시구르드가 마신
망각의 술

시구르드는 헤이미르 왕의 나라를 떠나, 라인 강 남쪽에 있는 규키 왕의 나라를 찾아갔다. 브륀힐드가 시구르드의 아내가 된다고 예언한 구드룬은 규키 왕의 딸이었다. 규키 왕에게는 구드룬 이외에도 **군나르**(Gunnarr), **호그니**(Hǫgni), **구트호름**(Guttorm, =구토름)이라는 세 아들이 있었다. 위의 두 아들은 이미 숱한 전쟁에서 공을 세워 자신들의 용맹함을 증명했다.

아름다운 갑옷으로 온몸을 휘감고 명마 그라니에 걸터앉아 위풍당당하게 왕궁으로 향하는 시구르드를 본 규키 왕의 신하들은 감탄했다.

"저 용사는 인간이 아니라 신의 일원이 아닌가."

범상치 않은 인물의 방문을 전해 들은 규키 왕은 신하들을 이끌고 성 밖으로 나가 친히 용사의 이름을 물었다.

"그대는 누구인가?"

"시그문드 왕의 아들 시구르드라 하옵니다."

"오, 그대가 사악한 괴물 용 파프니르를 처치했다는 바로 그 용사인가? 이렇게 우리나라를 찾아주시다니 참으로 영광이오."

규키 왕은 시구르드를 성으로 초대해 환영 잔치를 베풀었다. 시구르드는 뛰어난 전사인 군나르, 호그니와 친해져 당분간 성에 머물며 신세를 지기로 했다.

시구르드가 머무는 동안, 규키 왕의 아들들은 검과 창, 활 등 갖가지 무기로 시구르드와 실력을 겨루어보려 했다. 왕자들의 실력은 출중했지만 시구르드의 적수는 되지 못했다.

한편, 규키 왕에게는 **그림힐드**(Grímhildr)라는 왕비가 있었다. 그녀는 숱한 공적을 세워 훌륭한 용사라는 평판을 얻은 아들들이 시구르드에게 쉽게 무너지는 광경을 보고 깜짝 놀랐다. 동시에 시구르드의 수려한 외모에 마음을 빼앗겨 사윗감으로 탐내기 시작했다. 그림힐드는 무슨 수를 쓰더라도 시구르드를 구드룬의 남편으로 만들어주고 싶었다. 그러나 아무리 묘수를 짜내려 머리를 굴려도 뾰족한 수를 찾을 수 없었다. 결국 그림힐드는 시구르드에게 직구를 날리기로 결심하고 대뜸 물었다.

"구드룬과 혼인하는 것이 어떻겠소?"

"저는 마음에 둔 여인이 따로 있습니다. 일편단심, 브륀힐드뿐입니다. 다른 여자에게는 눈길조차 주고 싶지 않습니다."

시구르드는 단호하게 거절했다. 그러나 마법을 부릴 줄 알았던 그림힐드는 어느 날 밤, 연회에서 시구르드에게 망각의 술을 마시게 했다. 망각의 술을 마신 시구드르는 애타게 그리던 브륀힐드를 까맣게 잊고 말았다.

그림힐드는 곧장 구드룬을 연회로 불러와 시구르드 옆에 앉히고 그의 술시중을 들게 했다. 브륀힐드에는 미치지 못하지만 구드룬도 아름답기로 소문난 공주였기에 시구르드는 금세 그녀에게 빠지고 말았다. 이미 시구르드의 마음속에 다른 여자가 있는 걸 알았던 규키 왕과 왕자들은 갑자기 구드룬에게 애정공세를 퍼붓는 시구르드를 의아하게 바라보았다. 그림힐드가 그제야 슬쩍 본심을 귀띔해주었다.

"저는 무슨 일이 있어도 시구르드를 우리 구드룬과 맺어줄 작정입니다. 그리하면 저 용사가 우리나라에 남아 누구보다 든든한 아

군이 되어줄 테니까요."

그 말을 들은 규키 왕과 왕자들은 왕비가 마법을 부렸음을 깨달 았다. 규키 왕과 왕자들도 시구르드가 머물러준다면 한시름 덜고 나라를 다스리는 데 집중할 수 있다는 걸 알았기에, 왕비의 계략을 못 이기는 척 따르기로 했다.

"우리 구드룬을 아내로 맞아 이 나라에 오래도록 머물러주지 않 겠나?"

왕과 왕자들은 정중히 부탁했다. 왕의 부탁을 함부로 거절할 수 도 없거니와, 브륀힐드에 대한 기억을 까마득히 잊은 시구르드는 아름다운 구드룬을 아내로 맞을 수 있다는 생각에 들떠 두말없이 승낙했다.

"황공하옵니다! 저에게도 영광입니다."

브륀힐드에게 간
군나르와 시구르드

어느 날, 그림힐드가 아들 군나르에게 말했다.

"아들아, 너는 부족한 것 없이 모든 걸 누리며 산다고 생각하겠지만 너에게 단 한 가지 부족한 게 있단다. 바로 아내다. 그래서 이 어미 생각에는 헤이미르 왕의 처제이자 절세 미녀라는 소문이 자자한 브륀힐드라는 아가씨를 네 아내로 맞아들이면 어떨까 하는데."

"브륀힐드가 아름답다는 소문이 파다하더군요. 저도 소문을 들어 잘 알고 있습니다. 그 정도 미녀를 아내로 삼는다면 저야 감지덕지죠."

군나르도 브륀힐드에게 마음이 있었다.

"쇠뿔도 단김에 빼랬다고, 지금 당장 짐을 꾸려서 떠나거라. 가서 브륀힐드를 설득해 데려오너라. 아참, 브륀힐드를 만나러 가는 길에 시구르드도 꼭 함께 데려가야 한다."

군나르는 시구르드와 길을 떠났다. 브륀힐드에게 가기 전에 먼저 브륀힐드의 인간 아버지인 부들리 왕을 알현해 딸을 신부로 삼고 싶다며 정식으로 혼담을 넣었다.

"브륀힐드에게 다른 뜻이 없다면 짐이 굳이 반대할 이유는 없다네."

부들리 왕이 별다른 이의를 제기하지 않아, 두 사람은 바로 헤이미르 왕의 나라로 찾아갔다. 헤이미르 왕을 만나 두 사람은 결혼을 윤허해달라며 허락을 구했다.

"브륀힐드가 자신이 바라는 남자를 남편으로 선택한다면 딱히 반대할 이유가 없소. 다만 지금 브륀힐드가 사는 성은 불타는 벽으로 둘러싸여 있소. 처제는 그 벽을 뛰어넘는 자 이외에는 남편으로 삼지 않겠다고 하더이다."

헤이미르 왕은 브륀힐드의 조건을 전해주었다.

군나르와 시구르드가 브륀힐드가 산다는 성으로 가보니, 헤이미르 왕이 말한 대로 활활 불타는 벽이 성을 빙 둘러싸고 있었다. 군나르는 말에 올라타고 박차를 가해 불꽃 벽을 돌파하려 했지만, 말은 한 발짝도 내딛으려 하지 않고 오히려 뒷걸음만 쳤다.

"내 말은 불을 무서워해 앞으로 나갈 생각을 하지 않네. 자네 말을 빌려주지 않겠나?"

군나르가 시구르드에게 부탁했다. 그러나 시구르드가 말을 내주었지만, 군나르를 태운 그라니는 발이 땅에 달라붙은 듯 꼼짝도 하지 않았다. 하는 수 없이 군나르와 시구르드는 그림힐드에게 전수받은 마법의 힘을 사용해 서로의 모습을 바꾸었다. 군나르의 모습을 한 시구르드가 그라니에 타고 힘껏 박차를 가했다. 그러자 겉모습은 군나르라도 고삐로 전해지는 감촉과 채찍을 부리는 방법이 영락없이 시구르드였기에, 그라니는 앞발을 들고 벌떡 일어나 주인의 명령에 따라 활활 타오르는 벽을 훌쩍 뛰어넘었다.

이글이글 불타는 벽 너머에는 웅장한 성이 있었다. 시구르드가 말에서 내려 건물 안으로 들어갔더니, 브륀힐드가 있었다. 브륀힐드는 군나르의 모습을 한 시구르드를 보고 소스라치게 놀랐다.

"당신은 누구십니까?"

군나르로 변신한 시구르드

"저는 규키 왕의 아들, 군나르라고 합니다. 당신의 형부인 헤이미르 왕의 윤허를 얻어, 불타는 벽을 뛰어넘어 청혼하러 왔습니다."

시구르드가 또박또박 대답했다.

군나르의 아내가 된
브륀힐드

브륀힐드는 몹시 당황했다.

"저는 마음에 둔 분이 따로 있습니다. 제가 사랑하는 그 용사 외에는 몸도, 마음도 절대 허락할 수 없습니다. 당신이 아무리 매달려도 당신의 아내가 될 생각은 추호도 없습니다."

브륀힐드가 매몰차게 퇴짜를 놓았다. 시구르드는 물러서지 않았다.

"당신은 불타는 벽을 뛰어넘어 오는 남자를 남편으로 삼겠다고 맹세하지 않으셨습니까? 그 맹세를 듣고 저는 이렇게 목숨을 걸고 왔습니다."

브륀힐드는 시구르드 이외에 불타는 벽을 뛰어넘을 남자가 있으리라고 생각지 못했다. 그래서 한 맹세였다. 그러나 군나르도 활활 불타는 벽을 뛰어넘어 왔고 그건 엄연한 사실이었다. 다른 사람이라고 해서 한 입으로 두말할 수는 없는 법, 맹세는 신성했다. 브륀힐드는 결국 자리에서 일어나 군나르의 모습을 한 시구르드를 침실로 이끌어 사흘 밤에 걸쳐 동침했다.

그러나 시구르드는 사흘 밤 동안 명검 그람을 둘 사이에 놓았다. 잠든 동안에도 둘의 몸이 서로 닿지 않게 조심했다. 당연히 브륀힐드가 이를 괴이하게 여겼다.

"제가 그리 싫으십니까? 도대체 무슨 생각이십니까?"

브륀힐드가 물었다.

"아내를 얻을 때, 이리하지 않으면 내가 목숨을 잃게 된다고 들었소."

시구르드가 대답했다.

나흘째 아침, 시구르드는 브륀힐드에게 일단 작별을 고하고 성을 떠났다. 시구르드는 작별인사를 나누며 파프니르에게서 얻은 황금 반지를 사랑의 정표로 브륀힐드의 손가락에 끼워주었다. 그리고 그 대신 브륀힐드가 끼고 있던 반지를 가지고 돌아갔다.

시구르드가 가져간 반지는 예전에 그가 '변치 않는 사랑'을 맹세하며 그녀에게 주었던 것이었다. 게다가 그 반지는 난쟁이 안드바리가 죽음의 저주를 걸어둔 요망한 물건이었다. 저주받은 반지의 소유자가 된 시구르드에게는 그 순간 죽어야 하는 운명이 점지되었다.

시구르드는 다시 불타는 벽을 빠져나와 군나르가 있는 곳으로 돌아갔다. 그리고 브륀힐드가 결혼을 승낙했다고 보고했다. 시구르드와 군나르는 본래 모습으로 바꾸고 귀국하여 규키 왕에게 성혼 소식을 전했다. 그림힐드는 모든 일이 자신의 뜻대로 진행되었음을 알고 시구르드에게 몹시 감사했다.

군나르와의 결혼을 승낙한 브륀힐드는 인간 아버지인 부들리왕에게 가서 남부끄럽지 않은 혼수를 장만해 규키 왕의 나라로 갔다. 사람들은 브륀힐드의 아름다움에 매료되었고, 두 사람의 결혼을 축하하는 성대한 잔치가 몇 날 며칠이나 계속되었다.

브륀힐드와
구드룬의 싸움

군나르와 브륀힐드가 혼례를 치르고 난 직후, 시구르드가 마셨던 망각의 술이 마력을 잃었다. 시구르드는 브륀힐드를 잠에서 깨워 영원한 사랑을 맹세하고, 헤이미르 왕의 나라에서 재회했을 때 다시금 변치 않는 사랑을 맹세했던 일을 떠올렸다.

그러나 엎질러진 물은 다시 주워 담을 수 없었다. 브륀힐드는 이미 남의 아내였다. 게다가 친형제 이상으로 돈독한 관계인 군나르의 안사람이었다. 엎친 데 덮친 격으로, 브륀힐드가 군나르의 아내가 된 것은 자신이 노력한 결과였다.

시구르드는 군나르의 모습을 하고 불타는 벽을 뛰어넘어 브륀힐드에게 청혼했던 순간을 떠올리고 망연자실해졌다. 그는 죽음보다 더한 고통을 맛보며 괴로움에 몸부림쳤다. 그렇다고 신혼부부인 군나르와 브륀힐드의 관계를 깰 수도 없는 노릇이라, 결국 시구르드는 자신이 묵묵히 고통을 참고 견디겠노라 결심했다.

시구르드가 마음이 갈기갈기 찢어지는 고통에 몸부림치는 동안에도 왕궁에는 평화로운 나날이 계속되었다. 그러던 어느 날, 아슬아슬한 평화가 깨지고 말았다. 브륀힐드와 구드룬이 물놀이를 하러 강에 갔을 때의 일이다. 브륀힐드는 구드룬에게서 떨어져 강 상류로 헤엄치려 했다.

"자네는 왜 엉뚱한 쪽으로 헤엄치는가?"

구드룬이 물었다.

"나와 당신 사이에는 엄연한 신분의 차이가 있기 때문이네. 나의 아버지인 부들리 왕은 당신의 아버지인 규키 왕보다 강대한 힘을 가지고 있고, 남편인 군나르 저하도 당신 남편인 시구르드 님과는 신분의 차이가 있지. 군나르 저하는 불타는 벽을 뛰어넘어 내게

청혼하러 온 용사라네. 반면 시구르드 님은 덴마크의 히알프레크 왕의 손에 길러졌다고는 하지만, 따지고 보면 포로로 데려온 여인의 몸에서 태어난 아이가 아닌가?"

당시, 신분이 높은 자는 자신보다 신분이 낮은 자보다 상류에서 헤엄치는 게 일반적인 법도였다. 그래서 브륀힐드는 구드룬보다 상류로 올라가려 했던 것이다. 구드룬은 브륀힐드에게 심한 모욕을 당했다고 느껴 앙칼진 목소리로 쏘아붙였다.

"내 남편은 사악한 괴물 용 파프니르를 무찌른 용사다. 하늘이 알고 땅이 안다. 온 세상이 다 아는 일을 너만 모른다고 앙큼하게 시치미를 뗄 셈이냐? 어느 안전이라고 입을 함부로 놀리는 게야. 이런 모욕은 두 번 다시 당하고 싶지 않다. 애초에 너는 불타는 벽을 뛰어넘어 청혼하러 갔던 이가 군나르라고 믿고 있지만, 사실 마법으로 군나르의 모습을 한 시구르드 님이셨다. 너는 시구르드 님과 사흘 밤이나 한 이불을 덮고 보낸 셈이다. 그 증거가 이 반지다. 눈이 있으면 똑똑히 보거라!"

구드룬은 시구르드가 작별을 고하며 브륀힐드의 손가락에서 뽑아왔던 반지를 보란듯이 치켜들어 보였다. 흥분으로 이성의 고삐가 풀린 구드룬은 시구르드가 그림힐드에게 속아 망각의 술을 마시고 브륀힐드의 존재를 까맣게 잊어버린 일 등을 주저리주저리 늘어놓았다.

군나르라고 믿었던 인물이 사실 기억을 잃어버린 시구르드였음을 알고, 브륀힐드는 하늘이 무너지는 충격을 받아 그 자리에서 쓰러져 몸져눕고 말았다.

　사랑하는 아내 브륀힐드가 졸도했다는 소식을 들은 군나르가 아내를 살피러 와 무슨 일이 있었는지를 물었다. 브륀힐드는 무엇을 물어도 조개처럼 입을 꽉 다물고 한마디도 대답하지 않았다. 그리고 죽은 사람처럼 침묵을 지켰다.

브륀힐드의 분노

브륀힐드는 침묵을 지켰지만, 군나르는 포기하지 않고 무슨 일이 있었는지 끈덕지게 물었다. 마침내 브륀힐드가 무거운 입을 열고 말했다.

"아버지가 저에게 남편감을 고르라고 하셨을 때, 저는 불타는 벽을 뚫고 오는 자를 남편으로 맞이하겠다고 맹세했습니다. 활활 불타오르는 벽을 뛰어넘을 수 있는 분은 오직 시구르드 님뿐이었기에 그리 말했던 겁니다. 당신에게는 그만한 용기가 없었습니다. 그럼에도 저는 당신의 아내가 되었습니다. 즉, 저는 제가 한 맹세를 스스로 깼던 셈입니다. 이 모든 비극은 시구르드 님께 망각의 술을 마시게 하여 저에 대한 기억을 모두 지워버린 그림힐드 왕비의 책임입니다. 그러니 저는 그분이 지금 당장 자결해 자신이 지은 죄를 갚기 바랍니다."

말을 마친 브륀힐드는 살기를 담아 군나르에게 덤벼들었다. 심상치 않은 소리를 듣고 달려온 동생 호그니는 군나르에게 올라탄 브륀힐드를 떼어내고 손발을 묶어 제압했다. 군나르는 정신을 수습하고 자리에서 일어났다.

"아내의 자유를 빼앗고 싶지 않구나…."

군나르의 말에 호그니는 묶었던 줄을 풀려고 했다.

"괘념치 마십시오. 아무리 이 몸을 자유롭게 움직일 수 있다 한들, 이 궁전에서 즐겁게 지내는 모습은 두 번 다시 보지 못하실 겁니다. 다정한 말도, 당신을 보필할 조언도, 두 번 다시 제 입에서 들으실 수 없을 겁니다. 아름다운 천에 황금 자수를 놓는 일도 이제 끝입니다."

브륀힐드는 비장하게 선언하고, 줄에 묶인 몸을 억지로 일으켜 세웠다. 그리고 앞에 있던 테이블을 끌어당겨 미처 마치지 못한 자수를 갈기갈기 찢어버렸다. 이어 브륀힐드는 시구르드가 자신의 남편이 아니라는 사실을 한탄하며 궁전이 떠나가도록 비통하게 울부짖었다. 목놓아 울다 지친 브륀힐드는 자리를 보전하고 누워 그날부터 거동도 하지 않았다.

군나르가 아무리 말을 걸어도 브륀힐드는 대답조차 하지 않았다. 군나르 대신 호그니가 찾아와도 입을 열지 않았다. 도리 없이 군나르는 시구르드에게 자초지종을 털어놓았고, 브륀힐드를 보러 와달라고 부탁했다. 그런데 시구르드는 가타부타 말도 없이 심각하게 고민하기만 했다.

다음 날, 시구르드가 브륀힐드의 처소 앞을 지나가다 보니 공교롭게도 문이 열려 있었다. 마침 브륀힐드는 담요를 머리까지 뒤집어쓰고 잠들어 있었기에 시구르드는 담요를 걷으며 다정하게 말을 걸었다.

"눈을 뜨시오. 해가 중천에 떴다오. 이만하면 당신도 충분히 주무시지 않으셨소. 슬픔을 거두고 이제 그만 기쁨을 찾읍시다."

그러자 브륀힐드는 눈을 뜨고 시구르드를 매섭게 쏘아보았다.

"잘도 태평한 얼굴로 저를 찾아오셨군요. 저는 이렇게 비참한 심정인데… 이게 모두 당신 때문입니다!"

브륀힐드가 도끼눈을 뜨고 표독스럽게 쏘아붙였다.

"군나르를 남편으로 택한 건 내가 아니라 당신이라오. 그런데 이제 와서 누구를 탓한단 말이오."

시구르드가 차분하게 반박했다.

"저는 절대 군나르를 남편으로 택하지 않았습니다."

브륀힐드가 응수했다.

시구르드 살해를 부추긴 브륀힐드

여자가 한을 품으면 오뉴월에도 서리가 내린다고 하듯, 속아넘어간 브륀힐드의 분노는 멈출 줄 몰랐다.

"불타는 벽을 뛰어넘어 저를 만나러 온 사람은 군나르가 아닙니다. 돌이켜 생각해보니, 그때 제 방으로 들어왔던 용사의 눈은 어딘가 낯이 익었습니다. 저는 운명의 장난에 놀아나 그 눈을 보고도 당신인 줄 몰랐습니다."

"이제 와 무슨 소용이요. 군나르는 누구나 부러워하는 용사이고, 당신의 남편으로 손색이 없는 대장부라오."

"좋습니다! 인정하지요. 군나르도 나름대로 괜찮은 용사일 수 있겠지요. 허나, 당신은 사악한 괴물 용을 무찌른 불세출의 용사입니다. 게다가 두 번씩이나 불타는 벽을 돌파해 저를 만나러 온 사람은 당신입니다. 군나르가 아니고요. 그런데도 저는 군나르를 남편으로 선택했습니다. 말하자면 스스로 한 맹세를 깨버린 셈입니다. 스스로 한 맹세도 지키지 못할 바에야 차라리 깨끗하게 목숨을 끊는 게 낫습니다."

브륀힐드는 고집을 꺾으려 하지 않았다. 시구르드는 자결만은 막아야겠다는 생각에 그때까지 가슴에 담아두고 차마 입 밖에 내지 못했던, 그녀에 대한 뜨거운 사랑을 고백했다.

"내가 평생 사랑한 여인은 당신 외에는 없다오. 망각의 술이 마력을 다해 당신이 군나르의 아내가 되었다는 사실을 알았을 때, 내가 얼마나 절망했는지 상상이나 하시겠소? 나는 당신과 군나르의 행복을 지켜주겠다는 일념으로 스스로를 다독이며, 마음을 독하게 먹고 오늘까지 필사적으로 참아왔다오."

절절한 사랑 고백에도 브륀힐드는 한 치도 물러서지 않았다.

"저에게 남은 건 오직 죽음뿐입니다."

"당신을 죽게 할 바에야, 내가 구드룬과 헤어지고 당신과 부부의 연을 맺겠소."

시구르드가 말하고 그녀를 얼싸안으려 했다. 시구르드의 마음이 어찌나 뜨거웠던지, 그의 갑옷을 고정하고 있던 끈이 모조리 끊어지고 말았다. 브륀힐드의 눈에도 절절한 사랑이 보였지만 순정을 배신당한 그녀는 포옹을 거부했다.

"한집에 살면서 두 명의 남자에게 몸을 허락할 생각은 없습니다. 두 명의 남자와 몸을 섞는 지조 없는 여자가 되느니, 깨끗하게 죽음을 택해 정절을 지키겠습니다."

　브륀힐드의 결의가 너무나 단호해 시구르드는 그녀에게서 몸을 뗐다. 그리고 대체 어떻게 해야 할지 머리를 감싸고 고뇌하며 물러났다.

　시구르드가 브륀힐드의 방에서 나온 후, 교대하듯 군나르가 그녀를 찾아 조심조심 용태를 물었다. 브륀힐드는 군나르를 쥐 잡듯 몰아세우기 시작했다.

　"당신은 시구르드 님을 대신 보내 아내를 얻은 게 부끄럽지도 않으십니까? 그러고도 당신이 사내대장부입니까? 당신은 나뿐 아니라 시구르드 님이 저를 배신하게 만들었습니다. 이 치욕을 갚으

려면 제가 목숨을 끊든지, 저를 배신한 시구르드 님을 죽이든지, 아니면 두 사람을 배신한 당신이 자결하든지, 셋 중 하나를 선택하십시오. 만약 알량한 목숨을 부지하고 싶어 스스로 목숨을 끊지 못하겠거나 혹여 저를 살리고 싶다면, 당신이 해야 할 일은 한 가지뿐입니다. 뭘 그리 놀라십니까? 시구르드 님을 없애달란 말입니다!"

구트호름의 손에 죽임을 당한 시구르드

군나르는 아내의 성화에 깊은 고민에 빠졌다. 브륀힐드의 말대로 창창한 나이에 스스로 목숨을 끊을 생각은 추호도 없었다. 그렇다고 아내의 죽음을 바라지도 않았다. 하지만 형제나 다름없는 시구르드를 죽일 수는 없는 노릇이었다.

한참을 고민한 끝에, 군나르는 무슨 일이 있어도 브륀힐드를 잃고 싶지 않다는 결론에 도달했다. 아내를 곁에 두려면 어쩔 수 없이 시구르드의 믿음을 배신해야 했다. 군나르는 남동생인 호그니를 불렀다.

"아우야, 시구르드를 쓰러뜨리는 데 힘을 보태다오."

군나르가 부탁했으나 호그니는 난색을 표했다. 군나르는 다시 말했다.

"시구르드를 처치하기만 하면 파프니르에게서 빼앗은 막대한 금은보화를 우리가 전부 차지할 수 있어."

군나르가 물욕을 자극했지만 호그니는 쉽게 응하지 않았다.

"저는 절대 시구르드 님을 해하고 싶지 않습니다. 그분이 우리 편이 되어주신 덕분에 우리나라로 쳐들어오려는 적이 없지 않습니까? 형제나 진배없는 데다, 그분만큼 믿음직한 용사가 이 세상에 어디 있다고 그런 몹쓸 소리를 하십니까? 형님께 그런 못된 꾀를 불어넣은 건 분명 브륀힐드일 테지요. 그녀의 꼬임에 넘어가면 우리는 돌이킬 수 없이 막대한 손해와 치욕을 감수해야 할 겁니다."

호그니가 조목조목 반박했다. 군나르는 호그니를 설득하길 포기하고, 대신 아직 젊고 생각이 얕은 막냇동생 구트호름을 설득하기로 했다. 물론 호그니는 그 생각에도 반대했다.

"구트호름은 시구르드 님을 죽일 명분이 없습니다. 만약 구트호름이 시구르드 님을 죽인다면 우리는 응분의 대가를 치르게 될 것입니다."

"하지만 아우야, 만약 시구르드를 처치하지 않으면 내가 스스로 목숨을 끊어야 한다. 죽느냐 죽이느냐, 두 가지 선택지밖에 없다. 하나밖에 없는 내 목숨을 끊을 바에야, 형제나 다름없을지라도 피 한 방울 섞이지 않은 남인 시구르드의 목숨을 빼앗는 게 낫지 않느냐."

군나르는 물러서지 않고 구트호름에게 시구르드를 죽이라고 명령했다. 처음에는 구트호름도 무고한 사람을 죽여 제 손에 피를 묻히고 싶지 않다며 몸을 사렸다.

"성공하면 산더미 같은 보물이 몽땅 우리 차지야."

군나르가 구트호름을 살살 부추겼다. 심지어 살무사와 늑대 고기를 달여 만든 진액을 술에 타서 주기까지 했다. 이 술 때문에 구트호름의 마음속에는 시구르드에 대한 분노가 스멀스멀 피어나기 시작했다.

"알겠습니다, 형님. 제가 시구르드를 처치하겠습니다."

군나르의 부추김에 넘어간 구트호름이 나섰다.

다음 날 밤, 구트호름은 시구르드를 죽이려고 그와 구드룬의 침실에 숨어들었다. 시구르드는 누가 업어 가도 모를 정도로 깊이 잠들어 있었다. 하지만 그가 내뿜는 위압감은 보통내기가 아니었기에, 구트호름은 털끝 하나 건드리지 못하고 꼬리를 내리고 도망쳤다.

며칠 후, 구트호름은 마음을 모질게 먹고 다시 시구르드의 침실로 갔다. 그런데 마침 잠자리에서 뒤척거리던 시구르드가 구트호름 쪽으로 얼굴을 돌렸다. 그저 얼굴만 마주보았을 뿐인데 구트호름은 기세에 눌려 찍소리도 못 하고 줄행랑을 쳤다.

세 번째 시도 날, 구트호름은 마음을 독하게 다잡고 시구르드의 침실로 잠입했다. 이번에는 운 좋게 시구르드가 등을 돌리고 있었다. 구트호름은 혼신의 힘을 다해 그의 몸에 칼을 찔러 넣었다. 아닌 밤중에 홍두깨처럼 난데없이 찾아온 격렬한 통증에 눈을 뜬 시구르드는 도망치려던 구트호름에게 옆에 세워둔 그람을 찾아 내던졌다. 검은 명중했고, 구트호름의 몸은 두 동강 나 상반신과 하반신이 서로 다른 방향으로 나뒹굴었다.

　시구르드는 상처에서 흘러나온 피로 칠갑을 하고, 소란에 눈을 뜬 구드룬에게 말했다.

　"나를 연모해 내 죽음을 보지 않고는 직성이 풀리지 않는 브륀힐드의 소행이다."

　시구르드는 한마디를 남기고 숨을 거두었다.

스스로를 찌른 브륀힐드

시구르드가 숨을 거두자 구드룬은 남편의 주검에 매달려 큰소리로 울부짖었다. 그 소리를 듣고 찾아온 브륀힐드는 승자의 미소를 지으며 웃어 젖혔다. 구드룬은 한마디라도 쏘아붙이지 않으면 원통해서 직성이 풀리지 않을 것 같았다.

"당신은 자신의 뜻대로 되었다고 웃고 있는 모양이지만, 절대 진심으로 기뻐할 수는 없을 것이다. 당신의 마음속이 슬픔의 눈물로 가득하다는 건 새파랗게 질린 얼굴을 보면 훤히 알 수 있어!"

사건 현장으로 달려온 호그니가 나직하게 탄식하며 읊조렸다.

"브륀힐드는 바라던 소망을 이루었지만, 우리는 이 악행을 어찌 갚아야 한단 말인가."

그러자 구드룬이 눈물범벅이 되어 다가와 악담을 퍼부었다.

"너희는 친형제나 다름없는 내 남편을 죽였다. 앞으로 적과 싸울 때마다 시구르드 님이 더이상 우리 편이 아니라는 걸 깨달으며 스스로를 탓해야 할 것이야!"

브륀힐드도 눈물을 글썽이며 군나르에게 말했다.

"구드룬의 말이 옳습니다. 당신이 시구르드 님과 저를 속였기 때문에 이 집안의 운명도 다했습니다. 몇 번이나 강조하지만 제가 선택한 사람은 당신이 아니라 시구르드 님이었습니다. 그 시구르드 님이 돌아가신 지금, 제가 바라는 건 스스로 목숨을 끊어 시구르드 님 뒤를 따라가는 것뿐입니다."

그 말을 들은 군나르는 죽지 말고 자신과 함께 살아달라고 애걸복걸했다. 그러나 브륀힐드의 굳은 결의는 바꿀 수 없었다.

"내 아내의 마음을 돌려놓을 무슨 좋은 수가 없겠느냐?"

군나르는 호그니와 의논했다.

"일이 이 지경이 되었으니, 차라리 브륀힐드가 원하는 대로 죽게 내버려두는 게 그녀를 위한 최소한의 자비가 아닐까 합니다."

호그니가 대답했다.

브륀힐드는 막대한 양의 금은보화를 친하게 지냈던 사람들에게 나누어주고, 검을 자신의 가슴에 깊숙이 찔러 넣었다.

"당신에게 마지막 부탁이 있습니다. 들판에 장작더미를 높이 쌓아올리고, 그 위에 피로 물든 천을 덮어주십시오. 장작더미 위에 시구르드 님의 시신과 제 몸을 나란히 눕혀주시고, 우리가 한 이불에 들었을 때처럼 칼집에서 빼낸 검을 우리 시신 사이에 놓아주십시오. 우리 두 사람을 함께 화장해주신다면, 우리는 저세상에서라도 맺어질 수 있을 것입니다."

브륀힐드가 마지막 힘을 짜내 부탁했다.

군나르는 브륀힐드의 부탁대로 장작더미를 높다랗게 쌓아올려 시구르드와 브륀힐드를 나란히 눕히고, 그 사이에 그람을 놓았다. 장작더미는 이번 생에서 부부가 되지 못했던 시구르드와 브륀힐드의 신혼 침상이 되었다.

망각의 술을 마시고 재혼한
구드룬

시구르드가 죽은 후 미망인이 된 구드룬과 구드룬의 형제들, 그리고 구드룬과 시구르드 사이에서 태어난 유복자들에게 잇따라 비참한 운명이 내려졌다.

비탄에 잠긴 구드룬은 혼자 깊은 숲을 정처 없이 떠돌다 어찌어찌 덴마크에 당도해, 왕위에 오른 알프의 보호를 받게 되었다. 구드룬은 덴마크 왕실의 비호를 받으며, 시구르드의 용감한 모습과 그가 살아생전 세운 빛나는 공적을 천에 자수로 놓았다. 그 작업을 하며 그녀는 깊은 시름을 달랠 수 있었다.

그러던 어느 날, 실종된 딸을 찾아 헤매던 구드룬의 어머니 그림힐드가 수소문 끝에 딸의 흔적을 찾아, 군나르와 호그니를 데리고 덴마크까지 찾아왔다. 구드룬은 시구르드를 죽인 일을 여전히 잊지 않고 있었다. 그래서 가족들이 무슨 말을 해도 한 귀로 듣고 한 귀로 흘리며 돌아갈 생각조차 하지 않았다. 그러자 그림힐드는 딸에게 망각의 술을 마시게 했고, 구드룬은 어머니와 형제들에 대한 원한을 까맣게 잊고는 가족의 손에 이끌려 고국으로 돌아갔다.

구드룬이 귀국하자, 그림힐드는 시구르드의 죽음에 대한 보상으로 막대한 금은보화를 딸에게 내주었다. 또한 브륀힐드의 인간 오빠인 아틀리(Atli) 왕과 결혼을 종용했다.

"시구르드 님을 잊고 다른 남자의 아내가 될 생각은 없습니다."

비록 망각의 술을 마셨지만 세상을 떠난 남편에 대한 사랑이 남아 있던 구드룬은 단호하게 거절했다.

"만약 제가 아틀리 왕과 결혼한다면 그는 어머니의 아들들을 비참한 운명으로 몰아갈 것입니다. 그리고 그 역시 처절한 복수를 당해 파멸하게 될 것입니다."

구드룬은 불길한 미래를 예언했다. 그러나 그림힐드는 딸의 말에 귀기울이지 않았다.

"무슨 어리석은 소리를 그리 길게 늘어놓느냐. 꽃다운 나이에 과부로 수절할 셈이냐? 이제 그만 정신 차리고 아틀리 왕과 결혼해서 행복하게 살아야지. 산 사람은 살아야 하는 법이니라."

그림힐드는 고집을 꺾지 않고 싫다는 딸을 어르고 달래 아틀리 왕에게 시집보냈다.

구드룬을 아내로 맞은 아틀리 왕의 속셈은 사실 시구르드가 파프니르를 처치하고 얻은 막대한 재물을 차지하는 것이었다. 그는 재물을 독차지할 기막힌 묘수를 생각해냈다. 군나르와 호그니를 불러 그들에게 보물을 숨긴 곳을 캐낼 작정이었다.

아틀리 왕은 **빈기**(Vingi)라는 신하를 군나르와 호그니에게 사신으로 보냈다. 이때 구드룬이 남편의 계략을 눈치채고, 자신의 반지에 위험을 알리는 룬문자를 새겼다.

"이 반지를 오라버니들께 전해주게."

구드룬은 빈기에게 당부와 함께 반지를 맡겼다. 빈기는 규키 왕의 궁전에 도착하기 전, 구드룬이 새긴 룬문자를 해독했다.

'오라버니들과 다시 만날 순간을 고대하고 있습니다.'

빈기는 룬문자를 교묘하게 조작했다.

"아틀리 전하는 노쇠하셨고, 왕자들은 아직 어려 광대한 영지와 막대한 재산을 관리할 수 없습니다. 그래서 아틀리 전하께서는 왕비님의 혈육인 여러분들에게 관리를 맡기고 싶다고 부탁하셨습니다. 부디 전하의 간절한 청을 뿌리치지 말고 제의를 수락해주시옵소서.”

빈기가 군나르와 호그니에게 아틀리 왕의 전갈을 전했다. 이를 듣고 두 사람은 아틀리 왕의 나라로 가겠다고 그 자리에서 승낙했지만, 호그니의 현명한 아내 코스트베라(Kostbera)는 결사반대했다.

“저 사신이 하는 말은 믿을 수 없습니다. 아틀리 왕의 나라로 가서는 아니 되옵니다.”

코스트베라는 구드룬의 반지에 새겨진 룬문자를 고쳐 쓴 흔적을 알아차렸을 뿐 아니라, 불길한 일이 일어난다는 흉몽까지 꾸었기 때문이다.

보물을 얻으려 했던
아틀리 왕의 계략

"꿈은 해석하기 나름이라오. 너무 걱정하지 마시게나."

호그니는 아내를 달랬다.

"좋든 싫든 운명은 이미 결정되어 있소. 인간의 힘으로는 바꿀 수 없는 법이라오."

군나르는 코스트베라를 깨우쳐주려 했다. 결국 군나르와 호그니 일행이 아틀리 왕이 보낸 배에 올랐다.

"당신은 불행을 몰고 온 분이십니다. 당신이 와서 우리 신변에 무시무시한 불행이 덮칠 것만 같은 예감이 듭니다."

코스트베라는 빈기를 붙잡고 말했다.

"제가 드린 말씀에는 한 치의 거짓도 없습니다. 제 말에 조금이라도 거짓이 있다면 교수대에 매달리고 저승에서 온갖 악령에게 시달려도 할 말이 없습니다.”

빈기가 입에 침도 바르지 않고 새빨간 거짓말을 늘어놓았다.

항구를 출발한 일행은 아틀리 왕의 나라에 닿았다. 육지에서 말로 갈아탄 이들은 어두운 숲을 지나 왕궁이 보이는 곳까지 이르렀다. 그런데 성 쪽에서 무기가 맞부딪치는 소리와 수많은 병사들이 내지르는 심상치 않은 함성이 울려 퍼졌다. 군나르와 호그니 일행은 이변을 감지하고 동정을 살폈다. 성 주위에는 완전 무장한 병사들이 포위한 채 군나르 일행을 기다리고 있었다.

호그니는 도열한 병사들을 보고도 조금도 겁을 먹지 않았고, 아틀리 왕의 대군과 비교도 되지 않을 정도의 소수의 병사들을 이끌고 선제공격을 감행하려 했다. 그때 빈기가 호그니를 비웃으며 말했다.

“가소롭군. 이까짓 병사로 저 대군에 맞설 수 있다고 생각하느냐? 거짓 초대에 속아 여기까지 온 것만으로도 이미 너희가 졌다. 피차 힘 빼지 말고 순순히 항복하시게.”

“네 말대로 숫자 앞에 장사 없다지만, 그래도 한 발짝도 물러설 마음이 없다. 네놈을 제일 먼저 저승으로 보내주지!”

호그니가 빈기의 목을 베었다. 그러자 그 광경을 성 안에서 지켜보던 아틀리 왕이 소리 높여 외쳤다.

“시구르드가 남긴 재산은 본래 그의 미망인이자 지금은 내 아내인 구드룬이 물려받아야 마땅하다. 구드룬이 정당한 상속자다. 재산을 넘긴다면 목숨만은 살려주마!”

"네놈에게는 땡전 한 푼 넘길 생각이 없다!"

군나르가 단호하게 거절했다.

"좋다. 그렇다면 너희를 죽여서 너희에게 배신당한 시구르드의 원수를 갚은 다음, 재산을 힘으로 차지하겠다."

할 말을 마친 아틀리 왕은 자신의 군대에게 총공격 명령을 내렸다.

아틀리 왕의 군대가 움직이려던 찰나, 숲 깊은 곳에서 한 전사가 모습을 드러냈다. 무장을 갖춘 구드룬이었다. 그녀는 군나르와 호그니가 온다는 소식을 듣고 몸을 숨기고 있었던 것이다. 구드룬은 두 피붙이를 얼싸안더니, 아틀리 왕의 초대가 덫이었음을 제대로 전달하지 못했다며 진심으로 안타까워했다.

"아틀리 왕과 화해할 생각은 없으십니까?"

구드룬이 물었지만, 두 형제는 그럴 생각이 없다고 한목소리로 대답했다.

"그렇다면 저도 오라버니들에게 힘을 보태겠습니다."

구드룬은 군나르와 호그니의 부대에 가담해 눈부신 활약을 보여주었다.

심장이 갈기갈기 찢긴 호그니와
독사에게 물려 죽은 군나르

군나르와 호그니의 부대는 비록 소수였으나 하나로 똘똘 뭉쳐 아틀리 왕의 대군에 과감히 맞서 싸웠다. 한때는 아틀리 왕을 성 안까지 후퇴시키기도 했다. 그러나 압도적인 수로 밀어붙이는 아틀리 왕의 군대에 차츰 주도권을 빼앗겼고, 군나르와 호그니의 부하들은 힘이 다해 한 사람씩 장렬하게 전사했다. 싸움이 계속되자 마지막에는 군나르와 호그니 두 사람만 남았다.

군나르도 엄청난 숫자의 적과 싸우다 수세에 몰렸고 결국 포로로 붙잡혀 굴욕적으로 묶이는 신세가 되고 말았다. 호그니는 그 후로도 인간의 힘이라고는 생각할 수 없을 만큼 놀라운 능력을 보여주며 고군분투했지만, 그도 서서히 힘이 빠져 잡히고 말았다.

아틀리 왕은 호그니를 데려와 증오로 이글거리는 눈으로 노려보며 말했다.

"고얀 놈! 내 부하들을 죽이고 무사할 줄 알았더냐! 네놈 덕분에 나도 간담이 서늘했다. 그 보답으로 산 채로 네놈의 심장을 도려내 주겠다."

호그니는 조금도 두려워하는 모습을 보이지 않았다.

"좋을 대로 하시오. 나는 무슨 짓을 당해도 겁나지 않소. 심장을 도려내겠다고? 그렇게 하시든가."

호그니에게 지옥과 같은 고통을 선사해 입도 벙긋하지 못하게 하려던 아틀리 왕은, 조금도 주눅 들지 않고 오히려 당당한 호그니의 대답에 심기가 불편해졌다.

"시구르드의 보물이 어디 있는지를 알려주면 호그니의 목숨을 살려주겠다."

아틀리 왕이 군나르를 불러 말했다.

"네 녀석이 동생의 심장을 산 채로 도려낸다고 했다지? 어디 한 번 해보시지. 두 눈 똑똑히 뜨고 지켜보겠다."

군나르는 한술 더 떠 아틀리 왕을 놀라게 했다. 아틀리 왕은 사형수에게서 꺼낸 심장을 호그니의 것이라며 군나르에게 보여 주었다.

"누구를 속이려고? 이건 아우의 것과 하나도 닮지 않은 겁쟁이의 심장이다. 잘 봐라. 이 심장은 산 채로 심장을 도려내겠다는 말을 듣고, 벌벌 떨며 죽었다는 걸 알 수 있을 정도로 부들부들 떨고 있지 않은가."

군나르가 꿈쩍도 않자 아틀리 왕은 부하들에게 호그니의 심장을 도려내 가져오게 한 다음, 다시 군나르에게 보여주었다.

"이 심장은 산 채로 도려내졌는데도 조금도 떨지 않는구나. 겁을 먹은 흔적조차 없다. 틀림없이 희대의 용사인 호그니의 심장이다."

군나르가 당당하게 선언했다.

"호그니가 죽었다는 건, 즉 네가 찾는 보물이 있는 곳을 아는 사람이 이 세상에 나 하나뿐이라는 뜻이군. 네가 눈에 불을 켜고 찾는 그 보물은 라인 강의 아무도 모르는 장소에 가라앉아 있다. 네 녀석에게 가르쳐주느니 차라리 깨끗하게 죽음을 택하겠다. 네가 보물을 차지하는 꼴을 보느니 백번 죽는 게 낫다!"

군나르는 아틀리 왕을 도발했다. 그 도발을 발칙하게 여긴 아틀

리 왕은 군나르를 가혹하게 고문했지만, 그래도 군나르는 보물을 숨긴 곳을 끝까지 말하지 않았다. 아틀리 왕은 머리끝까지 화가 나 군나르의 양손을 묶어 독사가 우글거리는 감옥에 가두었다. 독사에게 물리는 공포를 느끼며 죽으라는 생각에서였다.

숱한 전장에서 파란만장한 삶을 살았던 군나르도 죽음을 각오했다. 그런데 감옥에 들어서자 군나르의 발치에 리라 하나가 나뒹굴어 차였다. 군나르가 발가락으로 리라 줄을 타 야릇한 곡조를 만들어내자 혀를 날름거리던 독사들이 잠들었다.

그런데 잠들지 않은 독사가 한 마리 있었다. 다른 뱀들과는 비교도 되지 않을 정도로 굵은 그 뱀은 군나르에게 기어와 날카로운 독니를 심장에 박아 넣었다. 결국 군나르는 숨을 거두었다. 이제 세상에는 시구르드의 보물이 숨겨진 위치를 아는 이가 하나도 남지 않게 되었다.

그래서 시구르드의 보물은 지금도 라인 강 바닥에 숨겨진 채, 주인을 기다리고 있다는 이야기가 전해진다.

원수 아틀리에게 복수한
구드룬

호그니와 군나르가 비참한 최후를 맞이한 후, 구드룬은 아틀리 왕에 대한 적의를 숨기지 않았다.

"당신은 오라버니들을 비겁한 술수로 붙잡아 잔학한 방법으로 죽이고 만족하는 모양입니다만, 당신이 한 짓을 두고두고 후회하게 만들어드리겠습니다!"

구드룬이 한껏 원한과 증오를 담아 비장하게 외쳤다. 아틀리 왕은 어떻게든 왕비의 화를 풀어주려고 선물 공세를 퍼부었다. 왕의 선물을 본 구드룬이 싸늘하게 말했다.

"이 세상의 보물을 모두 얻는다 해도, 오라버니들의 죽음에 대한 보상으로는 충분치 않습니다. 그러나 언제까지고 지아비인 전하께 반항할 수는 없겠지요. 게다가 신첩이 아무리 울며불며 애원

해도 죽은 오라버니들이 살아 돌아올 수는 없습니다. 그래서 신첩은 더이상 전하와 싸우지 않겠습니다. 대신 성대한 잔치를 베풀어, 오라버니들뿐 아니라 이번 전투로 목숨을 잃은 가련한 넋들을 위로해주십시오."

아틀리 왕은 아내가 마음을 바꾸었다며 기뻐했다. 그리고 아내가 청한 대로 성대한 잔치를 열어주었다. 구드룬은 오라버니들과 그의 부하들을, 아틀리 왕은 자신의 부하들을 추모했다.

아틀리 왕은 이제 모든 일이 잘 마무리되었다고 믿었지만, 구드룬은 계속 머릿속으로 남편에게 줄 벌을 생각하고 있었다. 구드룬과 아틀리 왕 사이에는 두 아들이 있었다. 구드룬은 두 아들의 목을 베어 죽였다. 그리고 아틀리 왕이 왕자들을 찾기를 기다렸다. 이윽고 아틀리 왕이 아들을 찾자 구드룬이 매몰차게 말했다.

"당신은 두 오라버니를 죽여 저를 슬픔의 구렁텅이로 밀어넣었습니다. 그 보답으로 당신에게 사랑하는 두 자식을 잃은 슬픔을 드립니다. 저는 아이들의 두개골로 잔을 만들었고, 당신은 그 잔으로 자기 자식의 피가 섞인 술을 마셨습니다. 저는 아이들의 심장을 꼬치에 꿰어 구운 뒤 당신의 수랏상에 올렸습니다."

아틀리 왕은 한동안 넋이 나가 아무 말도 하지 못하다가 이내 입을 열었다.

"어미라는 여자가 배 아파 낳은 자기 자식을 죽이고, 아비에게 살을 먹이고 피를 마시게 하다니! 네가 그러고도 사람이냐! 사람의 탈을 쓰고 어찌 이리 파렴치한 짓을 저지를 수 있단 말인가."

"저는 그저 당한 대로 갚아주었을 뿐이옵니다."

구드룬이 태연하게 대답했다. 두 사람은 한참이나 증오로 가득한 말을 주고받았다. 결국 악다구니를 주고받는 데 지친 아틀리 왕이 자리에서 일어났다. 분노와 모멸감을 이기지 못하고 다리가 후들거렸다. 아틀리 왕은 침전으로 물러나 그대로 쓰러져 잠들었다. 아틀리 왕이 잠들기만을 기다리던 구드룬은 호그니의 유복자인 니플룽(Niflungar)과 함께 곯아떨어진 아틀리 왕의 침실로 들어갔다. 그리고 둘이서 검을 잡고 왕의 가슴에 찔러 넣었다. 아틀리 왕은 격렬한 통증과 함께 잠에서 깨어났다.

"누가 감히 나를 죽이려 하는가!"

"반은 신첩이고, 나머지 반은 아비의 원수를 갚으려는 호그니의 아들이옵니다."

구드룬의 대답에 죽음을 예감한 아틀리 왕이 말했다.

"짐의 장례식은 막강한 왕에게 걸맞도록 성대히 치러주시오."

"약속드리지요."

구드룬의 말을 들은 아틀리 왕은 안심했다는 듯 숨을 거두었다.

오라비들의 원수라고는 하나, 임종할 때 나눈 약속은 지켜야 했다. 구드룬은 거대한 분묘를 만들어 그곳에 아틀리 왕을 안치하고 성대히 장사를 지내주었다. 그러나 왕궁에는 불을 놓아 풀 한 포기 남지 않도록 깡그리 불살랐다. 씹어 먹어도 시원치 않을 증오스러운 왕국을 흔적도 없이 사라지게 한 것이다.

시구르드의 유복자였던
절세 미녀의 운명

시구르드와 구드룬 사이에는 **스반힐드**(Svanhild)라는 딸이 있었다. 그녀는 어려서부터 절세 미녀로 소문이 났다. 게다가 아름다울 뿐 아니라 아비를 빼닮아 형형한 빛을 내뿜는 눈을 지니고 있어, 감히 스반힐드와 눈을 마주치는 사람이 없었다.

아틀리 왕의 성을 태운 후, 구드룬은 스반힐드를 데리고 바닷가로 갔다. 그리고 무거운 돌을 주워 옷 안에 넣고 딸과 함께 바다로 들어갔다. 구드룬은 딸을 저승길 동무로 삼아 함께 죽을 생각이었던 것이다. 하지만 운명의 장난으로 뜻을 이루지 못하고, 두 사람은 요나크(Jonakr)라는 왕의 성 근처 바닷가로 떠내려갔다.

요나크 왕은 부하들이 구해 온 구드룬을 왕비로 삼았다. 이후 둘 사이에서 **함디르, 솔리, 에르프**라는 세 왕자가 태어났다. 스반힐드는 아버지가 다른 형제들과 함께 요나크 왕의 궁에서 살게 되었다.

날이 갈수록 스반힐드의 미모에 물이 올랐다. 그녀의 어여쁜 미모를 풍문으로 전해 들은 **요르문레크**(Jǫrmunrekr, ＝에르만나리크)라는 고명한 왕이 이 절세 미녀를 아내로 삼고 싶어 몸이 달았다. 요르문레크 왕은 아들인 란드베르 왕자와, 신망은 두텁지만 뱃속이 시커먼 **비키**라는 신하를 사신으로 보냈다. 그들은 요나크 왕의 궁으로 가 정식으로 구혼했다.

스반힐드가 왕비가 되어준다면 위대한 요르문레크 왕과 혼인을 계기로 인척 관계가 될 수 있었기에, 요나크 왕은 구드룬이 예비 사위를 탐탁지 않게 여겼지만 두말없이 혼담을 받아들였다. 더부살이 처지였던 스반힐드는 결혼을 거절할 명분이 없었다. 스반힐드는 부랴부랴 혼수를 마련하고 신행 채비를 갖추어 수많은 시종을 거느리고 요르문레크 왕의 배에 올랐다.

뱃길로 여행하는 내내, 비키는 틈만 나면 란드베르 왕자의 귓가에 못된 꾀를 속닥속닥 불어넣었다.

"저렇게 아름다운 공주님은 뵌 적이 없습니다. 꽃 같은 나이의 아가씨가 한창때가 지난 전하의 왕비가 되어야 한다니, 딱하기 그지없습니다요. 란드베르 저하처럼 늠름한 분의 아내가 되는 게 순리 아니겠습니까."

비키는 란드베르 왕자를 꼬드겼다. 란드베르도 한눈에 스반힐드의 미모에 반해 상사병을 앓고 있었기에, 점차 비키의 말에 넘어가고 말았다. 결국 란드베르 왕자는 스반힐드에게 사랑의 밀어를 건넸다. 스반힐드도 왕자가 싫지 않았는지 조금씩 곁을 내주었다. 두 사람은 깊은 관계가 되고 말았다.

그런데 일행이 요르문레크 왕의 궁전에 도착하기 무섭게, 비키는 태도를 바꾸어 왕에게 말했다.

"말씀드리기 송구하옵니다만… 이미 벌어진 일을 숨겨 무엇 하겠사옵니까. 실은 란드베르 저하께서 귀국길에 스반힐드 님께 끈질기게 구애하셔서, 두 분이 심상치 않은 관계로 발전하고 말았습니다. 아무리 왕자님이라고는 하나, 배신에 대한 벌을 받아야 마땅하지 않겠습니까?"

비키의 고자질에 왕은 노발대발하며, 당장 란드베르 왕자를 잡아다 목을 매달라고 명령했다.

요르문레크 왕은 왕자에게 교수형을 명령하고 나서 곰곰이 생

각해보았다. 아무리 죄를 저질렀다고는 하나, 자식을 교수형에 처하는 건 너무 심한 처사라는 후회가 밀려왔다. 요르문레크 왕은 형집행을 중지시키려고 했다.

그러나 이미 왕의 변덕을 약삭빠르게 짐작한 비키가 손을 써서 냉큼 왕자의 처형을 집행해버린 뒤였다.

누이의 원수를 갚고
오딘의 환영을 받은
구드룬의 아들들

비키는 란드베르 왕자의 처형이 일사천리로 진행되었다는 소식을 왕에게 전했다.

"참으로 애석한 일입니다. 조금만 더 빨리 분부를 내리셨더라면, 저하의 목숨을 구할 수 있었을 터인데…. 아뢰옵기 송구하오나, 이 일에 누구보다 큰 벌을 받아야 하는 사람은 스반힐드 왕비님이 아닐까 하옵니다. 그냥 죽이기만 해서는 전하께서도 만족하지 못하실 테니, 갖은 수모를 준 다음 최대한 치욕스러운 방법으로 죽여야 마땅한 줄 아옵니다."

화를 이기지 못해 아들을 저세상 사람으로 만든 요르문레크 왕은 반쯤 정신이 나가 아무 생각 없이 비키의 말을 따랐다.

"네 뜻대로 하여라."

요르문레크 왕은 이번에도 비키의 꼬임에 넘어갔다.

비키는 재빨리 스반힐드를 붙잡아 성문 기둥에 묶어놓고 날뛰는 말을 풀어 그녀를 죽이기로 작정했다. 그런데 스반힐드가 서늘한 눈으로 바라보자 말이 순식간에 얌전해지더니, 발굽으로 냅다 차기는커녕 가까이 다가갈 엄두조차 내지 못했다. 그러자 비키는 스반힐드의 머리에 자루를 덮어씌웠다. 자신들을 쏘아보는 날카로운 눈빛이 사라지자 말들은 연거푸 그녀에게 발길질을 해댔다. 한때 절세 미녀였던 여인의 모습은 그렇게 무참한 시신으로 변해, 사람들의 눈이 닿는 곳에 내걸렸다.

발 없는 말이 천리를 간다고, 스반힐드가 비참한 최후를 맞이했다는 소문은 금세 요나크 왕의 성에도 전해졌다. 누이를 왕비로 삼는다고 모셔 가더니, 날뛰는 말을 시켜 발길질을 해 처참히 죽였다는 이야기에 두 동생인 함디르와 솔리는 분노했다. 자신의 피붙이가 이런 대접을 받았다는 이야기를 듣고, 그 누가 얌전히 참고만 있을까. 눈에는 눈, 이에는 이였다. 누이의 원수를 죽여 원한을 풀어주자는 주장에 누구도 이의를 제기하지 않았다.

함디르와 솔리는 그 자리에서 억울하게 죽은 누이의 원수를 갚아주겠다고 맹세했다. 왕비 구드룬은 몹시 기뻐하며 특별한 갑옷을 두 사람에게 내주었다.

"이 갑옷에는 어떤 철 무기도 튕겨내는 불가사의한 힘이 깃들어 있다. 다만 돌로 공격하면 막지 못하니, 아무쪼록 조심해야 한다."

구드룬이 당부했다. 두 사람이 길 떠날 채비를 하고 있자, 막냇동생인 에르프가 찾아왔다.

"너도 우리를 돕겠느냐?"

두 사람은 에르프에게 물었다.

"손이 다른 손을 돕고, 다리가 다른 다리를 돕듯, 저도 형님들을 돕겠습니다."

"지금이 어느 때라고, 무슨 귀신 씨나락 까먹는 소리야!"

형들은 알 수 없는 소리를 하는 에르프를 베어 죽이고 말았다.

시간이 흐른 후, 함디르가 넘어질 뻔하다가 양손으로 몸통을 떠받치게 되었는데 그때 죽은 막냇동생의 말이 떠올랐다.

"에르프가 했던 말이 무슨 뜻인지 이제야 알겠다. 손이 하나뿐이라면, 나는 꼴사납게 그대로 넘어져서 바닥에 나뒹굴었겠지."

함디르가 씁쓸하게 말했다. 이번에는 솔리가 비틀거리다 한쪽 다리로 어떻게든 쓰러지지 않고 버텼다.

"막내 녀석이 했던 말이 저도 이제야 이해가 갑니다. 한쪽 다리가 버텨주지 못했다면 저도 앞으로 나자빠졌겠죠."

솔리가 말했다.

어쨌든 긴 여행 끝에 두 사람은 요르문레크 왕의 성에 도착했다. 그리고 성을 지키는 근위병들을 쓰러뜨리고 성 안으로 밀고 들어가 왕에게 덤벼들었다. 칼끝을 조금만 더 뻗으면 왕을 쓰러뜨릴 수 있을 만큼 가까웠다. 먼저 함디르가 왕의 양팔을 잘랐다. 이어 솔리가 양다리를 절단했다. 요르문레크 왕은 지옥과 같은 고통을 맛보며 서서히 죽어갔다. 왕의 숨이 끊어질 때까지 지켜보던 두 사람은 문득 서로의 얼굴을 마주보았다.

"만약 에르프가 살아 있었다면 원수의 목을 쳤겠지."

두 형들은 성급하게 동생을 죽였다는 후회가 물밀듯 몰려왔다.

왕을 처단한 두 사람은 수많은 병사들에게 둘러싸여 격렬한 공격을 받았지만, 어머니가 내준 갑옷 덕분에 무사했다. 칼도 창도 그들의 갑옷을 뚫지 못해 유유히 성을 빠져나올 수 있었다. 그런데 어디선가 느닷없이 챙이 넓은 모자를 깊숙이 눌러쓴 외눈박이 노인이 나타났다.

"돌로 치면 저자들을 죽일 수 있다."

노인이 병사들에게 가르쳐주자, 병사들은 반신반의하며 돌을 던졌다. 그러자 그때까지 흠집조차 낼 수 없었던 갑옷이 조약돌 한

방에 우수수 부서졌고, 함디르와 솔리 두 사람은 돌멩이 세례를 받고 피범벅이 되어 숨을 거두었다.

눈치 빠른 독자는 이미 알아차렸겠지만, 외눈박이 노인의 정체는 신들의 왕 오딘이었다. 오딘은 전장에서 숨을 거둔 함디르와 솔리를 신들의 나라로 초대해 에인헤랴르의 일원으로 맞아들였다.

제8장

영웅전설 II –

〈니벨룽겐의 노래〉의 전설

니벨룽겐의 보물과
용 퇴치

유명한 서사시 〈니벨룽겐의 노래〉에서 시구르드는 **지크프리트**(Siegfried), 구드룬은 **크림힐트**(Kriemhild)라는 이름으로 등장한다. 지크프리트는 라인 강 하류에 있었던 네덜란드의 왕 지그문트와 왕비 지글린데(Sieglinde) 사이에서 난 자식이라 전해진다.

한편 크림힐트는 라인 강 중류에서 번영을 구가하던 부르군트 왕국의 당크라트와 우테 왕비 사이에서 태어난 절세 미녀였다. 아버지가 세상을 떠난 후, 크림힐트는 우테 왕비와 아버지의 왕위를 계승한 큰오빠 **군터**, 남동생 **게르노트**, 가장 친한 남동생 **기셀헤르** 등이 지키는 왕국에서 평화로운 생활을 이어갔다. 크림힐트는 '겁을 모르는 자'라는 별명이 붙은 **하겐**과 그의 남동생 **당크바르트** 등 걸출한 용사들의 호위를 받으며 온실 속의 화초처럼 곱게 자라났다.

지크프리트는 소년 시절부터 수많은 공을 세워 이미 영웅으로 이름이 널리 알려져 있었다. 특히 '**니벨룽겐의 보물**'이라 불렸던 막대한 보물을 얻은 사건과 사악한 용을 무찌른 업적으로 유명세를 얻었다. 지크프리트가 니벨룽겐의 보물을 얻은 경위는 한 편의 이야기로 전해진다.

어느 날, 지크프리트는 니벨룽겐 사람들이 백 대의 수레에도 다 싣지 못할 정도로 많은 보석과 그 갑절이 넘는 황금을 산속 동굴로 실어다 놓고 무더기로 나누어 가지는 광경을 목격하게 된다. 작업을 지휘하던 쉴붕(Schilbung)과 니벨(Nibelung)이라는 두 왕이 지나가던 지크프리트를 불러 세웠다.

"어이, 거기 지나가는 나그네. 잠시 가던 길을 멈추고 내 이야기 좀 들어보게. 우리가 보물을 공평하게 나누어 가질 수 있도록 도와주지 않겠나? 만약 우리 부탁을 들어준다면 보상은 섭섭지 않게 하리다. **발뭉**(Balmung)이라는 보물 검을 드리지."

지크프리트는 부탁을 받아들여 막대한 금은보화를 공평하게 나누어주었다. 그런데 지크프리트의 분배가 마음에 들지 않았는지, 느닷없이 열두 명의 거인이 지크프리트에게 덤벼들었다.

지크프리트는 막 손에 들어온 발뭉을 휘둘러 열두 명의 거인을 무찌르고, 이어서 칠백 명의 병사들과 쉴붕, 니벨까지 처치했다. 가까스로 목숨을 부지한 자들은 지크프리트의 용맹함과 발뭉의 위력에 겁을 먹고 벌벌 떨며, 보물뿐 아니라 국토와 성까지 모조리 헌

상했다.

　지크프리트가 속전속결로 왕국을 접수한 후에도 알베리히 (Alberich)라는 난쟁이만 끈질기게 저항했다. 그러나 이윽고 그 난쟁이도 항복하고 지크프리트에게 충성을 맹세했다. 지크프리트는 알베리히가 마지막까지 손에 쥐고 내놓지 않으려 했던 망토까지 빼앗았다. 이것은 걸치기만 해도 모습이 보이지 않고 힘이 열두 배로 늘어나는 불가사의한 망토 '타른카페(Tarnkappe)'였다. 지크프리트는 보물을 원래 있던 동굴에 되돌려놓고 알베리히를 파수꾼으로 임명했다.

　또 지크프리트는 사악한 용을 무찔렀을 때 용의 상처에서 흘러나온 피를 온몸에 뒤집어썼는데, 이 때문에 그의 피부가 뿔처럼 단

용의 피를 뒤집어쓴 지크프리트

단해져 어떤 무기로도 상처를 입힐 수 없게 되었다. 이후 그는 '뿔처럼 단단한 지크프리트'라 불렸다. 다만 지크프리트가 용의 피를 뒤집어쓸 때 양어깨 한가운데 보리수 이파리 하나가 들러붙어 그 부분만 용의 피로 적셔지지 않았는데, 이것이 지크프리트의 유일한 약점이 되었다.

부르군트 왕국으로 떠난
지크프리트

지크프리트가 스무 살이 되었을 때, 아버지인 지그문트 왕은 칼로 어깨를 두드리는 의식을 치러 정식으로 기사 작위를 수여하기로 했다. 그리고 이를 축하하기 위해 성대한 축하연을 열어 외국의 왕들을 초대했다. 기사 적령기에 이른 여러 나라의 신분 높은 청년들은 지크프리트와 함께 작위를 수여받고 싶다며 구름처럼 모여들었다. 지크프리트는 사백 명의 청년들과 나란히 엄숙한 의식을 거쳐 기사 작위를 수여받았다.

지그문트 왕은 아들과 함께 기사가 된 청년들에게 황금과 아름다운 의복 등을 내려주었고, 지크프리트는 아버지의 지시에 따라 기사들에게 토지와 성을 분배했다. 그 후 시작된 축하연은 이레 동안 이어졌고, 분위기를 띄워준 음유시인과 유랑 광대들도 과분할 정도의 황금과 의복 등을 하사받았다.

얼마 후, 지크프리트는 부르군트 왕국에 크림힐트라는 절세 미녀가 산다는 소문을 들었다. 그녀를 아내로 삼고 싶다며 찾아온 구혼자들로 부르군트 왕궁은 문전성시를 이루었다. 하지만 크림힐트는 단 한 번도 알현을 허락하지 않았다. 소문을 들은 지크프리트는 어떻게든 크림힐트를 아내로 삼고 싶었다.

아들이 크림힐트에게 눈독을 들이고 있다는 소식을 전해 들은 왕과 왕비는 뛸 듯이 놀랐다. 부부는 아들에게 크림힐트와의 결혼을 단념하라고 설득했다. 하겐을 비롯한 용사들이 크림힐트를 호위하며 자신들의 공주님에게 손끝 하나 대지 못하게 지키고 있다는 걸 알고 있었기 때문이다.

"만약 온건한 수단으로 크림힐트를 얻지 못한다면, 저는 완력을 써서라도 그녀를 제 여자로 만들겠습니다."

지크프리트는 포기하려 하지 않았다. 아들의 안위를 염려한 지그문트 왕이 나섰다.

"알겠다. 너의 뜻이 정녕 그러하다면 가능한 한 많은 호위 기사를 모아서 함께 가거라."

"소자는 부르군트 왕국에 전쟁을 걸 생각이 없습니다."

지크프리트는 아버지의 말을 단칼에 거절했다.

"저 혼자 힘으로 그 아가씨를 얻고 싶습니다. 그러니 부르군트 왕국으로 갈 때는 누구보다 멋진 무기와 아름다운 의복을 갖추고, 열두 명의 기사만 엄선해 함께 가려 합니다."

지크프리트는 자신의 말대로, 번쩍이는 갑옷으로 몸을 감싸고 흠 잡을 데 하나 없는 멋진 무기를 갖추었다. 그리고 황금 마구로 장식한 군마를 타고 열두 명의 정예병만을 거느린 채 부르군트 왕국으로 향했다.

지크프리트 일행이 부르군트 왕국에 도착하자, 군터 왕과 그의 신하들은 몸소 성 밖까지 행차해 환영했다. 그러나 마음이 급한 지크프리트가 도발적인 말을 입에 올려, 하마터면 군터 왕 그리고 용사 하겐과 싸움이 일어날 뻔했다. 다행히 군터 왕의 동생 게르노트가 중재해 무사히 넘어갈 수 있었지만, 일촉즉발의 험악한 분위기는 여전했다. 이에 왕의 막냇동생인 기셀헤르가 나섰다.

"먼 길 오느라 고생 많으셨습니다. 저도, 그리고 여기 있는 저희 신하들도 모두 여러분을 진심으로 환영합니다. 이렇게 찾아주셔서 영광입니다."

기셀헤르가 환영의 인사를 건네자, 지크프리트도 도발적인 태도를 버리고 공손하게 인사했다. 지크프리트는 손님 자격으로 부르군트 왕궁에 한동안 머물기로 했다.

지크프리트의
용감한 승리

지크프리트가 머물게 된 군터 왕의 성에는 외국에서 오신 귀한 손님들을 환영하는 성대한 잔치가 열렸다. 짬짬이 여흥을 돋우기 위해 무거운 돌을 얼마나 멀리 던지는지를 겨루는 돌 던지기 시합이나 긴 창을 던져 과녁을 맞히는 창던지기 시합 등, 기사들이 자신의 힘과 훈련 성과를 뽐내는 다양한 경기가 열렸다. 지크프리트는 어느 경기에서나 발군의 성적을 내며 구경하던 부인들의 시선을 사로잡았다.

크림힐트도 자기 방의 커튼 사이에 숨어 경기를 지켜보다가 용맹한 지크프리트의 모습에 마음을 빼앗겼다. 그러나 지크프리트는 크림힐트의 모습을 볼 기회를 전혀 얻지 못했고, 어영부영하는 사이에 일 년이나 지나고 말았다.

"어떻게 하면 그 아가씨의 모습을 볼 수 있을까? 이토록 간절히 사모하는 마음도 몰라주다니…. 야속하게 먼발치에서조차 모습을 보여주지 않는구나."

지크프리트가 탄식했다.

지크프리트가 뜻을 이루지 못하고 허무하게 세월만 보내는 동안, 작센 왕국의 뤼데거 왕과 그의 남동생인 덴마크 왕국의 뤼데가스트 왕이 부르군트 왕국으로 쳐들어왔다. 군터 왕은 연합군에 대항할 만한 군사를 모을 시간이 부족해, 부르군트 왕국은 바람 앞의 등불처럼 위태로운 운명에 휩싸였다. 그때 지크프리트가 나섰다.

"저에게는 열두 명의 부하밖에 없습니다. 만약 전하께서 천 명의 병사를 내어주신다면, 저는 부르군트 왕국을 연합군에게서 지켜 보이겠습니다."

이에 군터 왕은 하겐을 지휘관으로 세워 천 명의 병사를 지크프리트에게 내주었다. 지크프리트는 열두 명의 부하와 함께 연합군에 맞서 싸웠다. 연합군은 총 사만 명이라는 대군이었지만 지크프리트는 첫 전투에서 뤼데가스트 왕을 포로로 잡았고, 다음 전투에서 형인 뤼데거 왕도 포로로 잡았다. 두 왕을 잃은 연합군은 전의를 상실하고 본국으로 퇴각했다.

지크프리트가 거둔 기적적인 승리를 전해 듣고 군터 왕과 왕궁은 순식간에 환희의 물결에 휩싸였다. 크림힐트도 충복에게 고국의 승리와 지크프리트의 눈부신 활약을 상세하게 전해 들었고, 벽

찬 기쁨에 가슴이 두근거렸다.

지크프리트 일행이 당당히 개선하자, 군터 왕은 오랫동안 준비한 성대한 축하 잔치를 베풀어 승리에 공헌한 자들에게 극진히 보답했다. 축하연 자리에서 왕의 동생 게르노트가 군터 왕에게 말했다.

"말할 것도 없이 이번 승리는 지크프리트 님의 공입니다. 형님은 왕으로서 그가 세운 공에 최대한의 감사를 표해야 마땅합니다."

"어떻게 하면 최대한의 감사를 표할 수 있겠느냐?"

"크림힐트를 지크프리트에게 선보일 때가 왔습니다. 크림힐트와 지크프리트가 상견례를 치르고 나면, 그 영웅과 우리의 인연은 한층 공고해질 것입니다."

게르노트가 대답했다.

지크프리트와
크림힐트의 만남

군터 왕은 게르노트가 제안한 대로 지크프리트에게 말했다.

"크림힐트가 감사 인사를 드리고 싶다고 합니다. 부디 크림힐트의 처소에 들러주십시오."

지크프리트는 매우 놀라 번쩍 일어났다. 그리고 벅찬 환희로 떨리는 가슴을 부여잡고 크림힐트의 방으로 향했다. 크림힐트는 무릎을 굽혀 절하며 공손하게 예를 갖추어 인사했다.

"지크프리트 님, 와주셔서 감사합니다. 지크프리트 님이 이 나라를 위해 정말로 훌륭한 일을 해주셨습니다. 부디 신의 가호가 함께하시기를 비나이다."

크림힐트는 방울이 굴러가는 듯한 낭랑한 목소리로 나긋나긋하게 말을 건네더니, 급기야 마음을 담아 입맞춤까지 해주었다. 지크프리트는 하늘로 날아갈 듯한 기분이 되어 그녀를 바라보았다.

"저는 오로지 당신만을 섬기겠습니다. 이 생명이 다하는 순간까지 이 나라를 위해 최선을 다하겠다고 약속합니다."

지크프리트가 크림힐트에게 약조했다.

그로부터 12일에 걸쳐 성대한 축하연이 펼쳐졌다. 지크프리트는 내내 크림힐트 옆을 그림자처럼 따라다니며 지극정성으로 봉사했다. 축하연이 끝난 후에도 기셀헤르가 지크프르트에게 부르군트 왕국에 머물러달라고 권해, 지크프리트는 매일같이 크림힐트를 만나며 부르군트 왕궁에서 지냈다. 그러나 정작 중요한 결혼 이야기는 꺼내보지도 못했다. 크림힐트의 비범한 아름다움에 경외감을 품은 지크프리트가 감히 결혼해달라는 말을 꺼낼 수가 없었기 때문이다.

한편, 아이슬란드의 독신 여왕 브륀힐트가 있었다. 〈니벨룽겐의 노래〉에서 **브륀힐트**는 앞서 소개한 이야기와 달리 발퀴레 여신이 아니다. 애초에 인간으로 태어난 아이슬란드의 독신 여왕으로 설정되어 있다. 어쨌든, 브륀힐트는 크림힐트와 어깨를 나란히 할 정도의 미녀였으며 무예도, 완력도 인간의 수준을 뛰어넘는 여장부였다.

"나를 아내로 삼으려는 자는 창던지기와 돌 던지기, 멀리뛰기 세 종목에서 나를 이겨야 한다. 구혼하러 와서 한 종목이라도 나에게 패배한다면, 그자는 그 자리에서 목이 잘릴 것이다."

브륀힐트는 똑똑히 자신의 의사를 밝혔다. 실제로 수많은 용사가 여왕에게 구혼하려다 목숨을 잃었다. 소문을 들은 군터 왕은 호기심이 발동했다.

'나도 그 브륀힐트라는 여왕에게 구혼하고 싶군.'

생각은 꼬리에 꼬리를 물고 이어졌고, 브륀힐트에 대한 군터 왕의 마음은 나날이 커져갔다.

"브륀힐트와 결혼하지 못한다면, 나는 더이상 살고 싶지 않다."

군터 왕은 급기야 해서는 안 될 말까지 서슴없이 내뱉고 말았다. 보다 못한 하겐이 나섰다.

"전하, 브륀힐트에게 구혼하러 가시겠다면 지크프리트와 함께 가셔야 합니다. 그분이라면 전하를 잘 보필할 수 있을 것입니다."

하겐이 진언했다.

군터 왕에게 동행을 요청받은 지크프리트는 곰곰이 생각하더니

한 가지 조건을 내걸었다.

"내 도움으로 당신의 구혼이 성공한다면, 당신 여동생인 크림힐트 님과의 결혼을 승낙해주십시오."

지크프리트는 조건을 내건 후에야 군터 왕의 부탁을 받아들였다. 군터 왕은 병사를 줄줄이 이끌고 아이슬란드로 향하려 했지만 지크프리트가 만류했다.

"당신과 하겐, 하겐의 동생인 당크바르트, 그리고 저까지, 이렇게 넷만 가야 합니다."

군터 왕은 지크프리트의 의견을 받아들여 넷이서 바다를 건너 아이슬란드로 향했다.

지크프리트는 이번 여행에 가져갈 보따리에 타른카페를 잊지 않고 챙겨 넣었다. 마법의 망토는 걸친 사람의 모습이 보이지 않게 감추어줄 뿐 아니라, 열두 명 몫의 힘을 발휘할 수 있게 해주는 신통방통한 물건이었다.

브륀힐트에 대한 도전

군터 왕 일행은 12일 동안의 뱃길여행을 거쳐 아이슬란드의 수도 이젠스타인(Isenstein)에 도착했다. 배에서 내리기 전에 군터 왕은 일행을 한자리에 불러모아 놓고 부탁했다.

"브륀힐트 앞에서는 나를 군터 왕의 신하로 대해주게."

모두 왕의 뜻에 따르겠다고 대답했다. 지크프리트는 먼저 하선해, 군터 왕의 말을 내리고 왕이 안장에 앉을 때까지 고삐를 쥐고 기다렸다. 그리고 왕의 뒤에서 자신의 말에 올라탔다. 이렇게 지크프리트는 항구에 모인 아이슬란드 사람들에게 '군터 왕이 주군이고 나는 그의 신하다'라고 말없이 행동으로 보여주었다.

그러나 군터 왕 일행 중에 유명한 영웅인 지크프리트가 있다는 소문을 들은 브륀힐트는 군터 왕보다 지크프리트에게 먼저 인사했다.

"영웅이여, 어쩐 일로 이 외딴 나라까지 행차하셨습니까?"

브륀힐트가 지크프리트에게 물었다. 이에 지크프리트가 답했다.

"주군보다 소인에게 먼저 인사를 건네주시어 영광입니다. 아뢰옵기 황송하오나 앞에 계신 분은 제 주군이신 군터 왕이십니다. 군터 전하께서 여왕 폐하께 구혼하기 위해 찾아왔습니다."

"그렇다면 군터 전하는 제가 제안하는 시합을 모두 치러야 합니다. 군터 전하가 모든 시합에서 이기면 저는 기꺼이 그분의 아내가 되겠습니다. 만약 한 번이라도 진다면 군터 전하뿐 아니라, 그를 모시는 여러분 모두 목숨을 바칠 각오를 하셔야 합니다."

브륀힐트가 말했다. 지크프리트는 군터 왕의 귀에 대고 나지막이 속삭였다.

"전하, 심려하지 마십시오. 어떤 시합을 제안해도 물러서지 말고 받아들이십시오. 제가 마법의 힘으로 전하에게 승리를 안겨드리겠습니다."

지크프리트의 귀엣말을 들은 군터 왕이 대답했다.

"당신이 무슨 시합을 제안하더라도 기꺼이 받아들이겠소."

군터 왕이 브륀힐트 앞에서 당당히 선언한 후, 지크프리트는 일단 배로 돌아가 투명 망토를 쓰고 돌아왔다. 망토의 힘으로 지크프리트의 모습이 보이지 않아 아무도 무슨 일이 일어났는지 눈치채지 못했다.

군터 왕은 제일 먼저 창던지기 시합에 도전했다. 그런데 평범한 창던지기 시합이 아니었다. 상대방이 던진 창을 방패로 맞받아 그 창을 다시 내던져야 하는 규칙으로, 어느 한쪽이 쓰러질 때까지 계속해야 했다. 두 번째 종목은 누가 돌을 더 멀리 던지는가를 겨루는 시합이었고, 마지막 종목은 돌을 던진 후에 땅바닥을 차고 뛰어올라 얼마나 멀리 뛸 수 있는지를 겨루는 시합이었다.

브륀힐트가 경기 규칙을 한차례 설명하고 나자 경기에 사용할 창과 돌이 나왔다. 창과 돌 모두 입이 떡 벌어질 만큼 거대했다. 창은 장정 셋이 간신히 옮길 정도로 무거웠고, 돌은 장정 스무 명이 얼굴이 시뻘게질 정도로 힘을 써야 가까스로 나를 수 있었다. 그 광경을 본 군터 왕은 자신의 경솔함을 후회하기 시작했다. 하겐도 당크바르트도, 군터 왕에게 승산이 없다고 생각해 왕을 따라 이승을 하직할 각오를 했다.

그때, 투명 망토를 걸치고 모습을 감춘 지크프리트가 군터 왕의 손을 꼭 쥐고 말했다.

"제가 뒤에서 전하를 받쳐드리겠습니다. 저를 믿고 자신 있게 창을 방패로 받아주십시오. 그리고 창을 던질 때도 제가 힘을 보태드리겠습니다. 나머지는 제가 모두 알아서 하겠습니다."

군터 왕은 입술을 꼭 깨물고 브륀힐트가 던진 거대한 창을 방패로 받으려 했다. 창은 방패를 뚫고 들어와 군터 왕의 갑옷에 맞았다. 요란한 불똥이 튀었지만, 투명 망토로 모습을 감춘 지크프리트가 무시무시한 창의 위력에 겨우 제동을 걸었다. 군터 왕은 창을 방패에서 뽑아내 브륀힐트를 향해 내던졌다.

결혼을 승낙한
브륀힐트

방패에서 창을 뽑은 사람도, 그리고 브륀힐트에게 거대한 창을 던진 사람도, 모두 투명 망토로 모습을 감춘 지크프리트였다. 지크 프리트는 힘을 보태주었을 뿐 아니라, 한술 더 떠 브륀힐트가 다치지 않도록 배려하며 힘을 조절했다. 창을 던질 때도 창끝을 반 바퀴 회전시켜 뾰족한 창끝 대신 손잡이 쪽이 브륀힐트를 향하도록 했다.

브륀힐트는 지크프리트가 던진 창의 위력에도 겁먹지 않고 창을 튕겨냈지만, 그 힘을 이기지 못하고 넘어져 땅바닥에 나뒹굴었다. 부하들이 걱정스러운 표정으로 달려오려는 걸 브륀힐트가 제지했다.

"창 던지는 솜씨가 보통이 아니십니다. 흠 잡을 데가 없습니다."

브륀힐트가 군터 왕에게 첫 번째 경기에서 자신이 패배했음을 인정했다. 브륀힐트는 툭툭 털고 일어나 두 번째 경기에 사용할 커다란 돌 쪽으로 뚜벅뚜벅 걸어갔다. 승부욕이 강한 브륀힐트는 자신의 패배에 속으로 이를 갈며 된통 갚아주겠다고 벼르었다. 그래서 평소보다 더 힘을 실어 돌을 던진 뒤 자신도 그 돌 뒤를 쫓아 땅을 박차고 뛰어올랐다. 돌은 20미터나 날아갔지만, 브륀힐트가 그 돌보다 더 먼 곳에 사뿐히 착지했다.

군터 왕이 브륀힐트가 던진 돌을 집어 들려고 하자 지크프리트가 돌을 아래에서 떠받쳤다. 그리고 그대로 돌을 힘차게 내던져주었다. 돌은 30미터 이상 멀리 날아갔다. 관중들이 입을 딱 벌리고 돌의 행방을 눈으로 더듬고 있는 동안, 지크프리트는 군터 왕을

투명 망토를 입은
지크프리트

안고 내던진 돌보다 멀리 날아올랐다. 지크프리트의 모습은 누구에게도 보이지 않았기에 브륀힐트는 완패를 인정하지 않을 수 없었다.

"짐은 군터 왕의 아내가 될 것이니, 너희도 군터 왕을 주군으로 섬겨야 하느니라."

브륀힐트가 신하들에게 선언했다.

그리하여 브륀힐트는 부르군트 왕국으로 시집을 가게 되었다. 여왕이 타국으로 시집을 간다는 소식에 가신들이 여왕에게 마지막 인사를 올리려고 아이슬란드 전역에서 수도로 모여들었다. 그 수가 수천 명에 이르렀다.

"군터 전하가 왕으로서 위신을 보여주며 이 나라를 떠나려면, 우리 쪽에서도 여왕의 신하에 맞먹는 규모를 보여주어야 한다. 지금 수행원은 전하를 제외하면 고작 세 명, 조촐해도 너무 조촐하다. 음… 이를 어찌하면 좋을꼬."

하겐이 걱정했다.

"제가 금방 원군을 데리고 올 테니, 안심하고 기다려달라고 군터 전하께 전해주십시오."

지크프리트가 하겐에게 말했다. 그리고 투명 망토를 걸친 채 나룻배에 올라탔다. 지크프리트가 열두 명의 힘으로 노를 젓자 불과 하룻밤 사이에 니벨룽겐에 도착했다.

"이 나라의 용사들을 최대한 신속하게 소집하라."

지크프리트는 보물을 지키던 알베리히에게 명령했다. 알베리히가 부랴부랴 삼천 명의 용사를 모으자, 지크프리트는 그중에서 뛰어난 천 명을 뽑았다. 그리고 그들에게 번듯한 의복과 무기를 갖추게 하고, 수많은 군함에 나누어 태워 아이슬란드로 향했다.

며칠 후, 수평선을 가득 메운 군함 떼가 다가오는 모습이 성에서도 훤히 내다보였다.

"저 군함의 멋지게 무장한 병사들은 누구인가?"

브륀힐트가 물었다.

"이쪽으로 오는 길에 대기시켜 두었던 제 부하들입니다. 부르군트 왕국까지 당신을 호위하고 가기 위해 불렀습니다."

지크프리트에게 원군을 데리고 온다는 언질을 받은 군터 왕이 대답했다. 사실 브륀힐트는 전국 방방곡곡에서 모여든 부하들 중에서 이천 명의 용사를 선발해 그들을 부르군트 왕국까지 동행시키려고 했었다. 하겐의 염려대로 고작 세 명의 수행원으로는 군터 왕의 체면을 구길 뻔했던 것이다. 지크프리트가 데려온 천 명의 용사들 덕분에 군터 왕은 체면을 유지하며 새 신부를 데리고 신행길에 오를 수 있었다.

지크프리트와 크림힐트의 결혼

부르군트 왕국으로 돌아오는 뱃길 위에서 군터 왕은 지크프리트에게 부탁했다.

"내 사신으로서 한발 먼저 고국으로 돌아가, 무사히 새 신부를 데리고 돌아간다고 가족들에게 전해주시게."

한시라도 빨리 크림힐트를 다시 만나고 싶었던 지크프리트는 기꺼이 왕의 제안을 받아들였다. 지크프리트는 다시 투명 망토의 힘을 빌려 한발 앞서 귀국해 반가운 소식을 전했다. 군터 왕이 구혼에 실패해 목숨을 잃지는 않았을지 가슴을 졸이며 이제나저제나 기다리던 어머니와 누이, 남동생들은 환호했다.

"군터 전하의 전언입니다. 군단이 도착할 때 라인 강기슭까지 나오셔서 브륀힐트를 환영해달라고 하셨습니다."

지크프리트가 우테 왕비와 크림힐트에게 전했다. 물론 두 사람은 흔쾌히 수락했고, 브륀힐트를 마중 나갈 채비를 시작했다.

드디어 군단이 도착했고, 브륀힐트가 군터 왕의 손에 이끌려 배에서 내리자 시녀들을 줄줄이 거느린 우테 왕비와 크림힐트가 마중을 나왔다. 크림힐트는 지크프리트의 소개로 새언니가 될 브륀힐트의 볼에 입을 맞추었다.

"어서 오십시오. 어머니도 저도, 그리고 모든 왕실 일족과 귀족들, 온 백성이 당신을 진심으로 환영합니다."

크림힐트가 인사했다. 브륀힐트에 이어 우테 왕비도 다가와 브륀힐트를 안아주고, 몇 번씩 뺨에 입을 맞추며 환영했다. 우테 왕비와 크림힐트가 브륀힐트에게 보인 환영 인사는 그때까지 누구도 본 적이 없는 열렬한 환영이었다.

떠들썩한 환영 인사가 끝나자, 군터 왕은 브륀힐트를 왕궁으로 데려가 결혼을 축하하는 호화로운 연회에 참석했다. 이때 지크프리트가 군터 왕에게 다가왔다.

"만약 제가 전하를 도와 브륀힐트 님을 신부로 맞이할 수 있게 된다면, 누이동생인 크림힐트 공주님과의 결혼을 허락해주신다고 약속하셨습니다."

"물론 기억하고 있다."

군터 왕은 바로 크림힐트를 불러오게 했다. 군터 왕은 자신의 약속을 크림힐트에게 알렸다.

"지크프리트가 짐의 소망을 이루어준 이상, 그와의 약속을 지켜야 한다. 어찌하겠느냐. 지크프리트의 아내가 되겠느냐?"

군터 왕이 크림힐트에게 묻자 그녀는 볼을 발그레하게 물들이며 입을 열었다.

전하께서 명령하신다면 분부대로 따르겠습니다."

크림힐트는 수줍게 지크프리트와의 결혼을 승낙했다. 곁에서 지켜보던 지크프리트는 환호성을 지르며 크림힐트를 얼싸안고 볼에 마구 입을 맞추었다. 이리하여 군터 왕과 브륀힐트의 결혼을 위해 준비된 연회는 지크프리트와 크림힐트의 결혼을 축하하는 잔치를 겸하는, 겹경사를 축하하는 자리가 되었다.

그렇게 다 같이 기쁨에 들떠 흥겹게 잔치를 벌이는데, 어쩐 일인지 브륀힐트만 조용히 눈물을 흘렸다.

"무엇이 슬퍼 이 경사스러운 날에 눈물을 보이시오?"

새색시의 뜬금없는 눈물에 화들짝 놀란 군터 왕이 물었다.

"전하의 아름다운 누이동생이 신분이 낮은 전하의 신하에게 시집갔기 때문입니다. 크림힐트 아가씨가 너무 딱하고 가여워 저도 모르게 눈물이 났나 봅니다."

브륀힐트가 대답했다.

크림힐트의 조력으로
새 신부를 취한 군터

브륀힐트의 착각에도 나름의 이유가 있었다. 지크프리트가 브륀힐트 앞에서는 철저하게 군터 왕의 부하로 처신했기 때문이다.

"지크프리트는 내 부하가 아니오. 그는 짐의 나라에 결코 뒤지지 않는 광대한 영토와 멋진 성을 가진 한 나라의 왕자라오. 언젠가 자신의 나라로 돌아가 왕이 될 인물이오. 크림힐트는 절대 신분이 낮은 자와 맺어진 게 아니니 이제 그만 눈물을 거두시오."

군터 왕이 자초지종을 설명해주었다. 그러나 브륀힐트는 왕의 설명을 받아들이지 못했고, 이후로도 지크프리트가 군터 왕의 부하라고 철석같이 믿었다.

그날 연회가 끝나자 두 쌍의 부부는 각자의 침실로 물러났다. 지크프리트와 크림힐트 두 사람은 서로 기나긴 세월 동안 불태워온 뜨거운 사랑의 결실을 드디어 맺을 수 있게 되어 행복에 취했다. 신혼부부는 몸과 마음이 모두 하나로 맺어져 천국과 같은 달콤한 순간을 누렸다.

그런데 군터 왕과 브륀힐트의 침실에서는 황당한 일이 벌어지고 있었다. 군터 왕도 지크프리트와 마찬가지로 오매불망 꿈꾸던 여인과 한 이불에 들었다. 천천히 브륀힐트의 속옷을 벗기려 하는데 브륀힐트가 막아섰다.

"전하의 아내가 되었다고는 하나, 신첩은 아직 전하의 여자가 될 생각이 없습니다. 아직은 순결한 처녀의 몸을 지키고 싶습니다."

브륀힐트가 남편의 손을 뿌리치며 격렬하게 저항했다. 하지만 군터 왕은 브륀힐트에게 내민 손길을 거두지 않았다. 브륀힐트는

허리춤에 차고 있던 튼튼한 허리띠를 풀어 군터 왕을 꽁꽁 묶어 벽에 매달았다.

"내가 잘못했소. 당신의 허락이 떨어지기 전에는 절대로 당신 몸에 손끝 하나 대지 않겠나이다. 그러니 그만 나를 풀어주시오."

군터 왕이 목이 터져라 애원했지만, 브륀힐트는 그대로 돌아누워 잠이 들어버렸다. 결국 군터 왕은 하룻밤 내내 공중에 매달려 있어야 했다. 군터 왕은 아침 해가 방을 비추어 브륀힐트가 눈을 뜨고서야 겨우 해방되었다.

군터 왕은 첫날밤을 치른 새신랑이라고는 생각할 수 없는 우거지상을 하고 한숨을 푹푹 내쉬었다. 그걸 본 지크프리트가 이유를 묻자 군터 왕은 어젯밤 새 신부에게 당한 수모를 낱낱이 털어놓았다.

"걱정 마십시오. 오늘 밤은 제가 전하 곁에서 브륀힐트 님이 전하에게 순종하도록 만들어드리겠습니다."

지크프리트가 왕을 달래며 말했다.

그날 밤, 지크프리트는 투명 망토를 걸치고 군터 왕의 침실로 살금살금 숨어들었다. 불이 꺼지자, 지크프리트는 군터 왕과 잽싸게 자리를 바꾸어 브륀힐트의 몸을 끌어당겼다. 어젯밤과 마찬가지로 브륀힐트는 거세게 반항하며 마구 앙탈을 부렸지만, 지크프리트는 열두 명의 힘으로 그녀를 완전히 제압했다.

"전하는 신첩을 뜻대로 하실 수 있을 만큼 강한 힘을 갖고 계시군요."

그렇게 브륀힐트가 순순히 포기하자, 지크프리트와 군터 왕은 재빨리 자리를 바꾸었다. 한바탕 소동을 벌인 끝에 겨우 브륀힐트는 군터 왕에게 몸을 허락했고, 아내로서 순종하게 되었다.

크림힐트와
브륀힐트의 설전

두 부부의 결혼을 축하하는 성대한 잔치는 2주에 걸쳐 이어졌다. 연회가 끝나자 지크프리트는 크림힐트를 데리고 고국으로 돌아갔다. 부왕인 지그문트는 지크프리트가 아름다운 아내를 데리고 돌아오자 몹시 기뻐하며, 왕자에게 왕위를 물려주고 상왕으로 물러났다. 네덜란드의 왕이 된 지크프리트는 그 후로 십 년 동안 고국에서 지냈다.

무소식이 희소식이라고는 하지만 군터 왕은 고국으로 돌아간 지크프리트에게서 연락이 없어 내심 서운했다. 하지만 나라를 다스리는 일이 얼마나 어려운지 알고 있었기에 어쩔 수 없다고 단념했다. 그러나 브륀힐트는 여전히 지크프리트가 군터 왕의 부하라고 믿고 있었다. 때문에 기별이 없는 지크프리트가 괘씸하게 느껴졌다. 브륀힐트는 날을 잡고 지크프리트에게 따끔한 소리를 해야겠다고 마음먹었다.

"전하, 오래간만에 지크프리트와 크림힐트를 보고 싶사옵니다. 조만간 날을 잡아서 초대하면 어떨까 하옵니다."

브륀힐트가 군터 왕에게 말을 꺼냈다. 군터 왕도 지크프리트와 누이동생을 만나고 싶었던 터라 이의를 제기하지 않았다. 곧장 네덜란드로 사신을 보내 지크프리트 부부를 초대했다. 지크프리트는 생사고락을 함께한 벗이 그리웠고, 크림힐트도 모처럼 친정 나들이를 하고 싶었다. 부부는 겸사겸사 부르군트 왕국의 초대에 응하기로 했다. 두 사람은 상왕으로 물러난 지그문트를 모시고 기꺼이 초대에 응했다.

부르군트에 도착한 세 사람은 크게 환영받았다. 그중에서도 브륀힐트가 크림힐트와의 재회를 기뻐하며 건네 인사와 입맞춤은, 브륀힐트가 부르군트 왕국에 도착했을 때 크림힐트에게 받았던 진심 어린 환영을 떠올리게 할 정도로 열렬했다. 두 왕비는 친자매처럼 사이좋게 지냈다.

그러던 어느 날, 연회에서 느닷없는 언쟁이 시작되었다. 크림힐트가 남편인 지크프리트의 용감함을 자랑하며 말싸움에 불이 붙었다.

"제 남편은 온 세상의 왕들이 '왕 중의 왕'이라고 우러르며 칭송하는 영웅이랍니다."

크림힐트가 자랑스럽게 말했다.

"호호, 농담이 지나치십니다. 우리 전하가 살아 계시는 한, 지크프리트 님이 전하를 능가할 수는 없겠지요."

브륀힐트가 질세라 맞받아쳤다. 크림힐트는 브륀힐트가 무슨 말을 하는지 도무지 알아들을 수 없어 바로 되물었다. 그러자 브륀힐트는 자신의 생각을 밝혔다.

"제가 두 분을 처음 만났을 때 지크프리트 님께서 스스로 '저는 군터 왕의 신하입니다'라고 신분을 밝히셨답니다. 제 귀로 똑똑히 들었어요. 그래서 당연히 지크프리트 님은 주군인 전하를 모시는 신하 중 한 사람이라고 생각했죠."

크림힐트는 자신의 남편이 군터 왕의 신하라는 사실을 단호하게 부정했다.

"그런 거짓말은 두 번 다시 입에 올리지 마십시오."

그래도 브륀힐트는 생각을 바꾸지 않았다.

"우리 전하는 지크프리트 님의 주군이시랍니다."

"좋습니다. 계속 우기실 작정이라면 내일 미사에서 결판을 내도록 하지요. 제가 먼저 대성당에 들어가겠습니다. 그리고 귀족들과 신하들에게 지크프리트 님이 군터 오라버니보다 신분이 높다는 사실을 확실히 보여주겠습니다."

크림힐트가 선언했다.

미사 시간이 다가와 브륀힐트가 대성당으로 향하자, 화려하게 치장한 귀족 부인들과 신하들을 거느린 크림힐트가 먼저 도착해 있었다.

"앞으로는 자중하십시오. 신하의 아내가 주군의 아내보다 먼저 성당에 들어가는 불충은 용서할 수 없습니다!"

브륀힐트가 엄한 말투로 꾸짖었다.

"호호호, 어쩔 수 없군요. 새언니가 제 남편에게 제압당해 군터 오라버니와 첫날밤을 치렀다는 걸 만천하에 밝힐 수밖에요. 톡톡히 망신당할 각오를 하셔야 할 겁니다."

크림힐트가 가소롭다는 듯 비웃으며 응수했다.

브륀힐트가 받았던 모욕과
하겐의 분노

크림힐트가 근거 없는 뜬소문을 주워듣고 함부로 입을 놀리고 있다고 생각한 브륀힐트는 분통을 터뜨렸다.

"무엄하십니다. 말씀 함부로 하지 마십시오!"

이에 크림힐트가 고소하다는 듯 말했다.

"신혼 둘째 날 밤을 기억하고 계시겠지요? 아마 새언니는 군터 오라버니에게 제압당했다고 믿고 계시겠지만, 사실은 지크프리트 님이 하신 일이랍니다!"

브륀힐트는 억울함으로 몸을 부르르 떨며 눈물을 펑펑 쏟아냈다. 브륀힐트가 오열하는 틈을 타, 크림힐트는 신하들을 이끌고 대성당으로 들어가버렸다. 크림힐트에게 선수를 빼앗긴 브륀힐트는 울분이 가라앉지 않아 미사 내용이 하나도 귀에 들어오지 않았다.

그리고 미사가 끝나자 크림힐트를 불러 세웠다.

"미사 직전에 무척이나 실례되는 말씀을 하셨습니다. 그 말이 사실이라면 증거를 보여주십시오. 증거를 대령하지 못하겠다면 엎드려 사죄하십시오."

브륀힐트가 다그쳤다. 그러자 크림힐트는 기다렸다는 듯 남편이 가지고 있던 반지와 허리띠를 브륀힐트에게 불쑥 내밀었다.

"보십시오. 지크프리트 전하께서 당신을 제압하셨을 때, 당신의 손가락에서 빼낸 반지와 그때 당신이 매고 있던 허리띠입니다."

크림힐트가 당당히 말했다. 반지와 허리띠는 분명 브륀힐트가 잃어버렸다고 생각했던 물건들이었다. 브륀힐트는 분노와 모욕으로 몸을 떨며 남편인 군터 왕을 당장 불러오라고 길길이 날뛰었다.

"그날 밤, 저를 제압한 사람은 전하가 아닌 지크프리트 님이었다고 크림힐트 아가씨께 들었습니다. 이런 모욕은 평생 처음입니다. 부디 아가씨에게 마땅한 벌을 내려주십시오!"

브륀힐트가 군터 왕을 붙잡고 하소연했다. 군터 왕은 크림힐트의 말이 사실임을 알았지만, 아내의 불같은 성미를 아는지라 화를 가라앉히는 게 급선무라고 생각했다. 일단 급한 불을 끄고자 지크프리트를 불렀다.

"크림힐트가 나와 아내의 첫날밤에, 아내를 제압한 사람이 자네라고 자랑하고 다닌다는 소문이 자자하다. 그 말이 사실인가?"

군터 왕이 짐짓 준엄하게 물었다.

"호사가들이 지어낸 아무 근거 없는 소문입니다. 저희 안사람이 정말로 그런 말을 했다면, 달게 벌을 받아야겠죠."

군터 왕은 끝까지 비밀을 지켜주려는 지크프리트의 우정에 감동했지만, 한편으로는 누이동생에게 섣불리 비밀을 털어놓은 자신의 경솔함을 뒤늦게 후회했다. 브륀힐트가 크림힐트에게 모욕을 당했다는 이야기를 듣고 가장 분노한 이는 하겐이었다.

"왕과 왕비의 치부를 크림힐트에게 고자질한 지크프리트를 살려두어서는 안 됩니다. 지크프리트는 입을 함부로 놀린 대가를 치러야 합니다."

군터 왕은 처음에는 하겐의 주장에 강하게 반대했다.

"지금까지 나를 위해 숱한 고생을 마다하지 않은 충실한 벗이다. 짐이 어찌 지크프리트를 미워할 수 있단 말이더냐."

군터 왕이 말했다.

"만약 전하께서 지크프리트를 처치하신다면, 그가 소유한 막대한 보물을 얻으실 수 있습니다."

하겐이 왕의 마음을 돌려놓으려 애썼지만, 군터 왕은 보물에도 흔들리지 않았다. 하겐도 뜻을 굽히지 않았다.

"이 모욕을 되갚아주려면 저와 지크프리트 님, 둘 중 하나는 죽어야 합니다."

군터 왕은 점점 하겐의 술수에 넘어가 얼떨결에 지크프리트를 암살할 계획을 모의하게 되었고, 결국 암살 계획을 실행하는 데 찬성했다.

크림힐트가 가르쳐준
지크프리트의 급소

얼마 후, 군터 왕의 성에 누군가 도착했다. 지크프리트와의 전투에서 패배했던 작센 왕국의 뤼데거 왕의 사신이었다. 사실 그 사신의 정체는 하겐의 부하였지만, 지크프리트가 그의 정체를 알 리 만무했다.

"뤼데거 왕이 덴마크의 뤼데가스트 왕과 동맹을 맺고, 부르군트에 선전포고를 했습니다."

사신이 군터 왕에게 전갈을 가지고 왔다며 알현을 요청했다. 군터 왕의 곁에서 선전포고를 들은 지크프리트는 군터 왕에게 말했다.

"제가 부하들을 이끌고 나가 앞장서서 싸우겠습니다. 다시는 부르군트를 넘보지 못하도록 따끔하게 혼쭐을 내주겠습니다."

지크프리트가 솔선했다. 군터 왕은 미리 하겐과 모의한 대로, 지크프리트에게 진심으로 감사하는 척했다. 지크프리트는 곧바로 네덜란드에서 데려온 천 명의 전사들과 전투태세를 정비했다. 그사이 하겐은 크림힐트에게 갔다.

"크림힐트 님, 떠나기 전 문안인사 올리러 왔습니다. 소신도 지크프리트 님과 이번 전투에 함께 나가 싸우기로 했습니다. 출발 전에 인사를 드리는 게 나을 성싶어 찾아왔습니다."

"브륀힐트 님께 본의 아니게 상처를 드리게 되어 송구스러울 따름입니다. 그 일로 지크프리트 님께 호되게 꾸지람을 들었습니다. 브륀힐트 님께 했던 경솔한 발언을 몹시 후회하고 있답니다. 제 생각이 짧아 결례를 범했습니다. 그러니 제 남편에게 앙갚음을 할 생각이라면, 부디 그 마음을 접어주십시오."

"지크프리트 님께 앙갚음을 하다니요. 당치 않은 말씀이옵니다. 오히려 소인은 그분을 반드시 지키겠다고 결심했습니다. 심려치 마시옵소서."

하겐이 짐짓 놀란 척하며 능숙하게 맞받아쳤다. 크림힐트는 예전부터 잘 알던 하겐을 믿었기에 속내를 털어놓았다.

"지크프리트 님은 예전에 용을 퇴치하셨을 때, 용의 피를 온몸에 뒤집어써 온몸의 피부가 뿔처럼 단단해지셨습니다. 그래서 어떤 무기로도 그분께 상처를 입힐 수 없답니다. 허나, 양어깨 사이에 아주 작은 약점이 있습니다. 그 부분의 피부는 평범한 인간처럼 상처를 입을 수 있습니다. 그분이 전쟁터에 나갔다가 창이나 활을 공교롭게도 급소에 맞아 목숨을 잃으실까 두렵습니다. 방정맞은 생각인 줄 압니다만, 걱정하지 않을 수 없습니다."

크림힐트는 무심코 지크프리트의 비밀을 발설하고 말았다.

"걱정하지 마십시오. 제가 지크프리트 님의 급소를 확실하게 지키겠습니다. 혹시 모르니 지크프리트 님의 옷에 무언가 표식을 남겨주십시오."

하겐이 열심히 고개를 주억거리며 말했다.

"감사합니다. 가느다란 비단실로 십자가 모양의 수를 놓아 표시해두겠습니다."

크림힐트는 하겐의 갸륵한 정성에 기뻐하며 약속했다.

"지크프리트 님께서 전장에서 적과 맞서 싸우실 때, 부디 그 부분에 무기가 닿지 않도록 지켜주세요."

크림힐트가 당부했다.

다음 날, 지크프리트는 천 명의 병사를 이끌고 출정했다. 하겐도 뒤를 따랐다. 하겐은 지크프리트의 옷에 약속대로 십자가 표시가 있는 걸 확인하고, 두 명의 부하를 보내 밑밥을 깔았다. 뤼데거 왕의 사신을 가장한 하겐의 부하가 지크프리트에게 다가갔다.

"군터 왕에게 화친 조약을 제의드리러 왔습니다."

하겐의 부하는 미리 입을 맞춘 대로 거짓을 고했다. 싸우지 않고 평화롭게 마무리 지을 수 있으니 기뻐해야 마땅했지만, 만반의 준비를 갖추고 나온 지크프리트는 맥이 빠지는 것도 사실이었다. 군터 왕도 소식을 들었다며 반색했다.

"기분 전환차 가까운 숲에서 모처럼 사냥이나 즐기지 않겠나?"

군터 왕이 자연스럽게 제안했다. 지크프리트는 기꺼이 벗의 제안에 따랐다.

하겐의
지크프리트 암살

크림힐트는 남편이 예정에 없던 사냥에 나간다는 소식이 마뜩지 않았다. 어젯밤 불길한 꿈을 꾸었기 때문이다. 꿈의 내용은 지크프리트가 황야에서 멧돼지 두 마리에게 쫓기다 잡아먹혀, 들판의 꽃이 그의 피로 붉게 물드는 소름 끼치는 내용이었다. 크림힐트는 그 꿈이 남편의 신변에 무언가 재앙이 일어날 조짐이라고 생각했다.

"당신을 해하려고 음모를 꾸미는 자들이 있는 것 같아, 걱정으로 잠을 이루지 못했습니다."

"나는 이 나라를 위해 최선을 다할 생각이오. 나에게 악의를 품고 나를 해하려는 꿍꿍이를 품고 있는 자들이 이 나라에 있다고는 생각할 수 없소."

지크프리트는 아내의 걱정이 기우라며 귀담아듣지 않았다. 크림힐트는 남편의 마음을 돌리려, 예전에 꾸었던 또 다른 흉몽을 이야기하며 거듭 만류했다.

"두 개의 산이 무너져 지크프리트 님이 그 아래에 깔리는 꿈을 꾸었습니다."

그러나 남편의 안위를 걱정해 눈시울을 붉힌 아내를 남겨두고, 지크프리트는 기어코 사냥터로 떠났다.

숲에 도착한 지크프리트는 사냥감을 모는 몰이꾼 한 사람과 사냥개 한 마리만을 데리고, 일행과 떨어져 혼자 사냥을 하기 시작했다. 그리고 눈 깜짝할 사이에 누구보다 많은 사냥감 구해 왔다. 지크프리트의 귀신같은 솜씨를 코앞에서 지켜본 사냥꾼들은 숲의 짐승들이 씨가 마를까 진심으로 걱정할 정도였다.

"지크프리트 님, 부디 사냥을 멈추어주십시오. 아뢰옵기 황송하오나, 저희를 위해서도 사냥감을 남겨주셨으면 합니다."

보다 못한 사냥꾼들이 지크프리트에게 사정할 정도였다.

사냥을 마친 후, 군터 왕 일행은 숲속에서 뒤풀이 잔치를 열었다. 그런데 고기는 넘쳐나는데 중요한 술이 없었다. 사실 술을 빠뜨린 것도 하겐의 계략 중 하나였다. 다들 술이 없어 목이 탄다며 투덜거리자, 미리 계획한 대로 군터 왕이 나섰다.

"술을 빠뜨리다니, 연회를 준비한 하겐의 책임이다. 하겐, 어찌된 일이냐!"

군터 왕이 짐짓 준엄한 말투로 하겐을 꾸짖었다. 하겐은 몸 둘

바를 모르겠다는 듯 쭈뼛거렸다.

"연회 장소를 착각해 다른 곳에 술을 준비해두었습니다. 모두 어리석은 소신의 탓입니다. 통촉하여 주시옵소서."

하겐은 엎드려 사죄하다 그럴듯한 제안을 했다.

"근처에 맑은 물이 솟아나는 샘이 있습니다. 그곳까지 경주를 해서 도착한 순서대로 샘물을 마셔 목을 축이면 어떨까 하옵니다."

"거, 재미있는 여흥이 되겠군."

지크프리트가 흥미를 보이며 찬성했다. 심지어 자신이 누구보다 발이 빠르다는 걸 알았기 때문에 재미있는 경주를 위해 한 가지 조건을 내걸었다.

"저는 창과 방패와 검, 그리고 활까지 지니고 달리겠습니다. 여

지크프리트의 급소를 찌른 하겐

러분은 무장을 내려놓고 홀가분하게 맨몸으로 달리십시오."

지크프리트의 제안으로 즉흥적으로 시작된 달리기 시합의 분위기는 점점 더 달아올랐다. 무거운 무기를 짊어지고 달려도 제일 먼저 샘에 도착한 사람은 역시 지크프리트였다. 그러나 지크프리트는 군터 왕보다 먼저 샘물을 마시지 않고, 나중에 도착한 군터 왕이 샘물을 다 마실 때까지 기다리며 예를 갖추었다.

그 순간, 하겐이 방심한 지크프리트에게 다가가 크림힐트가 수놓은 십자가 표시에 창을 찔러 넣었다. 창은 지크프리트의 심장을 관통했다. 상처에서는 피가 샘물처럼 펑펑 솟구치더니, 급기야 핏줄기가 분수처럼 치솟았다. 지크프리트의 피를 온몸에 뒤집어쓰고 하겐은 날쌔게 몸을 돌려 숲속으로 달아났다.

시신 발견과 장례식

치명상을 입은 지크프리트는 마지막 남을 힘을 짜내 비겁한 암살자에게 보복하려고 했다. 그러나 창은 이미 손이 닿지 않는 곳에 가 있었고, 손을 더듬어 잡을 수 있는 건 방패뿐이었다. 하는 수 없이 지크프리트는 방패를 하겐에게 날렸다. 방패는 멋지게 하겐의 등에 명중했지만, 밉살스러운 배신자의 숨통을 끊어놓지는 못했다.

"부르군트 왕국을 위해 한평생을 바쳐왔소. 그런 나를 이렇게 비겁한 방식으로 죽이려 하다니, 당신은 전사의 자격이 없는 사람이오."

지크프리트가 군터 왕을 나무랐다.

"지금이라도 늦지 않았소. 당신이 성의를 다하고 싶은 마음이 조금이라도 남아 있다면, 크림힐트가 당신과 피를 나눈 누이동생이라는 사실을 기억하고 미망인이 될 그녀를 잘 보살펴주시오."

지크프리트는 홀로 남을 아내를 군터 왕에게 맡기고 숨을 거두었다.

군터 왕은 지크프리트의 주검을 순금 방패 위에 안치해 왕궁으로 운구했다. 그리고 지크프리트를 죽인 범인은 숲속에 숨어 있던 도적떼였다고 말을 맞추고는 부하들을 입단속시켰다.

"소신이 지크프리트를 죽였다는 사실이 알려져도 상관없습니다."

하겐은 큰소리를 쳤지만, 크림힐트의 원한을 살 게 두려웠던 군터 왕은 입을 다물라고 명령했다.

왕궁에 도착하자 일행은 지크프리트의 시신을 크림힐트의 침전 앞까지 날랐다. 크림힐트가 미사에 참석하러 나갈 때 발견하게 하려는 의도였다.

다음 날 아침, 지크프리트의 주검은 크림힐트의 시종장이 발견했다.

"크림힐트 마마님, 피범벅이 된 시신이 문 앞에 놓여 있습니다!"

시종장은 외마디 비명을 내질렀다. 크림힐트는 단박에 남편의 죽음을 직감하고 오열했다.

"마마님, 고정하십시오. 아마 다른 분일 겁니다. 불사자(不死者)나 다름없는 지크프리트 님이 이리 허망하게 돌아가실 리가 있겠습니까?"

시녀들이 크림힐트를 달랬다. 시녀들의 위로에 크림힐트는 가까스로 몸을 추스르고 시신의 신원을 확인하러 갔다. 그리고 자신의 예감대로 그 시신이 지크프리트임을 알게 되자, 그 자리에서 정신을 놓아버렸다.

잠시 후 정신을 차린 크림힐트는 시아버지인 지그문트와 남편이 네덜란드에서 데려온 부하들에게 부고 소식을 전했다. 소식을 받고, 지그문트와 지크프리트의 부하들도 처음에는 믿지 않았다. 그러나 크림힐트가 주검을 보여주자 믿지 않을 수 없었다. 지크프리트의 부하들은 원통함을 감추지 못했다.

"범인이 누구인들 상관없습니다. 땅끝까지 쫓아가서라도 지크프리트 님의 원수를 갚겠습니다!"

부하들이 비통하게 외쳤다. 그러나 일단은 참아야 했다. 지크프

크림힐트 님……

리트가 데려온 부하들의 수는 고작 천 명, 지그문트의 부하 백 명을 합쳐도 군터 왕의 군대에는 대적할 수 없었다. 섣불리 싸움을 걸었다가는 몰살당할 뿐이라는 걸 모두 잘 알고 있었다. 크림힐트는 도열한 신하들을 필사적으로 달랬다.

"먼저 지크프리트 님의 장례식을 제대로 치러야 합니다. 원수를 갚는 건 그다음에 해도 늦지 않습니다. 지크프리트 님을 영웅에게 걸맞은 방식으로 보내드리려면 여러분의 힘이 필요해요."

크림힐트가 차분하게 설명하자, 부하들도 떨떠름한 얼굴로 납득했다.

지크프리트의 유해는 금과 은을 아낌없이 사용한 멋진 관에 안치되어, 종소리와 성직자들의 노랫소리가 울려 퍼지는 가운데 대성당으로 운구되었다. 군터 왕도 신하들을 거느리고 대성당으로 문상을 왔다. 군터 왕의 신하들 중에는 암살 주모자인 하겐의 모습도 섞여 있었다.

군터와의 화해

군터 왕은 크림힐트에게 억울함을 토로했다.

"미안하다. 네가 눈물을 흘리게 됐구나. 너를 슬프게 한 지크프리트 암살은 결코 이 오라비가 바라서 일어난 일이 아니다. 내 부하들 중에 지크프리트의 죽음과 관련된 자도 없단다."

"좋습니다. 그렇다면 자신이 결백하다는 사람은 관 옆에 서주십시오. 그리하면 진실이 밝혀질 것입니다."

군터 왕은 결백을 호소했으나 크림힐트는 단호히 말했다. 군터 왕은 신하들에게 크림힐트가 시키는 대로 하라고 명령했다. 그런데 하겐이 관으로 다가가자, 돌연 지크프리트의 상처가 벌어지더니 피가 콸콸 쏟아져 나오기 시작했다. 예부터 살인자가 다가오면 시신이 피를 흘린다는 믿음이 있었다. 옛사람들의 말이 그르지 않았음을 눈으로 확인하자, 사람들은 모두 하겐이 암살자라 확신하고 수군거렸다. 눈앞에서 일어난 일을 보고도 군터 왕은 계속 하겐을 감쌌다.

"하겐은 범인이 아니다. 지크프리트는 도적떼의 손에 목숨을 잃었다."

군터 왕은 진실을 눈앞에 두고도 자신의 주장을 굽히지 않았다.

"듣기 싫습니다. 이 끔찍한 살인을 저지른 범인이 누구인지 이미 알고 있습니다. 오라버니가 하겐에게 명령해 지크프리트 님을 살해했습니다."

자비는 없다는 듯 크림힐트가 잘라 말했다.

지크프리트의 장례식에는 각지에서 남녀노소를 불문하고 문상객이 끝없이 몰려와 조문 행렬이 이어졌다. 지크프리트가 만인의 존경을 받은 영웅이라는 증거였다. 장례식이 끝난 후에도 크림힐

트는 관 옆을 떠나지 않았다.

"사랑하는 남편의 모습을 마음속 깊이 새겨두고 싶습니다."

크림힐트는 사흘 밤낮으로 남편의 유해 곁을 지켰다. 그동안 지크프리트의 부하들도 크림힐트 옆에 서서 한숨도 자지 않고 두 사람을 지켰다.

나흘째 아침, 관은 영웅과 마지막 인사를 나누려고 다시 모여든 군중이 지켜보는 가운데 대성당 옆의 묘지에 안장되었다.

"마지막으로, 지크프리트 님의 기품 넘치는 용안을 뵙고 싶습니다."

관이 묻히기 직전 크림힐트가 막아섰다. 크림힐트는 지크프리트의 아름다운 얼굴을 들어올려, 싸늘하게 식은 남편에게 마지막 입맞춤을 했다. 크림힐트는 그 자리에서 졸도해 방으로 옮겨졌다.

지크프리트의 초상을 치른 지크프리트와 지그문트의 부하들은 저주스러운 부르군트 왕국을 하루빨리 벗어나고 싶었다.

"아가, 나와 함께 네덜란드로 돌아가자. 왕관을 쓰고 여왕이 되어 우리나라를 다스려다오."

지그문트가 크림힐트에게 애원했다. 그러나 늙은 어머니인 우테 왕비를 비롯한 크림힐트의 친정 식구들이 열심히 막았다.

"남편도 없는 곳에서 힘든 타향살이를 하지 말고 그냥 여기서 같이 살자."

크림힐트는 남편의 묘를 지키며 친정인 부르군트 왕국에서 살기로 마음먹었다. 하여 대성당 바로 옆에 집을 짓고 성당과 남편의 묘를 오가며, 지크프리트의 죽음을 애도하는 기도를 올렸다. 그렇게 4년간 크림힐트는 남편을 애도했다. 그러나 그동안 군터 왕에게는 한마디도 건네지 않았고, 남편의 원수인 하겐과는 한 번도 얼굴을 마주하지 않았다.

"전하, 크림힐트 님과 화해를 하시는 게 좋을 듯하옵니다."

하겐은 군터 왕에게 열심히 화해를 권했다. 군터 왕은 누이동생과 친한 게르노트와 기셀헤르를 계속 보냈다. 그리고 마지막으로 다시 화해를 청했다.

"이제 그만 노여움을 거두어주지 않겠느냐. 너와 화해하고 싶구나."

"저는 전하가 남편을 죽였다고는 단 한 번도 말한 적이 없습니다. 남편의 약점을 비겁한 술수로 저에게서 빼낸 하겐이 암살자라는 것도 똑똑히 알고 있습니다."

크림힐트는 마침내 오라버니의 사죄를 받아들여 군터 왕과 화해의 입맞춤을 나누었다. 이렇게 크림힐트는 군터 왕과 화해했지만, 하겐에 대한 증오는 여전히 그녀의 마음속에서 들끓고 있었다.

라인 강에 가라앉은
보물

    군터 왕과 화해한 후, 크림힐트는 지크프리트와 결혼하며 받은 니벨룽겐의 막대한 보물을 부르군트 왕국으로 옮겨 오기로 했다. 보물을 운반하는 일은 게르노트와 기셀헤르가 맡았다. 두 사람은 부하들을 이끌고 니벨룽겐으로 출발했다.

    파수꾼 알베리히가 보여준 보물의 양은 실로 어마어마했다. 나라 하나를 통째로 사는 데 보물 일부를 쓴다 해도 보물이 줄어들었다는 걸 아무도 알아차리지 못할 정도의 양이었다. 보물을 배에 싣기 위해 열두 대의 커다란 짐마차를 매일 서른 번 왕복시켰다. 꼬박 나흘이나 걸린 일이었다.

    크림힐트는 평생 다 쓰지도 못할 정도로 막대한 부를 얻었다. 그러나 억만금을 주어도 죽은 남편은 되살아나지 않았다. 남편을 살릴 수 없다면 그까짓 보물이 무슨 소용인가 싶어, 크림힐트는 보물을 다른 사람들에게 아낌없이 나누어주었다. 크림힐트가 보물을 나누어준다는 소문을 들은 전사들이 부르군트 왕국으로 모여들었다. 크림힐트는 사람을 가리지 않고 공평하게 보물을 나누어주었다. 점차 그녀에게 충성을 맹세하는 전사들이 늘어갔다.

크림힐트 휘하에 모여든 전사들을 본 하겐은 근심이 깊어졌다. 그리고 고민 끝에 군터 왕에게 충고했다.

"크림힐트 님의 사병이 불어나는 기세가 무서울 정도입니다. 이대로 두면 전하의 군대를 위협할 날도 멀지 않았습니다. 화근이 될 만한 일은 애초에 싹을 잘라버리는 게 낫습니다. 크림힐트 님께서 더이상 보물을 나누어주지 못하도록 말리셔야 합니다."

"그 보물은 크림힐트의 것이다. 설령 왕이라고 해도 일일이 간섭할 권리는 없다. 하나밖에 없는 누이동생과 겨우 화해했다. 쓸데없는 간섭을 해서 그 아이의 기분을 상하게 하고 싶지 않구나."

애석하게도 군터 왕은 하겐의 충고를 귀담아듣지 않았다. 하겐은 비장하게 결심했다.

'나 혼자 죄를 짊어지고 가는 한이 있더라도 부르군트 왕국을 지켜야 한다. 왕국을 지키기 위해 크림힐트 님이 무분별하게 보물을 나누어주는 걸 막아야 해.'

사실 군터 왕의 남동생인 게르노트도 하겐과 비슷한 생각을 하고 있었다.

'저 몹쓸 보물을 모조리 라인 강 바닥에 가라앉혀 누구도 갖지

못하게 해야 한다. 그래야 이 나라에 더이상 보물로 인한 말썽이 생기지 않겠지.'

하겐은 게르노트와 손을 잡고는 군터 왕이 가족과 함께 여행을 떠나 있는 동안 크림힐트의 보물을 빼돌려 강에 수장시켰다. 군터 왕과 왕실 가족은 여행에서 돌아와서야 보물의 행방을 알게 되었다.

"아까운 보물을 강바닥에 던져버리다니, 제정신이냐!"

왕과 가족들은 하겐을 몹시 비난했다. 하겐은 원성이 가라앉을 때까지 일단 몸을 숨겼다. 잠잠해질 때쯤 돌아와 용서를 구할 참이었다.

얼마 후, 왕궁으로 돌아온 하겐은 군터 왕과 군터 왕의 두 남동생에게만 보물을 숨긴 장소를 가르쳐주었다.

"우리 눈에 흙이 들어가기 전에는 보물을 숨긴 장소를 그 누구에게도 발설하지 않겠다."

하겐에게 비밀을 전해 들은 세 사람은 굳게 약속했다. 그리하여 네덜란드의 보물은 라인 강 바닥에 잠든 채 누구도 손댈 수 없게 되었다.

사랑하는 남편뿐 아니라 남편이 물려준 보물마저 하겐에게 빼앗긴 크림힐트의 분노는 극에 달했다. 크림힐트는 하겐을 불구대천의 원수로 간주하고 복수를 꿈꾸며 호시탐탐 기회를 노렸다.

에첼 왕과의 결혼

그 무렵, 훈 왕국의 왕 **에첼**(Etzel)은 유럽 전역을 아우르는 절대 권력을 과시하고 있었다. 에첼 왕에게는 원래 헬헤(Helche)라는 왕비가 있었지만 요절하여 재혼 상대를 물색하고 있었다. 에첼 왕의 측근들이 입을 모아 말했다.

"전하, 오라비인 군터 왕에게 몸을 의탁하고 있는 지크프리트의 미망인 크림힐트가 어떨까 하옵니다."

신붓감에 대해 알아보니 크림힐트는 비록 과부의 신분이나 아름답고 고귀하며, 여러 면에서 다른 여성들보다 뛰어나다는 평판이 자자했다. 에첼 왕은 군터 왕에게 사신을 보내 크림힐트를 왕비로 맞이하고 싶다고 전했다. 강대한 국가의 왕에게 여동생을 왕비로 내어달라는 청을 받은 군터 왕은 가족과 측근들을 모아놓고 의견을 물었다. 대부분 찬성했지만 하겐 혼자 반대하고 나섰다.

"크림힐트 님은 남편의 죽음을 한시도 잊지 않고, 지금도 복수를 위해 칼을 갈고 있습니다. 언젠가 원수를 갚으려고 벼르고 있는 크림힐트 님이 훈 왕국처럼 막강한 국가의 안주인이 된다면, 부르군트 왕국에게는 위협이 될 것입니다."

그러나 군터 왕은 이미 화해한 크림힐트가 에첼 왕의 힘을 등에 업고 친정 식구들 등에 칼을 꽂을 리 없다고 생각했다.

"크림힐트는 지금까지 불행한 일을 너무 많이 겪었다. 이번 결혼으로 그 아이가 다시 행복해진다면, 굳이 나서서 친정에 해코지를 하진 않을 것이다."

"만약 크림힐트 본인이 재혼을 원한다면, 든든하게 뒷받침해주고 싶습니다."

군터 왕의 말에 게르노트와 기셀헤르도 거들었기에, 결국 크림힐트에게 에첼 왕의 혼담을 전하기로 결정했다.

"저는 이 세상 남자들 중에서 가장 훌륭한 사람을 잃었습니다. 평생 수절하며 그분의 죽음을 애도하고 싶습니다."

처음에 크림힐트는 혼담을 딱 잘라 거절했다. 그러나 어머니인 우테 왕비와 오빠 게르노트는 포기하지 않고 재혼을 권했다.

"산 사람은 살아야지. 꽃다운 나이에 청상과부로 수절한다니, 그런 몹쓸 소리는 하지 말거라. 에첼 왕과 재혼하면 너도 틀림없이 행복을 되찾을 거란다. 이 늙은 어미 가슴에 대못 박는 소리는 접어두고, 좋은 사람에게 시집가서 행복하게 살려무나."

어머니와 오빠가 열심히 재혼을 권하자 크림힐트의 마음도 차츰 움직이기 시작했다. 그때 각별히 우애가 돈독했던 기셀헤르까지 나섰다.

"로마부터 라인 강까지 그리고 엘베 강에서 남쪽 해안까지, 에첼 왕만큼 강한 힘을 지닌 군주는 없어. 그의 강대한 권력은 네 모든 고뇌를 기쁨으로 바꾸어줄 것이야."

기셀헤르의 설득에 크림힐트는 재혼을 결심했다. 사실, 에첼 왕과 결혼하면 지크프리트의 원수를 갚을 만한 힘이 생길 것 같아 승낙한 면이 컸다.

결혼 준비를 마친 크림힐트는 먼 곳으로 시집가는 딸을 애틋하게 바라보는 어머니를 뒤로하고, 회한과 미련을 부르군트 왕국에 남겨둔 채 시집을 갔다. 국경까지 배웅을 나온 게르노트, 기셀헤르

와 작별한 크림힐트는 수많은 가신들을 이끌고 훈 왕국을 향해 여정을 재촉했다.

에첼 왕은 새 신부가 오기만을 이제나저제나 기다리며 트룬(Trun)이라는 마을까지 몸소 마중을 나와 있었다. 드디어 만난 두 사람은 빈에 들러 성대한 결혼식을 치르고, 호화로운 연회에서 수많은 하객의 축복을 받았다.

17일간 이어진 연회가 끝나자, 크림힐트는 오늘날 헝가리 부다페스트에 자리한 에첼 왕의 왕궁에 들어가 안주인이 되었다. 그리고 위대한 에첼 왕의 왕비로서 영광스러운 삶을 살았다.

훈 왕국으로의 초대

크림힐트가 에첼 왕의 왕비가 되고 칠 년째 되던 해 아들이 태어났다. 에첼 왕은 후계자의 탄생에 입이 귀에 걸리도록 기뻐하며, **오르트리프**(Oertlieb)라는 이름을 지어주었다. 그리고 왕자를 금이야 옥이야 아끼며 소중히 길렀다.

다시 칠 년의 세월이 흘렀다. 여전히 크림힐트는 하겐에 대한 증오를 잊지 않고 복수의 칼날을 갈고 있었다. 크림힐트는 부르군트 왕국에 남기고 온 친정 식구들이 그리웠다. 특히 남동생인 기셀헤르를 다시 만나 얼싸안고 입을 맞추는 꿈을 몇 번씩 꿀 정도로 그리워했다.

크림힐트는 에첼 왕의 힘과 부를 잘만 이용하면, 하겐을 친정 식구들과 함께 초대할 수 있겠다고 생각했다. 그리운 형제와는 재회하고 지크프리트의 원수도 갚는, 두 마리 토끼를 동시에 잡을 기회가 될 수 있었다.

"전하, 친정이 그리워서 향수병에 걸릴 지경이옵니다. 부디 친정 식구들을 초대해 그간 쌓인 회포를 풀 수 있게 윤허해주소서."

"그리하시오. 짐도 예전부터 당신 친정 식구들을 우리나라로 불러 대접하고 싶었다오."

크림힐트의 간청을 에첼 왕이 흔쾌히 받아들였다. 그리고 곧바로 사신에게 초대장을 들려 부르군트 왕국으로 파견했다. 사신이 출발하기 직전, 크림힐트는 그를 따로 불러 당부했다.

"하겐이 초대를 거절하고 남지 않도록 각별히 신경 써야 하느니라. 혹여 초대를 사양한다면 끈질기게 설득해서 꼭 데려와야 한다."

사신은 12일에 걸친 여행 끝에 부르군트 왕국에 도착했다.

"크림힐트 왕비님의 친정 식구들을 훈 왕국으로 모셔 오라는 에첼 왕의 전갈을 가지고 왔습니다."

"우리에게 생각할 말미를 주게. 일주일 동안 생각해보고 답을 주지."

사신이 초대장을 내보이며 찾아온 이유를 밝히자 군터 왕이 말했다. 그리고 왕실 가족들과 측근들을 불러모아 에첼 왕의 초대를 받아들일지 말지 의논했다.

"막강한 권력을 지닌 왕의 초대이니 거절하면 결례가 될 듯하옵니다."

대다수가 초대에 응해야 한다고 주장했다. 다만 하겐만이 강경하게 반대했다.

"전하, 여인이 한을 품으면 오뉴월에도 서리가 내린다 하옵니다. 크림힐트 님은 아직도 독기를 품고 있습니다. 저희를 남편을 죽인 원수로 여기고 있지요. 초대에 응해 호랑이 소굴로 제 발로 걸어 들어가신다면, 제발 죽여달라고 목을 갖다 바치는 꼴입니다."

군터 왕은 고개를 저었다.

"크림힐트는 이미 다 잊고 용서했네. 화해의 입맞춤을 하던 순간 해묵은 원한은 모두 사라졌다네."

그럼에도 하겐은 한사코 반대했다.

"크림힐트 님은 전하가 생각하시는 정도로 만만한 분이 아닙니다."

"하겐, 네 생각은 알겠다. 그렇게 위험하다고 생각한다면 너 혼자 남아서 알량한 목숨을 부지하도록 하여라."

하겐이 못마땅했던 기셀헤르가 말했다. 하겐은 발끈했다.

"주군이 가시는데 어찌 신하가 따르지 않을 수 있겠습니까! 전하께서 가시겠다면, 저도 위험을 무릅쓰고라도 동행해 무슨 일이 있어도 여러분의 목숨을 지켜드리겠습니다."

"좋다. 우리는 에첼 왕의 초대를 받아들이기로 한다."

군터 왕이 결단을 내리자, 대기하고 있던 사신은 전갈을 가지고 에첼 왕의 궁으로 돌아갔다.

왕비의 꿍꿍이를 알 턱이 없는 에첼 왕은 아내의 친정 식구들이 찾아올 날만 손꼽아 기다리며 화려한 연회를 마련했다. 크림힐트는 친정에서 돌아온 사신을 다시 불렀다.

"하겐도 같이 온다고 하더냐?"

"처음에는 가면 안 된다고 강경하게 반대했지만, 결국 군터 왕을 모시고 함께 오기로 했습니다."

"잘됐다. 하겐은 뛰어난 용사다. 그를 다시 만날 날이 몹시 기다려지는구나."

크림힐트는 복수를 할 날이 얼마 남지 않았다는 기쁨을 애써 감추고 담담하게 말했다.

물 요정들의 예언

군터 왕은 남동생인 두 대군과 다른 왕실 종친들, 그리고 천 명의 병사를 거느리고 훈 왕국으로 가는 여정에 올랐다. 어가 행렬의 규모가 이렇게 커진 건 출발 전에 하겐이 고집을 부렸기 때문이다.

"훈 왕국에서 습격을 받았을 때를 대비해 무장을 갖춘 병사 천 명을 데리고 가야 합니다."

하겐이 간곡한 마음을 담아 진언했다. 군터 왕도 충고를 받아들여 전열을 가다듬었다.

드디어 출발하려던 그때, 대왕대비가 나섰다.

"주상, 어젯밤 이 나라의 모든 새가 죽어 들판에 나뒹구는 불길한 꿈을 꾸었다오. 부디 출발을 늦추어주지 않겠소."

군터 왕은 늙은 어머니 우테의 말을 노인의 잔소리라며 귀담아

듣지 않았다.

"그까짓 꿈이 무슨 대수라고 그러십니까. 출발을 늦출 수는 없습니다."

"꿈이 두려워 행동을 바꾸면 전사의 명예가 땅바닥에 추락할 것이옵니다."

군터 왕이 어머니의 말을 한 귀로 듣고 흘리려 하자 하겐도 군터 왕을 거들고 나섰다. 우테 왕비는 더이상 붙잡아 둘 방도가 없어 체념했다.

군터 왕 일행은 라인 강기슭에 도착해 천막을 쳤다. 따라온 부인들은 다음 날 아침 돌아가기로 하고 강변에서 하룻밤을 함께 지내기로 했다. 이윽고 동이 트고, 드디어 라인 강을 건너려고 할 때 아들을 데리고 배웅 나온 브륀힐트가 군터 왕의 곁으로 다가왔다.

"전하, 저를 미망인으로 만드시고 이 아이를 아비 없는 고아로 만드실 작정이십니까? 아내와 아들을 어여삐 여기신다면 부디 다시 한 번 생각해주십시오."

"심려치 마시오. 반드시 건강한 모습으로 돌아오겠소."

걱정하는 아내를 다독인 군터 왕은 눈물을 흘리는 브륀힐트를 남겨 두고 배에 올랐다.

그로부터 12일 뒤, 군터 왕은 도나우 강에 도착했다. 강은 홍수로 불어나 거룻배는 한 척도 찾아볼 수 없었다.

"전하, 제가 배를 수소문해보겠습니다."

하겐이 나서서 강변을 탐색했다. 잠시 걸으니 아름다운 샘이 있었는데, 그곳에서 하데부르크(Hadeburg)와 지글린트(Siglind)라는 아름다운 물의 요정이 참방참방 물놀이를 즐기고 있었다. 하겐은 살금살금 다가갔지만, 요정들은 하겐의 기척을 알아차리고 잽싸게 달아났다. 그런데 샘가에 요정들의 옷가지가 남아 있었다. 하겐이 옷가지를 집어 들자 하데부르크가 돌아왔다.

"우리 옷을 돌려주면, 당신들의 여행이 어떻게 될지 앞날을 가르쳐드릴게요."

하겐은 물의 요정이 예언 능력을 가지고 있다는 걸 알고 있었다.

"예언을 먼저 들려주면 옷을 돌려주겠소."

"당신들은 무사히 에첼 왕의 나라에 도착해 성대한 환영을 받을 것입니다."

하데부르크가 새침하게 예언을 들려주자, 하겐은 몹시 기뻐하며 옷가지를 돌려주었다. 곧이어 지글린트라는 다른 물의 요정이 다가왔다.

"방금 전 예언은 옷가지를 돌려받고 싶어서 한 거짓말이랍니다. 당신들에게 일어나는 가장 좋은 일은 여기서 돌아가는 것입니다. 훈 왕국으로 가면 당신들은 몰살당할 것입니다. 살아서 고국에 돌아갈 수 있는 건, 왕의 사제 한 사람뿐입니다."

지글린트가 끔찍한 예언을 표정 하나 바꾸지 않고 깜찍하게 종알거렸다. 불길한 예언을 들은 하겐은 더럭 겁이 났다.

"예언은 그만하면 됐소. 그보다 어쩌면 홍수로 불어난 강을 건널 수 있을지 가르쳐주지 않겠소?"

불안해진 하겐이 황급히 화제를 돌렸다.

"좋을 대로 하세요. 굳이 여행을 계속하시겠다면, 강을 따라 조금 더 가보세요. 그러면 건너편 강기슭에 사공이 사는 오두막이 보일 거랍니다. 그 사공은 성질이 워낙 괄괄하여 배를 쉽게 내주지 않겠지만 '나는 아멜리히다!'라고 외치면, 일단 이쪽 기슭까지 와주기는 할 겁니다. 아멜리히는 그가 존경하는 훌륭한 기사의 이름이랍니다. 사공이 이쪽 기슭으로 건너오면, 성질을 건드리지 않도록 아무쪼록 조심하세요. 그리고 살살 달래서 강을 건너게 해달라고 부탁하세요."

지글린트가 귀엽게 가르쳐주었다.

홀로 고향으로 돌아가게 된 왕의 사제

하겐은 물의 요정이 가르쳐준 대로 강변을 따라 걸었다. 이윽고 강 너머에 사공의 오두막으로 보이는 집이 눈에 들어왔다.

"나는 아멜리히다!"

하겐은 큰소리로 외쳤다. 그러자 사공이 집에서 어기적어기적 나와 노를 저어 이쪽 기슭으로 다가왔다. 그러다 하겐의 얼굴이 또렷하게 보이는 거리까지 다가오자 노를 멈추었다.

"댁의 이름도 아멜리히인지는 모르나, 내가 만나고 싶은 아멜리히는 아니라오. 내가 만나고 싶은 사람은 내 남동생이오. 피를 나눈 혈육의 얼굴을 못 알아볼 리가 없지 않겠소."

사공은 하겐의 얼굴을 유심히 살펴보더니 다시 건너편으로 노를 저어 돌아가려 했다. 하겐은 본의 아니게 거짓말을 할 수밖에 없었다고 사과했다.

"섭섭지 않게 사례하겠습니다. 저희 일행을 건너편 기슭까지 태워주시지 않겠습니까?"

하겐이 자세를 낮추고 공손하게 부탁했다. 그러나 사공은 버럭 성을 내더니, 긴 노를 휘둘러 하겐을 후려치고 씨근덕거리며 삿대로 때리려 했다. 다짜고짜 매를 맞게 된 하겐은 참지 못하고 자신을 때리려던 삿대를 붙잡아 배를 끌고 왔다. 그리고 검을 뽑아 사공의 목을 베어버리고 말았다.

하겐은 주인이 없어진 배를 몰아 일행이 있는 곳으로 돌아갔다. 자신이 직접 일행을 건너편 기슭까지 건네다 주기로 한 것이었다. 하겐은 쉴 새 없이 노를 저어 몇 번을 왕복했다. 마지막으로 남은 사람들을 옮기고 얼굴을 살피니, 그중에 왕의 사제가 보였다. 하겐은 다짜고짜 그를 강물에 처박았다. 만약 사제가 익사하면 '고향으로 살아 돌아가는 사람은 사제뿐이다'라는 요정의 예언이 빗나가리라는 생각에서였다.

하지만 주위 사람들은 물의 요정의 예언을 알지 못했던 터라, 하겐이 왕의 사제를 강물에 내던지자 화들짝 놀라 사제를 구해내려 했다. 하겐은 사제를 구조하려는 시도에 열심히 훼방을 놓으며, 사제를 끌어 올릴 때마다 다시 강물에 내동댕이쳤다. 몇 번을 물속에 곤두박질한 사제는 이러다 물귀신이 될까 두려워졌다. 그래서 재빨리 방향을 바꾸어 하겐이 없는 반대편 기슭으로 헤엄치기 시작했다. 강은 홍수로 불어난 데다가 유속까지 빨랐기에, 도저히 헤엄으로는 건너편 기슭에 도착할 수 없을 것 같았다. 하지만 사제는 기적적으로 무사히 육지에 닿았다.

건너편 기슭에서 한바탕 소동을 지켜보던 군터 왕이 입을 열었다.

"너는 이대로 고국으로 돌아가서, 왕비와 다른 가족들에게 우리가 여기까지 무사히 도착했다는 소식을 전하도록 하여라."

사제는 왕의 말을 따르러 떠났다. 나머지 일행들은 하겐의 수수께끼 같은 행동에 짜증스러운 기색을 내비쳤다. 그중에서도 게르노트와 기셀헤르는 단단히 뿔이 났는지 거친 말로 하겐을 성토했다. 물론 하겐의 귀에는 아무 말도 들리지 않았다. 그는 '왕의 사제 한 사람만 살아서 고국에 돌아간다'는 물의 요정의 예언이 사실이 되었고, 그 외의 미래가 자신들에게 없다는 생각에 넋이 나가 있었다.

게르노트와 기셀헤르는 사과도 변명도 하지 않는 하겐에게 화가 나 구시렁구시렁 불평을 쏟아냈다. 그 순간 귀신에라도 홀린 듯한 얼굴로 하겐이 돌발 행동을 했다. 반쯤 실성한 사람처럼 거룻배를 산산조각 내기 시작한 것이다. 훈 왕국에서 살아 돌아갈 기약이 없는 자신들에게 거룻배는 더이상 필요 없다는 생각이 들었기 때문이다.

하겐 암살 실패와
에첼 왕의 환대

도나우 강을 건넌 후, 군터 왕 일행은 에첼 왕의 가장 유력한 신하 중 한 사람이자 국경 경비를 맡고 있는 뤼디거(Rüdiger)의 성에 들렀다. 뤼디거는 에첼 왕이 크림힐트에게 청혼할 때 사신으로 부르군트 왕국으로 파견되었던 자다. 부르군트 왕국과 인연을 맺고 이후 부르군트 사람들과 친교를 다지며 우호적인 관계를 유지했다.

일행은 뤼디거의 성에서 정성 어린 환대를 받고 여독을 풀었다. 그리고 기셀헤르는 뤼디거의 아름다운 딸과 약혼했다.

군터 왕은 뤼디거의 안내로 에첼부르크 왕성으로 향했다. 얼마 후 왕성에 도착했을 때 베른의 **디트리히**(Dietrich von Bern)라는 영웅이 찾아왔다.

"크림힐트 왕비님은 지금도 지크프리트 님이 암살당한 사건을 잊지 않고 있습니다. 그분의 원한을 잊지 마시어 아무쪼록 몸조심하십시오."

디트리히가 충고해주었다. 디트리히는 나름의 사정이 있어 에첼 왕의 성에 식객으로 잠시 기거하고 있었다. 디트르히의 충고를 들은 일행은 동요했지만, 하겐의 맹우(盟友)인 **폴커**(Volker)라는 용사가 나섰다.

"이제 물러서기에는 늦었습니다. 당당히 에첼 왕의 성으로 입성해야 합니다. 정해진 운명에서 도망칠 수는 없습니다."

일행은 폴커의 말에 따르기로 했다.

군터 왕 일행을 마중 나온 크림힐트는 남동생인 게르노트에게만 마음을 담은 입맞춤을 건넸다.

"네가 아무리 낯이 두꺼워도 설마 내가 두 팔 벌려 반가이 맞이해줄 거라는 생각은 하지 않았겠지? 혹시 내가 환영할 만한 물건을 가지고 오지는 않았는가? 아, 네가 나에게서 훔쳐간 니벨룽겐의 보물 말이다."

크림힐트가 하겐에게 싸늘한 첫인사를 건넸다.

"보물 말입니까? 옛날 옛적에 라인 강 바닥에 가라앉았겠죠. 아마 최후의 심판 날까지 그 자리에 그대로 있을 겁니다."

하겐이 조금도 주눅 들지 않고 또박또박 답했다.

잠시 후, 하겐과 폴커가 일행에게서 떨어져 있었기에 크림힐트는 사백 명의 부하들을 이끌고 하겐에게 다가갔다.

"지크프리트 님을 죽이고, 나를 눈감는 그 순간까지 가슴이 찢어지는 슬픔으로 고통받게 만든 원흉이 네놈이렷다!"

"지크프리트 님은 확실히 제 손에 돌아가셨습니다. 제가 섬기는 브륀힐트 님에게 모욕을 주었기 때문입니다. 복수를 하시겠다면 언제든 상대해드리겠습니다."

하겐은 한마디도 지지 않고 당당하게 맞받아쳤다.

"보아라, 저자가 내 눈에 피눈물을 흘리게 했다. 모두 똑똑히 보았겠지?"

크림힐트가 부하들에게 소리쳤다. 그녀는 부하들이 곧장 하겐에게 달려들기를 기대했지만, 하겐의 용맹한 모습을 마주한 부하들은 섣불리 나서지 못했다. 부하들의 우물쭈물하는 모습을 본 크

림힐트는 억울함으로 발을 동동 구르다가 그 자리에서 일단 물러났다.

그 후, 군터 왕 일행은 에첼 왕이 마련한 환영 잔치에 안내되었다. 물론 하겐과 폴커도 함께 참석했다. 왕비의 계략을 꿈에도 몰랐던 에첼 왕은 반가운 손님을 맞아 연신 싱글벙글했다.

"먼 길 오느라 수고 많으셨습니다. 드디어 모실 수 있게 되어 영광입니다."

에첼 왕은 환하게 웃으며 일행을 자리에 앉혔다. 사실 에첼 왕의 성을 찾은 손님이 이 정도로 큰 존경을 받고 환영받은 경우는 처음이었다.

살육의 연회장

하겐과 폴커는 군터 왕 일행이 잠든 후에도 불침번을 서며 뜬눈으로 밤을 지샜다. 크림힐트는 충복들에게 하겐을 처치하라고 명령했지만, 하겐이 두 눈을 부릅뜨고 경계 태세를 갖춘 모습에 다들 겁먹고 그대로 돌아왔다. 원수를 눈앞에 두고도 처단하지 못하자 크림힐트는 약이 바짝 올랐다.

다음 날 연회에서 크림힐트는 한동안 모습을 드러내지 않았다. 군터 왕 일행을 덮쳐 하겐을 죽일 암살자를 물색하기 위해서였다. 크림힐트는 먼저 베른의 디트리히에게 부탁했다.

"소신은 군터 왕과 하겐에게 아무 원한이 없습니다. 공연히 그분들을 공격해 목숨을 빼앗을 수는 없습니다."

디트리히는 크림힐트의 부탁을 단칼에 거절했다. 크림힐트는 포기하지 않고 이번엔 에첼 왕의 형제인 블레다(Bleda)에게 부탁했다.

"대가는 달라는 대로 드리겠습니다. 군터 왕의 일행과 티격태격 싸워 소란을 일으켜주십시오."

블레다는 보물에 눈이 멀어 크림힐트의 부탁을 받아들였다. 그는 부하들을 몰고 가서는 연회장 밖에서 부하들과 식사를 하고 있던 하겐의 아우 당크바르트를 에워쌌다.

"네놈의 형 하겐이 지크프리트를 죽인 대가를 여기서 네 목숨으로 갚아라!"

블레다가 덤벼들었다. 그런데 당크바르트는 눈에 보이지 않을 정도로 빠른 속도로 검을 뽑아, 순식간에 블레다의 목을 베어버렸다. 눈앞에서 우두머리가 참수당한 꼴을 보게 된 훈 왕국의 병사들은 참지 않고 당크바르트 부대와 싸움을 벌였다. 당크바르트의 부대는 용감하게 싸웠지만, 압도적인 숫자의 훈 왕국 병사들에게 버티지 못하고, 결국 당크바르트만 남은 채 전원이 전사했다.

혼자 살아남은 당크바르트는 온몸에 적의 피를 뒤집어쓴 처참한 몰골로 연회장으로 뛰어 들어가, 형인 하겐에게 급습을 당했다고 보고했다.

"연회장 입구를 막고 안으로 들어오려는 적을 막아라. 한 놈도 들여보내서는 안 된다. 그리고 연회장 안에 있는 훈 왕국 놈들도 한 놈도 살아서 문지방을 넘을 수 없게 하라."

하겐은 당크바르트에게 지시하고, 옆에 있던 에첼 왕의 사랑하는 아들 오르트리프의 목을 베어 크림힐트에게 내던졌다. 그리고 하겐은 폴커와 함께 연회에 참석한 훈 사람들을 닥치는 대로 죽이기 시작했다.

군터 왕과 두 대군은 처음에는 강 건너 불구경하듯 멀뚱멀뚱 바라만 보고 있었지만, 사태가 심상치 않음을 깨닫고 싸움에 가세해 훈 사람들을 차례차례 쓰러뜨렸다. 군터 왕을 지키던 호위병들도 살육전에 가담하며 연회장은 순식간에 아수라장으로 변했다.

하겐은 폴커에게 당크바르트를 도와주라고 명령했다. 두 사람은 연회장 입구를 완전히 봉쇄했다. 퇴로를 잃은 훈 사람들은 군터 왕 일행에게 줄줄이 목숨을 잃었다. 그러나 어느 쪽 편도 아니었던 디트리히는 자신의 부하들을 이끌고 밖으로 나가도 좋다는 허락을 받아 무사히 탈출할 수 있었다. 디트리히는 연회장 밖으로 빠져나올 때, 에첼 왕과 크림힐트를 양팔로 안고 망토 아래에 숨겨 데리고 나왔다. 연회에 참석한 훈 사람들 중 살아남을 수 있었던 건, 결국 왕과 왕비 두 사람뿐이었다.

화마에 모든 것을 잃은
부르군트인들의 참전

디트리히가 에첼 왕과 크림힐트 왕비를 양팔로 껴안고 육백 명의 부하들과 함께 연회장 밖으로 빠져나온 후, 역시 어느 쪽 편도 들지 않았던 뤼디거도 오백 명의 부하들과 함께 밖으로 나올 수 있었다.

"하겐을 처치하는 자에게 막대한 포상을 내리겠노라!"

디트리히 덕분에 목숨을 건진 크림힐트는 부하들 앞에서 고래고래 악을 썼다. 그런데도 군터 왕 일행의 범상치 않은 실력을 직접 본 부하들은 선뜻 나서려 하지 않았다. 그들을 대신해 천 명의 덴마크와 튀링엔(Thüringen) 군사들이 공격에 나섰지만, 하겐은 원병을 연회장 안으로 유인해 한 사람도 살려 보내지 않고 몰살해버렸다.

에첼 왕은 훈 왕국 전역에서 모아 온 이만 명의 병사들에게 공격 명령을 내렸다. 싸움은 점점 더 격렬해졌고, 조금씩 군터 왕 일행에서도 적잖이 사망자가 나오기 시작했다. 전세가 불리해지자 군터 왕과 두 대군은 연회장 밖으로 나왔다.

"싸움을 중지하고 화친을 위해 이야기를 나눕시다."

군터 왕이 제안했다. 그러나 눈에 넣어도 아프지 않은 외아들을 눈앞에서 잃은 에첼 왕은 화친을 운운할 생각이 전혀 없었다.

"아들을 죽인 원수들과 화친을 논할 생각은 절대 없다."

보다 못한 기셀헤르가 크림힐트에게 매달렸다.

"누님, 제가 누님을 얼마나 그리워했는지 아십니까? 누님도 저를 보고 싶어 한다는 걸 알았기에 이 먼 나라까지 누님을 뵈러 왔습니다. 그러니 이제 그만 노여움을 푸시고 이 싸움을 중지시켜 주십시오."

"찢어 죽여도 시원치 않은 내 원수는 하겐 한 놈뿐이다. 다른 사람들은 몰라도, 남편을 죽인 하겐만은 절대 용서할 수 없다. 하겐을 나에게 넘기면 다른 사람들의 목숨은 살려주겠다고 약속하지."

사랑하는 남동생의 말에 마음이 움직인 크림힐트가 제안했다. 그러나 군터 왕과 그의 동생인 두 왕자의 생각은 달랐다.

"누구보다 충성을 다한 부하를 희생시키고 살아남는 건 도리가 아니다. 하겐을 넘겨줄 바에야 다 같이 이 자리에서 죽는 게 낫다."

군터 왕은 크림힐트의 제안을 거부하고 다시 연회장 앞에 우뚝 버티고 섰다. 크림힐트는 연회장 사방에 불을 놓으라고 부하들에게 명령했다. 불길은 순식간에 거세게 활활 타올랐고, 건물은 시뻘건 불길에 휩싸였다. 연회장 안에서 농성하던 군터 왕 일행은 산 채로 통구이가 되어 타 죽는 고통을 맛볼 상황에 놓였다.

"연기로 목이 타는 자들은 바닥에 흐르는 피를 마셔라!"

하겐은 연기로 숨이 막혀 컥컥대는 부하들에게 지시했다. 하겐의 부하들은 시키는 대로 피를 홀짝여 목을 축였다.

날이 밝자, 에첼 왕과 크림힐트는 부하들에게 연회장 안의 상황을 살피게 했다. 당연히 군터 왕 일행이 전멸했을 거라고 믿었지만, 하겐의 기지 덕분에 아직 육백 명이나 살아 있었다. 에첼 왕은 천이백 명의 병사들을 연회장 안으로 돌입시켰지만, 승기는 이번에도 군터 왕 쪽으로 돌아갔다. 수세에 몰린 크림힐트는 그때까지 싸움에 끼어들지 않고 있던 뤼디거에게 다급하게 말을 걸었다.

"지금이야말로 당신이 예전에 했던 맹세를 지킬 때입니다. 저를 구해주십시오."

하겐을 암살하고 목숨을 잃은 크림힐트

"크림힐트 님이 청혼을 승낙하시고 훈 왕국의 왕비가 되신다면, 저는 충성을 다해 모시겠습니다. 어떠한 위험에서라도 크림힐트 님을 반드시 지켜드리겠습니다."

크림힐트가 말한 맹세는 구혼 사신으로 훈 왕국을 방문한 뤼디거가 크림힐트에게 했던 약속이었다.

뤼디거는 부르군트 왕국 사람들과 친밀하게 지냈지만 기셀헤르는 자신의 딸의 약혼자, 즉 예비 사위이기도 했다. 이런 연유로 뤼디거는 가급적 싸움에 가담하려 하지 않았던 것이다. 하지만 왕비에게 했던 맹세를 나 몰라라 무시할 수도 없는 노릇이었다.

뤼디거는 명예를 지키기 위해 군터 왕 일행과 싸울 결심을 굳히고, 부하들을 이끌고 연회장 안으로 돌격했다. 뤼디거와 부하들은 군터 왕 일행을 차례차례 쓰러뜨렸다. 그러나 종국엔 뤼디거 혼자 살아남았고, 뤼디거 본인도 게르노트와 맞대결을 벌여 목숨을 잃었다.

뤼디거의 죽음이 전해지자, 에첼 왕 주위에 있던 사람들 사이에서 비통한 울부짖음이 터져 나오며 초상집 분위기로 변했다. 곡소리가 워낙 요란했기에 디트리히의 귀에도 들어갔다. 부하들에게 뤼디거와 그의 부하들이 전원 전사했다는 비보가 전해졌다. 디트리히는 위대한 용사였던 뤼디거의 유해를 수습하기 위해 힐데브란트라는 노신을 부랴부랴 연회장으로 보냈다.

"디트리히 님의 스승이신 힐데브란트 공을 혼자 보낼 수는 없습니다."

부하들이 따라나서겠다고 고집을 부렸지만, 디트리히는 부하들의 요청을 받아들이지 않았다.

"뤼디거 님께 합당한 예를 갖추어 보내드리고 싶습니다. 그분의 유해를 인도해주십시오."

힐데브란트가 뤼디거의 죽음을 확인하고 정중하게 요구하자 군터 왕은 두말없이 승낙했다.

그런데 흥분한 디트리히의 부하들은 군터 왕이 시신을 내주지 않겠다고 버틴다고 곡해했다. 그래서 볼프하르트(wolfhalt)라는 불같은 성질의 장수가 이끄는 소대가 군터 왕에게 공격을 감행했다.

이 공격을 계기로 디트리히와 군터 왕 일행 사이에 격전이 벌어졌다. 양쪽 병사들이 줄줄이 쓰러졌고, 기셀헤르는 볼프하르트와 싸우다 목숨을 잃었다. 결국 디트리히 쪽에서는 디트리히 한 사람, 군터 왕 일행에서는 군터 왕과 하겐 둘만이 최후에 살아남았다.

힐데브란트에게 아군이 전멸했다는 소식을 전해 들은 디트리히는 제 발로 연회장으로 걸어 들어가 저항하는 군터 왕과 하겐을 손쉽게 포로로 사로잡았다.

"순순히 포로로 잡혔으니, 군터 왕 일행의 목숨은 살려주십시오."

디트리히는 크림힐트에게 약속을 받아내고 군터 왕과 하겐을 넘겨주었다. 크림힐트는 두 사람을 따로 옥에 가두었다.

"니벨룽겐의 보물을 어디에 숨겼느냐!"

크림힐트는 먼저 하겐에게 물었다. 하지만 하겐은 완강하게 버텼다.

"군터 전하께서 살아 계시는 동안에는 절대 알려줄 수 없소."

크림힐트는 바로 군터 왕의 목을 쳐서 하겐의 코앞에 들이밀었다.

"봐라, 네가 모시는 군터 전하는 이 세상 사람이 아니다. 이제 순순히 보물이 있는 곳을 실토하라."

크림힐트가 재차 물었다.

"진하와 두 분의 왕자님이 돌아가신 지금, 보물이 있는 곳을 아는 사람은 신과 나뿐이다. 너는 영영 보물의 행방을 알지 못할 것이다."

하겐이 통쾌하게 웃으며 대답했다. 크림힐트는 노발대발하며 하겐의 목을 쳤다.

　이후 군터와 하겐의 목숨을 보장한다는 디트리히와의 약속을 지키지 않은 크림힐트 역시, 격노한 힐데브란트의 손에 참수당하고 말았다.

처음 시작하는
북유럽 신화

1판 1쇄 발행 2019년 4월 5일
1판 2쇄 발행 2019년 5월 8일

지은이   요시다 아쓰히코
펴낸이   조윤지
옮긴이   서수지
편 집   박지선
P   R   유환민
디자인   woojin(宇珍)

펴낸곳   책비(제215-92-69299호)
주 소   (13591) 경기도 성남시 분당구 황새울로 342번길 21 6F
전 화   031-707-3536
팩 스   031-624-3539
이메일   readerb@naver.com
블로그   blog.naver.com/readerb

'책비' 페이스북
www.FB.com/TheReaderPress

ISBN 979-11-87400-45-5 (03900)

※ 책값은 뒤표지에 있습니다. 잘못된 책은 구입처에서 교환해 드립니다.

책비(TheReaderPress)는 여러분의 기발한 아이디어와 양질의 원고를 설레는 마음으로
기다립니다. 출간을 원하는 원고의 구체적인 기획안과 연락처를 기재해 투고해 주세요.
다양한 아이디어와 실력을 갖춘 필자와 기획자 여러분에게 책비의 문은 언제나 열려 있습니다.
 • readerb@naver.com